信息与文献领域国家标准应用指南丛书

GB/T 3792.3—2009
《文献著录 第3部分：连续性资源》
应用指南

主编 申晓娟

编著 谢琴芳 刘春玥 侯旭红 申晓娟

國家圖書館出版社

图书在版编目(CIP)数据

GB/T 3792.3—2009《文献著录 第3部分:连续性资源》应用指南/申晓娟主编. —北京:国家图书馆出版社,2011.6

ISBN 978-7-5013-4606-6

Ⅰ.①G… Ⅱ.①申… Ⅲ.①著录规则—中国—指南 Ⅳ.①G254.31

中国版本图书馆 CIP 数据核字(2011)第090698号

责任编辑:王涛 杨璇

书名 GB/T 3792.3—2009《文献著录 第3部分:连续性资源》应用指南

著者 申晓娟 主编

出版 国家图书馆出版社(原北京图书馆出版社)

(100034 北京市西城区文津街7号)

发行 010-66139745 66151313 66175620 66126153

66174391(传真) 66126156(门市部)

E-mail btsfxb@nlc.gov.cn(邮购)

Website www.nlcpress.com→投稿中心

经销 新华书店

印刷 北京玥实印刷有限公司

开本 787×1092(毫米) 1/16

印张 15.25

版次 2011年6月第1版 2011年6月第1次印刷

字数 360(千字)

书号 ISBN 978-7-5013-4606-6

定价 58.00元

序

我们正面临一个信息资源高速增长而获取所需信息资源愈来愈困难的环境，如何描述、识别、检索及选择信息资源，更好地为用户提供服务，成为当前信息与文献领域中的一个重要课题。近年来，该领域的新概念、新理论、新技术、新标准应运而生，为适应这一变化，紧跟国际业界的发展步伐，全国信息与文献标准化技术委员会识别与描述分技术委员会（SAC/TC4/SC5）组织业内专家，在深入分析国际相关标准与广泛调研国内图书馆信息单位实际需求的基础上，制订或修订了《文献著录总则》、《索引编制规则（总则）》、《文献主题标引规则》等10多项信息与文献领域的国家标准。标准制修订工作坚持了继承性、一致性、实用性、可操作性、协调性的原则，并且均等效或非等效采纳了相关的最新国际标准。为了配合国家标准的宣传贯彻工作，便于相关从业人员理解和实际使用各项标准，我们组织编纂了这套《信息与文献领域国家标准应用指南丛书》。

该丛书以宣传推广标准为目的，以标准条文讲解与如何使用为内容，以分册的方式分别介绍这些标准的目的、作用、制修订背景和基本原则，对标准的新旧版本进行比较分析并说明其主要变化以及国家标准与相关的国际标准的异同，并围绕标准中的主要条款进行解读，特别是结合图书馆工作的实践，通过大量的实例对标准文本中各条款的规定和使用进行详细说明，力求解决实际工作中的常见问题和疑难问题。许多分册还选编了不少完整样例，并辅以图示、表格等，便于实际使用人员理解、掌握并在处理同一类问题时共同遵守。

该丛书由全国信息与文献标准化技术委员会识别与描述分技术委员会统筹策划，丛书各分册均由相关标准的起草者或修订者负责撰稿，我与刘小玲同志对各分册书稿作了一些体例、结构与整体内容的审核。丛书中的每个分册均以某项国家标准为主要内容进行论述与行文，力图重点突出，说明清晰，行文精练，具有较强的可操作性。既可作为各图书馆、文献信息机构工作人员的业务指导用书，也可作为高等院校图书馆学、情报学、信息管理等专业的学习参考用书。

该丛书从筹划到撰稿得到了编委会各位成员以及参与各分册撰写人员的积极支持与密切配合，在此我们深表谢意。由于丛书各分册由不同的人编写，未能有足够的时间做认真细致的统稿工作，行文风格以及论述详简程度存在差异，同时还可能存在对标准条款解释不完全到位或文字表述累赘之处，恳请大家批评指正。

汪东波

2011 年 4 月 16 日

前　　言

连续性资源是一种非常重要的文献类型，随着科学技术的飞速发展，除了期刊、报纸、更新的活页、通讯报导等常见的连续性资源外，还出现了网络版、电子版等一些新兴的连续性资源类型，迫切需要根据连续性资源新的变化情况制订相应的国家标准。1985 年，我国发布了 GB/T 3792.3—1985《连续出版物著录规则》，用于指导印刷型连续出版物的著录。为使有关文献著录的国家标准更好地适应文献出版与管理工作，2008 年，全国文献信息标准化管理委员会组织业界专家对 80 年代发布的文献著录有关国家标准进行修订，并成立起草组对原 GB/T 3792.3—1985《连续出版物著录规则》进行修订。起草组依据《国际标准书目著录：连续出版物及其他连续性资源》（ISBD（CR）：International Standard Bibliographic Description for Serials and Other Continuing Resources）2002 年修订版，同时参考 2007 年版的《国际标准书目著录（统一版）》，对 GB/T 3792.3—1985《连续出版物著录规则》进行了较大幅度的修订，并将其更名为 GB/T 3792.3—2009《文献著录 第 3 部分：连续性资源》。为了更好地推广和利用该国家标准，四位标准起草者特撰写了本标准应用指南。

本书介绍了 GB/T 3792.3—2009《文献著录 第 3 部分：连续性资源》的制修订背景和基本原则，从标准名称、体例结构、术语和定义、著录项目名称、缩写或符号、著录信息源、著录内容含量、连续性资源另行著录的原则、题名与责任说明项、出版项、资源特殊细节项等方面，分析比较了 GB/T 3792.3—1985《连续出版物著录规则》与 GB/T 3792.3—2009《文献著录 第 3 部分：连续性资源》的差异，对连续性资源著录的基本问题做了说明，并逐一详细阐述了各著录项目的著录方法，在每个著录项目的结构形式部分，还给出了卡片形式和 CNMARC 形式的实例。

本书包括十一个章节和两个附录，其中第 1—2 章由北京大学图书馆谢琴芳撰写，第 3—4 章由北京大学图书馆刘春玥撰写，第 5—7、11 章由国家图书馆申晓娟撰写，第8—10章由北京师范大学图书馆侯旭红撰写。附录1给出了各种类型连续性资源的著录实例，由北京大学图书馆刘春玥编制，附录2是GB/T 3792.3—2009《文献著录 第3部分：连续性资源》的原文。全书由申晓娟、谢琴芳、刘春玥和侯旭红共同统稿。

本书的编写源自国家图书馆馆长助理汪东波先生的统一筹划，得到了国家图书馆刘小玲研究馆员的指导和帮助，并得到了国家图书馆出版社的大力支持。在此，对以上同仁或单位一并表示衷心感谢。

由于时间仓促，加之作者水平所限，书中难免有疏漏之处，敬请诸位读者批评指正。

作者

2011年初春于北京

目　录

第一章　概论

1.1　制定《文献著录　第3部分：连续性资源》的目的、意义等

GB/T 3792.3—2009《文献著录　第3部分：连续性资源》是《连续出版物著录规则》（GB/T 3792.3—1985）的修订版。本标准非等效采用了ISBD(CR)（连续出版物及其他连续性资源的国际标准书目著录）2002年修订版，同时参考了2007年版的《国际标准书目著录（统一版）》中的连续性资源部分，在1985年发布的《连续出版物著录规则》（GB/T 3792.3—1985）的基础上，结合我国当前连续性资源的实际应用情况和潜在的应用发展而修订。

通过这次规则的修订，预期达到以下目的：

1）结合近期我国文献著录的其他部分的制修订，在著录项目及其标识符、术语表述等大的原则上尽可能与其他著录标准一致，从而使我国不同文献资源类型的书目著录能采用相对统一的著录格式和著录用术语；

2）结合GB/T 3792.3—1985国家标准，参考我国最近几年出版的对连续出版物著录较有影响的编目规则，为我国编制连续性资源书目的机构提供可遵循的著录规则；

3）非等效采用相应的国际著录标准ISBD(CR)2002年修订版，使我国编制连续性资源书目的机构，能够提供可供国内外书目机构共享的书目资源；

4）最终实现建立和健全我国统一的文献报道和检索体系，开展国内外书目信息交流，最大限度地开发和利用国内外连续性书目资源。

1.2　本标准的制修订背景和基本原则

1.2.1　修订背景

继《文献著录总则》（GB/T 3792.1—1983）国家标准于1983年正式发布之后，我国于1985年发布了《连续出版物著录规则》（GB/T 3792.3—1985），这是我国连续出版物著录工作走向标准化的一个里程碑。标准的颁布使我国连续出版物书目资源的统一著录迈开了第一步，标准的实施过程不但是逐步提高连续出版物编目人员专业业务水平的过程，也是逐步灌输书目资源共建共享这一理念的过程。

然而，《连续出版物著录规则》（GB/T 3792.3—1985）颁布至今，已历经二十几年，这期间国内外的编目工作发生了翻天覆地的变化。在编目环境方面，由于信息技术和网络技术的飞速发展及应用，传统的手工编目转变为计算机联机编目，图书馆目录形式从卡片目录转变为联机公共机读目录；在连续出版物资源类型方面，已经由单一的印刷型连续出版物发展为印刷型、电子版/网络版连续出版物，由印刷型活页更新资料发展为印刷型、网络版集成

性资源；国际图联推出的书目功能模式（FRBR）在世界范围内进一步强化了书目记录的用户功能模式，在世界范围掀起了研究书目功能和修订编目规则的热潮，为响应FRBR，国际编目原则（ICP）、MARC格式、ISBD系列等都作了相应的修订。在这种背景之下，我国修订文献著录的有关国家标准，包括对《连续出版物著录规则》（GB/T 3792.3—1985）的全面修订，自然而然地提到了议事日程。

1.2.2 修订原则

本标准在修订过程中，自始至终贯彻以下四条原则：

1）修订的标准内容参照与之对应的ISBD国际标准的内容，这也是我国在制订文献著录的国家标准时历来遵循的原则。ISBD力求制订全世界可兼容的著录规则，以促进不同国家书目记录的国际间交流。我国依据ISBD的大原则建立书目记录，不但有助于把我国的书目资源顺利推向国际，也有助于使不同国家编制的外文书目记录为我国图书情报界所用，既可加快我国外文编目的速度，也能提高我国外文编目的数据质量。当然，采用不等于百分之百的完全照搬，在一些小的与我国国情不太相符的细节方面，或者与制修订我国著录标准系列的统一规定有些不一致的方面，也会根据具体情况做些变通或者删略部分内容。

2）列举的样例随我国连续性资源类型出版发行的众寡，相应作较为详细或者较为简略的介绍。采用此策略是为了保证出版数量多的连续性资源（例如印刷型连续出版物）在著录方面尽可能列举全面，以保证使用者在编目实践中有据可循；而出版数量较少的连续性资源（例如集成性资源），由于出版时间不长，资源数量较少，应用范围目前较窄，在列举实例时很难面面俱到，或者只能借助外文样例或虚拟样例，此类连续性资源的著录还有待在实践中进一步探讨研究后逐步完善。

3）推广属于连续性资源类型，但是在我国编目实践中还没有全部按连续性资源类型编目的著录方法。按照连续性资源或连续出版物的定义，除了期刊、报纸等出版物，还有一些出版物类型，例如年鉴，也应属于连续出版物类型。在我国编目实践中，有为数不少的编目机构把年鉴按普通图书类型编目，本次修订版则推荐按连续出版物类型编目（见附录2：10.1.2.2、10.1.2.5.7中的示例），以求这类出版物的著录方式符合国际通行的方式，更方便这类书目记录在国际和国内的共建共享。

4）结合我国连续出版物编目的实际著录情况进行修订。在过去的二十几年中，我国连续出版物的著录可遵循的国家标准是《连续出版物著录规则》（GB/T 3792.3—1985），准标准是分别于1996年和2005年出版的《中国文献编目规则》第十一章。前者是基于我国的传统编目、《文献著录总则》（GB/T 3792.1—1983）和上世纪70年代版本的ISBD(S)的原则所制定，后者参照了上世纪80年代ISBD(S)更新版的部分原则。本次修订也考虑了我国连续出版物编目实践中的一些具体情况，但是由于ISBD(CR)版本与其前版本ISBD(S)之间发生了较大的变化，所以本次修订版与其前版本之间也发生了很大的变化，其总的变化可参见本章的1.3，各部分的变化可参见各章节的详细说明。

1.3 本标准新旧版本的比较分析

1985年发布的《连续出版物著录规则》（GB/T 3792.3—1985）与其更新版GB/T 3792.3—

2009《文献著录 第3部分：连续性资源》的修订相隔24年整，两者之间的差异无疑很大，可简单归纳为十一个方面。

1.3.1 标准名称的变化

标准名称由《连续出版物著录规则》演化为《文献著录 第3部分：连续性资源》，说明标准涵盖的文献资源内容和范围发生了变化。1985年版仅适用于印刷型连续出版物，本次修订版则根据目前连续出版物的发展特点，其涵盖内容大有扩展。依据发行方式的特点，连续性资源既包括传统意义上的连续出版物，也包括集成性资源，还包括有限性资源；依据载体特征，不但包括传统的印刷型资源，还包括其他各种载体形式的连续性资源。本次修订版名称中的"连续性资源"是指不同载体类型的连续出版物、集成性资源和有限性资源。期刊、报纸、年鉴、按丛编题名集中著录的丛编、按会议名称集中著录的系列会议录等均属于连续出版物范畴，其特点是在发行方式上以独立的卷期或相当于卷期的部分，以定期或不定期的方式连续出版发行，通常带有各卷期的编号（或以年代卷），这种连续发行的方式无明确的终止日期。集成性资源是指对原出版物以增补或修改的方式进行更新，增补或修改的部分嵌入到原出版物中需要更新的地方，同时剔除被更新的部分。活页出版物是典型的印刷型集成性资源，一个不断更新的网页是当今网络时代最典型的集成性资源。有限性资源是指连续出版，具有连续性资源的一些特点，但是持续出版时间是有限的，例如某事件的通讯报道，而网络版某运动会的专题报道当属于有限性集成资源。

1.3.2 体例结构方面的变化

虽然1985年版和本次修订版在体例结构方面都含有十个章节，但是其章节内容不尽相同，具体而言：

1）在本次修订版中取消了1985年版中的"5 著录格式"、"6 著录详简级次"和"8 文献类型标识"。取消的原因主要是为了在体例上保持与同期修订的 GB/T 3792系列的其他资源类型一致，其次，被取消的章节中的内容有些在修订版的其他章节部分有所体现，而文献类型标识也另有专门标准（GB/T 3469）。

2）将1985年版中的"引言"部分内容归并到本次修订版的"前言"和"1 范围"；

3）修订版中增加了"1 范围"、"2 规范性引用文件"、"8 连续出版物需要另行著录的原则"和"9 集成性资源需要另行著录的原则"，并在正文后增加了"附录A（资料性附录）多层次著录"和"参考文献"；

4）保留了1985年版的"2 名词术语"、"3 著录项目"、"4 著录项目与标识符"、"7 著录用文字"、"9 信息源"和"10 著录项目细则"，在本次修订版中分别对应了"3 术语与定义"、"4 著录项目和著录单元"、"5 著录用标识符"、"6 著录用文字"、"7 著录信息源"和"10 著录项目细则"；1985年版"附录A：实例"在本次修订版中改为"附录B（资料性附录）实例"。

表1　新旧版本章标题对照

章标题	1985年版	2009年修订版	变化说明
		前言	修订版"前言"中包括了1985年版"引言"部分1.1的内容。
1	引言	范围	修订版"范围"中包括了1985年版"引言"部分1.2和1.3的内容。
2	名词术语	规范性引用文件	"规范性引用文件"为修订版增加的内容。
3	著录项目	术语与定义	修订版"3 术语与定义"相当于1985年版"2 名词术语"，但内容有所扩充。
4	著录项目与标识符	著录项目和著录单元	修订版"4 著录项目和著录单元"包含了1985年版"3 著录项目"，并细化到著录单元。
5	著录格式	著录用标识符	修订版"5 著录用标识符"相当于1985年版"4 著录项目与标识符"，修订版取消了1985年版"5 著录格式"的内容。
6	著录详简级次	著录用文字	修订版取消了1985年版"6 著录详简级次"的内容，修订版"6 著录用文字"相当于1985年版"7 著录用文字"，在内容上有所扩充。
7	著录用文字	著录信息源	修订版"7 著录信息源"相当于1985年版"9 信息源"，由于修订版著录范围的扩充，著录信息源按连续出版物和集成性资源分别说明。
8	文献类型标识	连续出版物需要另行著录的原则	"8 连续出版物需要另行著录的原则"为修订版增加的内容，1985年版" 8 文献类型标识"的内容在修订版中被取消。
9	信息源	集成性资源需要另行著录的原则	"9 集成性资源需要另行著录的原则" 为修订版增加的内容，1985年版"9 信息源"的内容包含在修订版"7著录信息源"中。
10	著录项目细则	著录项目细则	修订版较1985年版在内容上扩充了很多，更具编目实践指导意义。
	附录A：实例	附录A（资料性附录）多层次著录	修订版的附录A为新增内容。
		附录B（资料性附录）实例	修订版的附录 B相当于1985年版附录A，但修订版的实例内容完全不同于1985年版附录A，既增加了数量，也增加了文献类型。
		参考文献	修订版新增内容

1.3.3 术语与定义的变化

为了方便使用者的阅读和理解，同时尽量与ISBD（CR）的定义保持一致，增加了在ISBD（CR）“定义”章节中出现的部分术语，删除了GB/T 3792.3—1985中的部分术语，对1985年版本中被保留下来的部分术语的表述内容也做了修订。一些虽然重要，但在《文献著录 第1部分：总则》（GB/T 3792.1—2009）中已经包括的术语在本次修订版中一般不再重复出现。在术语细节方面的主要差异有：

1）1985年版的术语数量是16条，本次修订版增加到28条。

2）1985年版仅列出术语的中文名称，本次修订版除了术语的中文名称，还附加了相应的ISBD中使用的英文名称，以便使用者查找相应的英文术语及其英文定义。

3）本次修订版仅保留了1985年版本中的四条术语，它们是“连续出版物”、“共同题名”、“副刊（增刊）”和“丛刊”，后两条在修订版中以“补编、副刊、增刊”和“丛编”的名称形式出现。1985年版中的多数通用性术语，例如“正题名”、“并列题名”、“著录单元”、“主要信息源”等在本次同时修订的《文献著录 第1部分：总则》中已经出现，所以在连续性资源部分不再重复出现；1985年版中还有一些术语，例如“一种标识系统”、“后继标识系统”、“文献总数”等，由于ISBD（CR）中没有出现，在本次修订版也就没有保留。

4）本次修订版增加的术语包括：①与本标准应用范围有关的一些资源类型，例如“期刊”、“连续性资源”、“集成性资源”以及与集成性资源有关的“更新后的整体”、“更新活页”等术语；②与连续性资源各著录项或著录单元有关的术语，例如“版本”、“编号”、“从属题名标识”、“从属题名”、“分辑”、“分辑标识”、“分辑题名”等；③与连续性资源特性以及沿革有关的术语，例如“频率”、“期”、“分成、分出”、“合并”、“吸收”、“先前题名”等；④与连续性资源著录信息源和相关标准的标识有关的术语，例如“标头、刊头、报头”、“识别题名”等；⑤还有一些新的术语，或较为生僻但是在本标准正文中出现的术语，例如“资源”、“双向倒转”等。

1.3.4 著录项目名称的变化

著录项目与著录单元以及名称的变化可见表2，主要变化有：

1）八大著录项目名称的变化。大多数著录项目名称只是字数的多少或说法上的差别，并无实质性差异，例如本次修订版的“题名与责任说明项”在1985版为“题名与责任者项”，可不作为实质性差异。具有较大差异的是第三著录项和第六著录项。第三著录项的通用名称为“资源特殊细节项”，对于连续出版物而言，该项名称为“编号”，对于其他具有连续性资源出版物类型的另一种特殊资源类型，例如乐谱连续出版物，在著录时需要重复第三项，首先著录乐谱的特殊细节项即“乐谱格式说明”，然后著录连续出版物特性的“编号”。1985年版仅仅针对连续出版物一种类型，采用“卷、期、年、月或其他标识项”，而2009年修订版采用了与ISBD(CR)和ISBD统一版相一致的术语“编号”（Numbering）。第六著录项的名称，在1985年版采用的是“丛刊项”，显然该名称所表示的范围较狭窄，2009年修订版采用了通用名称“丛编项”（Series area），其涉及的面就更宽泛一些。

2）著录单元的变化。修订版中各著录项目中的著录单元较1985年版详细，除了罗列的著录单元，供选用的著录单元后都附加了“（选用）”。著录单元的名称有较大变化的是修订版的“其他题名信息”，在1985年版中称“副题名”。

表2　新旧版本著录项目对照

2009年修订版	1985年版
题名与责任说明项 正题名 一般文献类型标识（选用） 并列题名 其他题名信息 责任说明 第一责任说明 其他责任说明	题名与责任者项 正题名 并列题名 副题名 责任说明 第一责任者 其他责任者
版本项 版本说明 并列版本说明（选用） 与本版有关的责任说明 第一责任说明 其他责任说明 附加版本说明 附加版本说明的责任说明 第一责任说明 其他责任说明	版本项 版本说明 本版的责任者
资源特殊细节项 编号 其他特殊资源类型专门数据	卷、期、年、月或其他标识项 一种标识系统 第二种标识系统 后续标识系统
出版发行项 出版发行地 第一出版发行地 其他出版发行地 出版发行者 出版发行日期 印制地 印制者 印制日期	出版发行项 出版地与发行地 第二出版地 出版者 发行者（发行者职能） 第二出版者 出版日期
载体形态项 数量和特定文献类型标识 其他载体形态细节 尺寸 附件（选用）	载体形态项 总卷（册）数 插图说明 尺寸 附件说明

续表

2009年修订版	1985年版
丛编项 　从编或分丛编正题名 　丛编或分丛编并列题名 　丛编或分丛编其他题名信息 　丛编或分丛编责任说明 　　第一责任说明 　　其他责任说明 　丛编或分丛编ISSN 　丛编或分丛编编号	丛刊项 　丛刊正刊名 　并列丛刊名或并列分丛刊名 　丛刊或分丛刊的ISSN 　丛刊或分丛刊编号 　分丛刊名
附注项	附注项
标准编号与获得方式项 　ISSN或其他标准编号 　识别题名 　获得方式和/或价格（选用） 　限定说明（选用）	国际标准连续出版物号与获得方式项 　国际标准连续出版号 　识别题名 　价格 　年份

1.3.5　缩写或符号的主要变化

1）1985年版第三著录项（卷、期、年、月）中的卷标识以及载体形态中的具体资料标识均采用“v.”或“no.”等字母或缩写形式的规范著录，本次修订版在其相应的项或相应的著录单元中则采用与ISBD一致的格式化著录形式“vol.”或“no.”；这些标识在1985年版规定，无论出现在本项之首还是中间，一律采用小写形式，例如第三著录项的例“v.1, no.1 (1949, 1) ~”和“no.1 (1980, 1) ~ no.48 (1983, 12)”,第五著录项的例“24 v.”。而本次修订版则规定位于该项的首字母需要大写，例如第三著录项的示例“Vol. 1, no. 1 (1971, 1)–vol. 5, no. 12 (1975, 12)”，“ No. 4 (1985, 2)– ”。

2）1985年版中的连接符号采用中文标点符号中的“ ~ ”，例如第三著录项中的例“v.1 (1962) ~ v.6 (1967)”，第四著录项出版日期之例“1936 ~ 1960”；本次修订版则采用与ISBD一致的西文半角连字符“–”，例如第三著录项中的示例“No. 1 (1978, 1)–no. 12 (1978, 12)”，第四著录项出版发行日期的示例“1955–1995”。

3）著录信息由编目员自拟提供时，ISBD规定必须著录在方括号内。1985年版和本次修订版的差别是方括号采用的形式不一样，前者采用“〔 〕”，后者采用“[ ]”。例如1985年版第一著录项文献类型标识之例“中国青年〔刊〕”，第三著录项出版年之例“宣统2年〔1910〕”，出版地之例“〔南昌？〕”等；而本次修订版在标识符使用说明中则规定“著录用标识符应在西文状态下录入，但中文文字中起语法作用的标点符号，应采用中文标点符号”（见本标准5.3.1），在标识符使用方法（见本标准5.2）也规定了方括号“[ ]”“用于一般文献类型标识、取自规定信息源以外的著录信息或著录中插入的信息”。

4）共同题名与从属题名之间的符号差异。1985年版的共同题名与从属题名标识或从属题名之间的分隔符号采用中文标点符号的中圆点“·”（见1985年版10.1/e.,10.6/f.），而本次修订版中则采用国际通用的下圆点“.”（见本标准10.1.1 结构形式，10.6.2结构形式）。上述列举的一些变化，从理念上分析，其差异的存在主要是1985年版更注重ISBD在中国的本土化，而本次修订版更注重中国编目的国际化。

1.3.6 内容含量上的变化

在内容含量上本次修订版明显多于1985年版，内容含量的增加包括以下方面：

1）资源类型和载体类型的增加。在1985年版连续出版物类型的基础上，增加了集成性资源，具有连续性资源特性的有限性资源。而连续出版物的细类也增加了年鉴、丛编、音乐作品和测绘制图资料的连续出版物等。在载体类型上除了印刷型的，还有电子资源、缩微品、录音资料、录像资料等。

2）从“8 连续出版物需要另行著录的原则”开始，几乎在每一规则的条目后都列举了尽可能结合实际的示例，以便具体形象地说明各条目的实际用法，各条目下的示例数量基本与相应规则的复杂程度成正比。

3）2009年修订版附录B的实例是根据ISBD(CR)中的文献资源类型精选的，类型包括印刷型连续出版物、通讯、缩微、集成性资源、电子资源、有限的集成性资源、地图、手稿、音乐、录音带、录像带等11种共计38个示例。而1985年版列出了17个属于期刊杂志的例子。需要说明的是，有些类型在我国的编目实践中很少采用连续性资源的著录方式，或者编目机构尚未开展较为正规的编目工作，或者采用元数据方式建立书目记录，为了保持示例类型的完整性，也考虑到这些类型的潜在发展，采用了外文例子，希望在下一个修订版中能以中文例子替代。

4）增加了相关内容的“见”信息。修订版中“原则”部分与著录项目中某条目之间，或者著录项目中某条目与其他条目之间，如果具有“参见”或者“见”的相关关系，一般会使用“参见”或“见”某条目编号，以方便使用者查找相关信息。

1.3.7 著录信息源的变化

详见本书2.6，此处从略。

1.3.8 连续性资源另行著录原则的变化

在1985年版中，连续出版物需要另行著录的原则并没有专门条目明确提出，只是在附注项提及相关连续出版物之间存在的沿革关系，例如“一种连续出版物继承另一种先前出版的连续出版物……”，“一种连续出版物改名为另一种连续出版物……”，至于“后续”和“先前”、“改名”如何界定，并未明确提及，编目员只能根据本编目机构原则或凭个人经验判断来划分“先前”、“后续”或“改名”的出版物，在“另行著录”时没有一个明确的权威的原则。本次修订版增加了“8 连续出版物需要另行著录的原则”和“9 集成性资源需要另行著录的原则”。关于连续性资源另行著录原则的说明详见本书2.7。

1.3.9 题名与责任说明项的变化

较为明显的变化或者需要引起使用者注意的细则方面的变化有：

1）当规定信息源的正题名有印刷错误时新老版本有不同的规定。2009年修订版依据ISBD（CR）和ISBD统一版的规定，在转录时应将错误的题名修正过来，并在附注项注明连续性资源上出现的错误题名形式（见本标准10.1.2.5.3）。而1985年版对出现印刷错误的正题名没有提出具体处理的细则，只是笼统地提出“正题名应完全按照题名页或代题名页上的原样如实照录”（见1985年版10.1.1.2/a.），按此细则理解，应该是在规定信息源出现的印刷错误也应“如实照录”，在以往的连续出版物编目实践中也是照此处理。这一变化属于较大的著录变化，在编目实践中应予注意。

2）对规定信息源中出现的简称题名与全称题名的处理方法上不一样。本次修订版规定“正题名可以包含显著出现在题名页上的简称、首字母缩写或标识语”（见本标准10.1.2.3.3），“当题名页上有全称形式和简称形式的题名时，选择全称形式的题名作为正题名，简称形式作为其他题名信息”（见本标准10.1.2.4.1.3）。而1985年版明确规定“在题名页或代题名页上，若有简称题名，则以简称题名作为正题名。若主要信息源中同时有简称题名和全称题名，则将简称题名作为正题名……”（见1985年版10.1.1.1/c.）。其差别是当题名页同时出现题名的简称和全称形式时，修订版选择全称，而1985年版选择简称。

表3　新旧版本题名与责任说明项对照

2009年修订版	1985年旧版	说明
10.1.2.5.3　题名页上明显的印刷错误，在转录时应修正过来，并在附注项注明连续性资源上出现的题名形式……	10.1.1.2　正题名应完全按照题名页或代题名页上的原样如实照录。但标点符号不一定照录。……	修订版依据ISBD（CR）2002年修订版和2007年统一版的规定，这一规定与其他资源类型的规定（客观照录）不一样。
10.1.2.4.1.3　当题名页上有全称形式和简称形式的题名时，选择全称形式的题名作为正题名，简称形式作为其他题名信息。	10.1.1.1/c. 在题名页或代题名页上，若有简称题名，则以简称题名作为正题名。若主要信息源中同时有简称题名和全称题名，则将简称题名作为正题名，……	修订版依据ISBD（CR）2002年修订版和2007年统一版的规定。而其他资源类型正题名的选择更注重题名的版式或顺序。

1.3.10　版本项的变化

对版本项规定信息源上出现的带“版”的文字，到底是属于应该著录在版本项的版本信息，还是应该著录在题名与责任说明项中的属于题名信息中的一部分，历来是编目员难以把握的问题之一。1985年版明确规定了需要著录在版本说明中的版本信息有“地区版本”、“特殊内容版本”、“特殊版式和外形版本”、“文种版本”和“时间版本”，而表示“卷期年月”的“版”和表示每相隔一段时间“修订”的“修订版”不作为版本项著录的内容。本次修订版分析了中文连续出版物规定信息源中常出现的带“版”文字内涵的内容特性，并结合使用者查找的便利性，在1985年版的基础上，增加了“第2版”、“重印版”等表示版本名称和/或版次的说明，以及一种连续性资源全部重印或修订的说明，其他作为版本说明的大多数基本相同。而不作为版本说明的内容，本次修订版在1985年版的基础上又增加了两条（见本标准10.2.2.5.2和10.2.2.5.4）。它们之间的不同之处有：

1）1985年版中的特殊内容版本（见1985年版10.2.1.2.）在本次修订版改为读者对象版（见本标准10.2.2.4.3），两者的涵盖内容也有一些不同，修订版中将原来特殊内容版中读者对象涵盖面更宽泛的“农业版”、“工业版”、“普及版”、“学生版”等归入读者对象版；而把像“哲学社会科学版”、“自然科学版”等经常出现在同一种专业性学报中作为交替出版的专业性词语，视为专业版本术语。

2）在本次修订版中增加了两条不作为版本说明的规定。一条是关于没有出现在规定信息源的有关一般资料类型或者特殊资料类型的说明（见本标准10.2.2.5.2），宜作为一般文献类型标识或特定文献类型标识，而不作为版本说明；另一条是上面提及的专业版本的术语（10.2.2.5.4），该术语是在题名与责任说明的规定信息源中交替出现的（例如“社会科学版”、“自然科学版”字样），同时有各自独立的卷期编号（有时总期号可能是交替编号），该专业版本术语应分别作为两种出版物的从属题名处理（见本标准附录B/B.1/示例15）；如果无独立的编号，该出版物只能作为一种，该专业版本术语应记录在附注说明项（见附录1 示例24）。

表4 新旧版本的版本项对照

2009年修订版	1985年旧版
10.2.2.4.1 表示版本名称和/或版次的说明，一种连续性资源全部重印或修订的说明：“重印版”、“全年累积版”、“联合版”等	
10.2.2.4.2 地区版本：“港澳台版”、“国际版”等	10.2.1.1 地区版本：“北京版”、“广州版”等
10.2.2.4.3 读者对象版：“普及版”、“企业家版”等	10.2.1.2 特殊内容版本：“农业版”、“哲社版”等
10.2.2.4.4. 特殊版式或外形说明：“盲文版、图画版”等	10.2.1.3 特殊版式或外形的版本：“盲文版”、“缩微印刷版”等
10.2.2.4.5 语种版本：“蒙文版”、“英文版”等	10.2.1.4 文种版本：“朝文版”、“蒙文版”等
10.2.2.4.6 时间版本：“上午版”、“星期日版”等	10.2.1.5 时间版本：“上午版”、“下午版”等
不作为版本说明的“版”	**不作为版本说明的“版”**
10.2.2.5.1 表示卷期编号或以年代卷的说明，应著录在编号项	10.2.1.6/a. 表示卷号：21版、1981版
10.2.2.5.3 有规律的修订或频繁更新的说明	10.2.1.6/b. 表示有规律的修订：修订版，每六月修订一次
10.2.2.5.2 没有出现在题名页上的一般资料类型或特殊资料类型说明	
10.2.2.5.4 专业版本说明应作为从属题名著录	

1.3.11 资源特殊细节项的变化

该项的变化主要有两点：

1）作为连续出版物的专用项，项目名称由1985年版的“卷、期、年、月或其他标识项”改为“编号”。

2）1985年版第三著录项中的卷以“v.”的规范著录形式，在修订版采用与ISBD一致的规定形式“vol.”，同时规定当“vol.”或“no.”位于该项或该项中并列信息的首字母需要大写。

第二章　连续性资源著录的基本问题

2.1　本标准的适用范围

在“1 范围”中主要概括说明了本部分的连续性资源著录标准主要涉及三个方面的内容：

1）规定了连续性资源的著录项目，项目及其著录单元的排列顺序，以及著录信息源和采用的文字；同时规定了当连续性资源题名或者版本说明改变了，在什么情况下需要作为一种新的出版物重新著录，什么情况下不需要。

2）规定了本部分的著录规则所适用的文献类型。根据文献类型的定义和习惯分类方式，我们可把各种载体的连续性资源分为连续出版物、集成性资源、有限性资源及其复制品，详见本书2.1.1－2.1.5。

3）规定了依据本标准编制的书目的适用范围。本标准既适用于编制国家书目，也适用于各种类型的图书馆和各种类型的联合目录机构。书目的详简程度，除了国家图书馆和需要进行书目交换与共享的其他机构宜尽量详细外，其他机构可根据用户需求和编目人员的水平制订合适的详简级别。

2.1.1　连续出版物

连续出版物是指“一种具有接续关系的、以独立的卷期或部分以定期或不定期的方式发行的连续性资源，通常带有编号，但无明确的终止日期”的一种出版物，是连续性资源中最常见的一种类型，也是连续性资源编目工作的主体部分。根据“定期或不定期发行”、“有编号”、“无明确的终止日期”等关键词，属于连续出版物范畴的除了有期刊、杂志、报纸等文献类型，还有年鉴、连续性名录、集中著录的专著丛编、系列会议录等。由于多数年鉴只分配ISBN号，图书馆采购这类出版物由负责采购图书的部门负责，所以到目前为止还有很多图书馆一直把年鉴作为普通图书类型按单本编目。其实，像期刊一样，按连续出版物集中著录是一种既省时又便利的方法，本指南附录中附有年鉴的著录样例（见附录1 示例26），并建议图书馆对年鉴按连续出版物方式著录。

2.1.2　集成性资源

集成性资源定义为“通过更新进行增补或修改的一种文献资源，其更新部分并不离散于原资源，而是与原资源整合为一体。集成性资源既可以是有限性资源，也可以是连续性资源。集成性资源的例子包括更新的活页/散页、更新的网页和更新的数据库等”。

印刷型集成性资源，通常为活页装订形式，出更新版时，只是将需要修订内容的页面印刷后发行，使用者将原出版物中需要更新的部分剔除，然后插入新出版的更新页面。这种形式的出版物国外比较常见，一般更新比较频繁，也有一定的读者群，例如教科书、手册、指南、格式等。网站资源是典型的集成性资源，例如某机构的网页，常不断更新其形式和内容。若网页无限期的更新，为连续性集成资源，若以任务为主要目标的网页，往往具有某个时间段（例如北京奥运会的网页），过了一个时间段后不再更新内容，为有限性集成资源。

集成性资源不存在像连续出版物一样的编号，但是会有更新的日期或者更新的版本标识（见本标准附录B/B.4）。

2.1.3 有限性资源

按期或带有各部分编号连续发行、具有连续出版物的其他特性（例如题名中有出版频率）但是持续出版时间却是有限的资源，称为有限性资源。有限性资源的著录方式与连续性资源相同。在2.1.2中提到的北京奥运会网页的例子，就带有有限性资源的特性，但又属于集成性资源，其著录方式，应与集成性资源相同；报道某事件的通讯也是有限性资源的一个例子，该通讯报导和连续出版物类似，也有表示卷、期的编号，所不同的是当该事件结束后，也就完成了通讯报导的历史使命，其著录方式，应与连续出版物相同（见本标准附录B/B.2）。

2.1.4 连续性资源的复制品

复制品常见的有印刷型出版物的摹真复制品、照相复制品、缩微复制品和数字复制品。其主要部分是通过原始版本的书页精确复制而成，有时复制品也有与原始版本不同的题名页或具有复制品本身的引导内容，但是出版制作机构往往不同于原版，属于资源的一次新的发行，在著录时应有别于原版，作为一种新的品种。连续性资源的复制品与其原版关系密切，在著录时有些著录项目应根据复制品的特征进行著录，有一些项目应考虑原版的特征，例如编号标识等。具体信息详见表5。

表5 复制品各著录项目的依据

著录项目	复制品	备注
题名与责任说明项	依据复制品的题名与责任说明	若复制品的题名与原版题名不一致，原版题名在附注项说明。
版本项	依据复制品的版本说明	若原版有版本说明，原版的版本说明在附注项说明。
资源特殊细节项 编号 其他特殊资源类型专门数据	 依据原版的编号和/或日期 依据其他特殊资源类型专门数据	如果复制品上没有这些信息，应置于方括号中。
出版发行项	依据复制品的出版发行说明	原版的出版发行说明，在附注项说明。
载体形态项	依据复制品的载体形态	原版的载体形态项，若有必要可在附注项说明。
丛编项	依据复制品的丛编信息	若原版有丛编说明信息，在附注项说明。

续表

著录项目	复制品	备注
附注项		有关各著录项目的附注，见本表其他著录项的备注；此外，还需著录复制品附注（必备）、原版出版频率等附注。
标准编号与获得方式项	依据复制品的标准编号与获得方式项	原版的标准编号与获得方式信息，在附注项说明。

2.1.5 非连续出版物范畴

有些出版物，虽然也具有按卷册出版的特点，但不属于连续出版物范畴。例如多卷书和分散著录的专著丛编。

多卷书（或称多部分单行资源）是由物理上相对独立的、有限的若干部分组成，各个部分既有共同的和/或相对独立的各自的题名信息，也有共同的和/或各自的责任说明，在出版发行的卷册及内容上事前有一定的计划，其出版时间有一次出齐的，也有分若干次出齐的。多卷书没有ISSN号， 可分配到一个或多个ISBN号。无论是多卷册集中著录还是按分卷、册分散著录，都不属于连续出版物或有限性资源的范畴。

丛编是一组相互关联而又各自独立的资源，每种资源除了有自身的正题名外，还有一个适用于整组的总题名，即丛编正题名。专著丛编是指收入丛编内的独立资源都是专著。出版规范的专著丛编应该有ISSN号，丛编内的每种专著既有所属丛编的ISSN号，也有各自的ISBN号。当整套专著丛编集中著录时，其依据的著录信息源应首选专著所属的丛编题名页，标准号首选ISSN，其性质属于连续性资源范畴；如果按各自独立的专著分散著录，各专著依据的著录信息源应该是各专著的题名页，其性质属于图书范畴。

2.2 相关术语与定义

本标准“3 术语与定义”中收入了28条术语及其定义。这28条术语都来自ISBD（CR），每一条术语包括中英文对照的术语名称及其定义，按术语的拼音字顺排序。

收入的术语包括：

1）反映连续性资源类型的专门术语，有“连续性资源”、“连续出版物”、“期刊”、“集成性资源”、“更新后的整体”和“更新后的活页”共6条；

2）反映连续性资源特征的专门术语，有“编号”、“标头、刊头、报头”、“分成、分出”、“国际标准连续出版物号”、“合并”、“频率”、“期”、“识别题名”、“吸收”和“先前题名”共10条；

3）反映各类文献特征的专门术语，有“版本”、“补编、副刊、增刊”、“从属题名”、“从属题名标识”“丛编”、“分辑”、“分辑标识”、“分辑题名”和“共同题名”共9条；

4）反映文献资源的一般性术语，有“资源”和“通用术语”共2条；

5）反映出版物印刷发行特征的一般性术语“双向倒转”。

术语收入的主要原则为：①在文献编目领域，尤其是连续性资源编目领域中国际通行的最新术语。例如"资源"、"连续性资源"、"集成性资源"等。②在连续性资源编目领域中常用的术语，虽然有些术语已经为人熟知。例如"识别题名"、"分成、分出"、"补编、副刊、增刊"等。③在本部分著录标准的正文中出现的生僻术语。例如"双向倒转"。

需要说明的是，本部分著录标准正文中常出现的一些重要术语，例如"规定信息源"、"题名页"等是属于各个部分著录标准通用的术语，已被收入到同期修订的《文献著录 第1部分：总则》中，所以在本部分的"术语和定义"中不再重复收入。对于术语的汉化用词，在一定程度上考虑到了以更规范更通用的词语代替以前各部分的标准中采用的较为专用的词。例如同一个英文术语"series"，以前在普通图书著录规则中译为"丛书"，在连续出版物著录规则中译为"丛刊"，现在则统一译为"丛编"。

2.3 著录项目和著录单元

2.3.1 概述

著录（Description）是编目工作中对文献资源的外部特征进行描述的一项技术性工作，其目的是帮助书目资源的使用者识别一种特定的文献。我国依据ISBD基本原则制订GB/T 3792系列国家著录标准之目的，就是为了提供国内乃至国际协调一致的著录规则，使之有助于国家书目机构之间和整个国际图书馆界与情报界实现书目记录的交换。虽然著录标准最初是在书目控制的自动化和共享编目要求的推动下制定并实施的，但是到目前为止仍然适用于各种文献资源类型的描述工作，即使是RDA（Resource Description and Access），在将来的编目实践中，也不会改变ISBD的基本著录模式。

著录规则中规定了八个著录项目，每个著录项目中又细分为若干著录单元，同时还规定了这些著录项目和著录单元的顺序以及标识符。表6列出了详细的著录项目和著录单元，以及它们之间的著录顺序。其中带"（可选）"的著录单元，例如"一般文献类型标识"，由编目机构自主决定在著录中是否选择该著录单元。带星号"*"的著录单元是说明在必要时可以重复著录的单元。其他著录单元，对于提供数据交换或共享的机构（例如国际书目机构或合作编目机构）而言，若该著录单元适用于所著录的文献资源，应作为必备著录单元。在八大著录项中，除第六、第七和第八著录大项可重复，其他不可重复。

表6 著录项目与著录用标识符一览表

著录项目	规定著录单元的前置或外括标识符	著录单元
1. 题名与责任说明项		1.1正题名
	[ ]	1.2 一般文献类型标识（选用）
	=	*1.3 并列题名
	:	*1.4 其他题名信息
		1.5 责任说明
	/	第一责任说明
	;	*其他责任说明

续表

著录项目	规定著录单元的前置或外括标识符	著录单元
2. 版本项	. --	2.1 版本说明
	=	*2.2 并列版本说明（选用）
		2.3 与本版有关的责任说明
	/	第一责任说明
	;	*其他责任说明
	,	*2.4 附加版本说明
		2.5 附加版本说明的责任说明
	/	第一责任说明
	;	*其他责任说明
3. 资源特殊细节项	. --	3.1 编号 *3.2 其他特殊资源类型专门数据
4. 出版发行项	. --	4.1 出版发行地
		第一出版发行地
	;	*其他出版发行地
	:	*4.2 出版发行者
	,	4.3 出版发行日期
	(	*4.4 印制地
	:	*4.5 印制者
	,)	4.6 印制日期
5. 载体形态项	. --	5.1 数量和特定文献类型标识
	:	5.2 其他载体形态细节
	;	5.3尺寸
	+	*5.4附件（选用）
6. 丛编项	. --	6.1 丛编或分丛编正题名
	=	*6.2丛编或分丛编并列题名
	:	*6.3丛编或分丛编其他题名信息
		6.4 丛编或分丛编责任说明
	/	第一责任说明
	;	*其他责任说明
	,	6.5 丛编或分丛编的ISSN
	;	6.6 丛编或分丛编编号

续表

著录项目	规定著录单元的前置或外括标识符	著录单元
7. 附注项		频率说明附注（题名中无频率时必备） 题名与责任说明项附注（正题名取自代题名页时必备） 版本项附注（版本定期修订说明必备） 书目沿革附注（有书目沿革时必备） 编号附注 出版发行项附注 载体形态项附注 丛编项附注 内容附注 标准号与获得方式附注 文献性质、范围附注 著录依据附注（依据非首期著录时必备） 其他
8. 标准编号与获得方式项	. -- = : ()	*8.1 ISSN或其他标准编号 8.2 识别题名 8.3 获得方式和/或价格（选用） 8.4 限定说明（选用）

2.3.2 著录详简级别

著录标准中并没有关于详细著录和简要著录的具体规定，通常在一些编目规则中会做出规定。例如《西文文献著录条例》修订扩大版中规定了简要著录（第一级著录）、基本著录（第二级著录）和详细著录（第三级著录）。《中国文献编目规则》第二版把各个著录项目中的著录单元分成主要项目（即主要著录单元）和选择项目（即可选择的著录单元），在著录级别上也分成三个级次，简要级次只著录主要项目，基本级次著录主要项目和部分选择项目，详细级次需要著录主要项目和全部的选择项目。表7是根据连续性资源编目实践经验并参考相关编目规则列出的详简级次著录项目和著录单元，供各编目机构在编目实践中参照。通常对著录详简级次的选择需要考虑的主要因素有四个：①图书馆和编目机构的性质和规模；②受编文献资源的种类、应用范围和应用价值；③读者的检索需求；④编目员的编目水平。由于著录标准中对详简著录没有明确的具体规定，各图书馆和编目机构可参照表7列出的著录级次、目录使用对象的需求和编目水平作适当调整。

表7 详简级著录单元一览表

详细级著录	基本级著录	简要级著录
题名与责任说明项	题名与责任说明项	题名与责任说明项
1.1正题名	1.1正题名	1.1正题名
1.2 一般文献类型标识（选用）	1.2 一般文献类型标识（选用）	1.2 一般文献类型标识（选用）

续表

详细级著录	基本级著录	简要级著录
*1.3 并列题名 *1.4 其他题名信息 1.5 责任说明 第一责任说明 *其他责任说明	*1.3 并列题名 *1.4 其他题名信息 1.5 责任说明 第一责任说明 *其他责任说明	*1.4 其他题名信息 1.5 责任说明 第一责任说明
版本项 2.1 版本说明 *2.2 并列版本说明（选用） 2.3 与本版有关的责任说明 第一责任说明 *其他责任说明 *2.4 附加版本说明 2.5 附加版本说明的责任说明 第一责任说明 *其他责任说明	版本项 2.1 版本说明 2.3 与本版有关的责任说明 第一责任说明	版本项 2.1 版本说明
资源特殊细节项 3.1 编号[①] *3.2 其他特殊资源类型专门数据	资源特殊细节项 3.1 编号 *3.2 其他特殊资源类型专门数据	资源特殊细节项 3.1 编号 *3.2 其他特殊资源类型专门数据
出版发行项 4.1 出版发行地 第一出版发行地 *其他出版发行地 *4.2 出版发行者 4.3 出版发行日期 *4.4 印制地 *4.5 印制者 4.6 印制日期	出版发行项 4.1 出版发行地 出版发行地 4.2 第一出版发行者 4.3 出版发行日期	出版发行项 4.1 出版发行地 出版发行地 4.2 第一出版发行者 4.3 出版发行日期
载体形态项 5.1 数量和特定文献类型标识 5.2 其他载体形态细节	载体形态项 5.1 数量和特定文献类型标识 5.2 其他载体形态细节	载体形态项 5.1 数量和特定文献类型标识

① 集成性资源无编号项

续表

详细级著录	基本级著录	简要级著录
5.3尺寸 *5.4附件（选用）	5.3尺寸 *5.4附件（选用）	5.3尺寸 *5.4附件（选用）
丛编项 6.1 丛编或分丛编正题名 *6.2丛编或分丛编并列题名 *6.3丛编或分丛编其他题名信息 6.4 丛编或分丛编责任说明 第一责任说明 *其他责任说明 6.5 丛编或分丛编的ISSN 6.6 丛编或分丛编编号	丛编项 6.1 丛编或分丛编正题名 *6.3丛编或分丛编其他题名信息 6.4 丛编或分丛编责任说明 第一责任说明 6.5 丛编或分丛编的ISSN 6.6 丛编或分丛编编号	丛编项 6.1 丛编或分丛编正题名 6.6 丛编或分丛编编号
附注 频率说明附注（题名中无频率时必备） 题名与责任说明项附注（正题名取自代题名页时必备） 版本项附注（版本定期修订说明必备） 书目沿革附注（有书目沿革时必备） 编号附注 出版发行项附注 载体形态项附注 丛编项附注 内容附注 标准号与获得方式附注 文献性质、范围附注 著录依据附注（依据非首期著录时必备） 其他	附注 频率说明附注（题名中无频率时必备） 题名与责任说明项附注（正题名取自代题名页时必备） 版本项附注（版本定期修订说明必备） 书目沿革附注（有书目沿革时必备） 著录依据附注（依据非首期著录时必备）	附注 频率说明附注（题名中无频率时必备） 题名与责任说明项附注（正题名取自代题名页时必备） 版本项附注（版本定期修订说明必备） 书目沿革附注（有书目沿革时必备） 著录依据附注（依据非首期著录时必备）
标准编号与获得方式项 *8.1 ISSN或其他标准编号 8.2 识别题名 8.3 获得方式和/或价格（选用） 8.4 限定说明（选用）	标准编号与获得方式项 *8.1 ISSN或其他标准编号	标准编号与获得方式项 *8.1 ISSN或其他标准编号

2.3.3 著录≠书目记录的全部

需要说明的是，著录规则规定的八大著录项目仅构成完整书目记录的一部分，通常不单独使用。构成一份完整的书目记录，还包括有其他的内容，例如名称检索点、主题检索点和统一题名检索点等，而这些内容是由编目规则中的其他规则规定的。在机读目录环境下，还受MARC格式或其他格式的规定。所以著录标准只是编目工作中应遵循的一个狭义的描述性标准，著录内容也只是书目记录中的一部分内容。

2.4 著录用标识符

2.4.1 著录用标识符的作用

著录用标识符是用于分隔各著录项目和著录单元的符号。著录规则规定了著录项目与每个著录项目中的著录单元及其著录顺序，并规定了分隔这些著录项目和著录单元的标识符，其目的是：①使得不同来源的记录可以在国际范围内互相交换；②通过标识符，可跨越语言障碍，使得由一种语言制作的记录为不同语言使用者理解；③有助于转换成其他标准的数据元素（例如转换成元数据）；④有助于将传统的卡片目录形式转换成机读目录格式。

2.4.2 编目实践中的注意要点

标识符的使用方法在本标准5.2和5.3中已经有了明确的说明，为便于理解和使用，再归纳为以下几个要点：

1）著录用标识符和标点符号是两个概念。有时出版物题名中就包含标点符号，例如“永别了，武器”中的逗号“，”、“《红楼梦》学刊”中的书名号“《 》”和“家庭·育儿”中的中圆点“·”就是具有语法意义的标点符号，在著录时原则上应转录。出现在附注项中的标点符号常用于自拟的附注文字中，例如：“民國73年由臺北大通書局出版影印本，題名為：中國邊疆民族學雜誌。”，这是一个复制品附注，附注中出现的符号都是用于语法断句的标点符号。再如“影印自：邊政公論 . -- 巴縣［四川］ : 邊政公論社［發行］. -- 季刊(1947-1948)”，这是一条原版附注，其中附注导语“影印自：”的冒号“：”是标点符号，而其后引用了原版连续出版物的题名项、出版发行项和出版频率附注，其中“ . -- ”是著录项目分隔符，“巴縣［四川］ : 邊政公論社［發行］”中间的符号“ : ”是分隔出版地和出版者的标识符号。这两者是有区别的，前者是直接跟在文字之后，采用的是中文冒号，后者作为标识符必须与前后文字或符号之间空一位，采用的是西文的冒号。按照录入规定，当在著录时转录规定信息源中的中文题名等信息时，其中有语法意义的标点符号按中文标点符号转录（全角状态），而标识符是在西文状态（半角）下录入的。

2）我国规定，中文出版物采用基于UNIMARC的中国机读目录格式CNMARC，著录项目主要集中在“2—著录信息块”和“3—附注块”。按照格式的规定，ISBD规定的著录项目标识符原则上由自动化系统自动生成，这两个字段块中需要编目员录入的标识符只有：①表示并列关系的“ = ”；②依据规定信息源以外的信息所著录的内容和著录中插注所使用的标识符“[ ]”；③若需要著录的内容过于冗长，在不影响原意的前提下著录规则允许节略部分文字时采用的删节号“...”；④附注项中格式化部分采用的标识符。

2.5 著录用文字

著录，其对应的英文是“Description”，所以又称描述，顾名思义是对书目文献资源外形的描述。本标准“6 著录用文字”明确规定了各个著录项目在著录时采用的文字。从表象看，既有采用资源本身文字的“如实照录”，也有采用阿拉伯数字著录的页码、尺寸等，还有采用一些符号著录的，例如“vol.”。所以“描述”或称“客观描述”不完全等于“照录”，但是通过描述的种种表象仔细分析一下，可以把著录的方法大致归纳为三种：严格转录、格式化著录和编目员自拟。

2.5.1 严格转录

严格转录对应的英文是“Transcribe”，原意为“抄录”，我国编目界通俗的说法是“客观照录”，这是一种“如实反映”文献资源原始信息的一种描述方法。严格转录的描述方法基本可排除编目员的主观影响，主要用于描述题名与责任说明项，从编项中的从编题名。因为这两项对识别一种出版物有至关重要的意义。当然严格转录并非根据规定信息源上的一字一句照抄不误，例如字母拼写文字的大小写不需要完全照抄，而是根据该文字的大小写规则转录，再如没有语法意义的标点符号可以不转录，连续性资源题名页或代题名页上明显错误的题名在转录时应更正为正确的题名等。责任说明中与名称和创作方式无关的信息，一般情况下可忽略不予转录。过于冗长的题名还可按一定的规则节略。

示例1：规定信息源：美术&设计

著录：美术&设计

按规定信息源严格转录。

示例2：规定信息源：国家科技计划2001年度报告

著录：国家科技计划 ... 年度报告

按著录规则，年代出现在题名中间，应予省略，代之以“...”。

2.5.2 格式化著录

格式化著录对应的英文是“Give”，原意为“给以”。这种描述方式并不是像严格转录那样将规定信息源上的原始信息如实照录，而是按照编目规则的特定要求，将规定信息源上出现的原始信息以规范化的专门术语或统一的数字形式进行著录。例如，对著录中出现的数字和年代统一著录为阿拉伯数字；对卷、期标识和特定文献类型标识采用通用的英语缩写形式vol.和no.；对文献尺寸采用“cm”的表示方法等。采用格式化著录方式的著录项目有版本项中的版次，资源特殊细节项中的编号，数学数据项（测绘资料）中的比例尺和经纬度表示法，出版发行项中的出版年，载体形态项中的文献数量和特定文献类型标识以及尺寸，从编项中的编号标识等。

示例1：版次的规定信息源：第二版

著录：第2版

将中文版次“二”格式化著录为阿拉伯数字“2”.

示例2：卷期标识规定信息源：1971年1月，第1卷第1期，（总第1期），1月21日出版

著录：Vol. 1, no. 1 (1971, 1)- = 总1-

将首期规定信息源上的多种编号和日期标识以格式化形式转写在编号项，而不是按原有形式转录。

2.5.3 编目员自拟

自拟对应的英文是“Supply”，原意为“提供”。这种描述方法与上述两种都不同，由编目员自拟的信息一般并没有出现在主要信息源和规定信息源上，而是由编目员根据著录的需要自拟的信息。例如规定信息源没有正题名时，可通过其他来源，或由编目员自拟一个概括性题名，同时置于方括号内，并在附注中说明其出处；再如无法录入的文字或图形，以表外汉字或与图形相当的文字替代，并置于方括号内；还有一般文献类型标识，是由编目员根据统一规定的文献类型术语，著录在正题名之后的方括号内，这些术语并没有出现在题名页上。而使用最多的是编目员在必要时自拟的附注，用以提供与文献有关的重要信息，自拟的附注无需加方括号。

示例1：题名规定信息源：《红楼梦》学刊

著录：《红楼梦》学刊［期刊］

以［期刊］区分数据库中其他的文献类型，属于编目员按“一般文献类型标识”的规定自拟提供的信息。

示例2：资源特殊细节项首期规定信息源：无信息

著录：［Vol. 1, no. 1］

根据后续期的编号“第1卷第2期，第1卷第3期”推算出首期编号信息，为编目员自拟，置于方括号内。

示例3：附注：半月刊 (2004-)；出版频率多次变化 (1950-2003)

自拟提供的连续出版物频率附注，不需要加方括号。

2.6 著录信息源

著录信息源是指书目信息的著录来源。计算机编目使得图书馆和编目机构编制的书目资源共享成为可能，共享的前提在于书目著录应具有互换性，著录标准化就成为一种共识。于是在1971年，国际标准书目著录的ISBD系列文本陆续出版发行。标准化著录不仅包括在前面所提到的八大著录项目及其排列顺序，识别著录单元的标识符，著录用文字及其著录的方法，还包括如何选择著录的信息源。正确选择著录信息源，是标准化著录的重要前提之一，也是尽可能避免编目员的主观因素，确保著录内容一致性的重要前提。著录信息源包括主要信息源和规定信息源，由于连续性资源具有按期连续出版或更新的特点，在选择信息源前，还要明确连续性资源著录时应该依据一种连续性资源的哪一期。

2.6.1 著录依据

本标准“7 著录信息源”中的表2和表3分别列出了连续出版物和集成性资源各个著录项目的依据，以下再作简要的归纳说明：

2.6.1.1 连续出版物

1）著录依据为第一期或所见最早一期。按此依据著录的项目有“题名与责任说明项”、“版本项”、出版发行项中的“出版发行地”和“出版发行者”等著录大项和著录单元。原则上应依据编制该书目记录的第一期的题名页（或代题名页），精确地说是首卷首期的题名页（或代题名页）。需要注意的是第一期和首卷首期的概念不一定是在出版物上明确印制的“第1期”字样或“第1卷，第1期”字样。例如一种符合题名发生主要变化原则的出版物，虽然题名变了，需要另行著录一条新记录，但是卷期标识可能还是延续其先前出版物的，所以依据著录的那一期的实体上不一定标示第1期，但是对于编制该新记录时，这一期是著录依据的第一期。所谓“所见最早的一期”是指在编制记录时，编目机构没有收藏第一期的实体，编目员只得依据手头最早一期的实体建立书目记录，以“所见最早一期”编目时，需要增加一些附注，例如著录依据附注，编号项推算的附注等。

2）著录依据为连续出版物的全部期。按此依据著录的有“载体形态项”和“丛编项”。例如“载体形态项”，它是反映整个出版物的载体特征的，如果一种连续出版物停止出版了，其卷期数量应该是该出版物所有卷数或期数的总量；在出版过程中，如果尺寸发生变化，其尺寸范围也应在载体形态项著录。

3）著录依据为连续出版物的全部期或其他来源信息。按此依据著录的有“附注项”和“标准编号与获得方式项”。附注可以引自出版物本身内容，也可自拟来自出版物本身的或者出版物以外的信息，例如参考工具书，国家书目等。标准号除了从文献本身获取外，还可以咨询ISSN中心或通过上网查询等方式获取。

4）著录依据为每种编号序列的起始期和/或终止期。按此依据著录的有“编号”项。一般来说，“编号”项记录一种连续出版物的起始卷期标识，一旦停止出版，则记录起始卷期和终止卷期。如果一种连续出版物在出版过程中同时存在多种编号标识，或者编号序列发生变化，都应记录在“编号”项。编目时，如果手头无编号序列的起始期，但是可以从其他来源获取，也可著录于编号项，并置于方括号中。

5）著录依据为起始和/或终止期。按此依据著录的是出版发行项中的“出版发行日期”著录单元。其出版发行日期起始日期依据著录正题名的那一期的日期，其终止日期依据该出版物最后一期的出版日期。

2.6.1.2　集成性资源

集成性资源不像连续出版物，不具有以接续出版形式的相对独立的一期期的实体，而是作为一个整体，在需要时对这个整体作不断地更新。以一种活页的印刷出版物为例，在更新时剔除较为陈旧的一部分内容，换之以较新的一部分内容，保留不需要更新的内容；以一个网页为例，会经常进行定期的或不定期的更新，通过吐故纳新保持其网站的活力。所以集成性资源就内容上的特点而言总是保持最新的信息资源，陈旧的信息不复存在。基于此特点，集成性资源的著录信息源与连续出版物也大相径庭。可归纳为：

1）著录依据为当前更新后的整体。按此依据著录的有“题名与责任说明项”、“版本项”、出版发行项中的“出版发行地”和“出版发行者”、“载体形态项”和“丛编项”。之所以依据当前更新后的整体信息著录，是因为集成性资源这种出版物总是展示其最新信息。所以其题名、版本、物理形态等项总需要向使用者揭示其最新的变化状况，以便于使用者跟踪。至于更新前的一些有参考价值的信息可记录在附注项。

2）著录依据为起始和/或最后更新后的整体。按此依据著录的是出版发行项中的“出版发行日期”。集成性资源虽然是一个整体，但是其出版发行日期有最早的起始日期、中间的更新日期和最后的终止日期。集成性资源的出版发行日期应著录出版发行起始日期而不是当前更新后的日期，若终止出版还应著录其终止日期，所以依据的信息源应为集成性资源的起始日期和终止日期。

3）著录依据为不同时期更新后的信息或资源以外的信息。按此依据著录的是“附注项”和“标准编号与获得方式项”。这是由于这两项中著录的信息往往来自各个时期的沿革信息，例如更新前后的网页名称的沿革等。

需要提醒的是第三著录项目（编号项）不适用于集成性资源，所以集成性资源只有七个著录大项。

2.6.2 主要信息源

2.6.2.1 概述

主要信息源是为书目著录提供信息的第一选择来源，通常是文献上书目信息比较集中和比较完整的部分。有些出版物类型的主要信息源是单一的，如连续出版物、乐谱资料的题名页；但是也有一些出版物的书目信息相对分散，难以确定集中的部分，这时主要信息源是集合性的，例如电子资源、影视资料和录音资料等。由于连续性资源是一种出版物类型，可以包括多种具有连续性资源出版特征的资源类型，其主要信息源随着资源类型的不同也有所不同。本标准中我们把连续性资源的主要信息源按印刷型和非印刷型连续性资源作分别规定（见本标准7.3.1和7.3.2）。以下按这两个方面作具体说明。

2.6.2.2 印刷型连续性资源的主要信息源

如前所述，印刷型连续性资源包括连续出版物、集成性资源、有限性资源及其复制品，如果再作细分，应包括期刊、报纸、年鉴、集中著录的专著丛编、某机构或某事件的通讯报道等连续出版物（包括有限性资源），还包括以活页装订形式发行和更新的集成性资源，以及这些形式的复制品等。这些资料类型有些有题名页，有些经常没有题名页。在没有题名页的情况下，需要判断优先选择的代题名页。本标准明确规定了“当连续性资源缺少题名页时，代题名页的优先选择顺序为：a) 分析题名页、封面、卷端、标头……；b) 其他正文前书页……”等四条规则，同时还规定了对于东方出版物，如果处于题名页位置有正题名的那一页不能作为题名页时，可首选书末出版说明为代题名页（见本标准7.3.1）。那么在编目实践中我们是否有较明确的方法判断一种文献类型应首选的代题名页呢？表8列出了若干种常见的印刷型连续性资源的首选代题名页，仅供参考。如果把握不准，还是应该按照本标准中7.3的规定依次选择代题名页。

表8 印刷型连续性资源的主要信息源

一般资料类型	主要信息源
期刊	一般无题名页，首选封面作为代题名页。其次依次选择卷端、标头（刊头）、编辑页和书末出版说明。
报纸	一般无题名页，首选标头（又称报头）作为代题名页。报头通常出现在报纸的头版顶端，包括报纸题名、日期信息，总期号，统一刊号等信息，也包括头版页脚处的主办单位、编辑、地址、价格等信息。
年鉴	一般有题名页，若无题名页，通常首选封面作为代题名页。
专著丛编（集中著录）	一般有专著题名页和丛编题名页，在按连续出版物集中著录时，应首选丛编题名页。

续表

一般资料类型	主要信息源
通讯报道	根据通讯报道所属类型（如期刊、报纸）选择代题名页。
更新活页出版物	一般有题名页，若有更新的题名页，选择更新的题名页作为主要信息源。
复制品	指本表中上述资料的复制品，著录依据的题名页应选择复制品的题名页，若无复制品题名页，参照上述资料类型中的首选代题名页。

表8中列出的印刷型连续性资源基本属于文字性的，如果是以连续性资源出版形式发行的地图资料应参照《测绘制图资料著录规则》（GB/T 3792.6）的主要信息源。

2.6.2.3　非印刷型连续性资源的主要信息源

对于非印刷型连续性资源的主要信息源，应参照 GB/T 3792其他各部分的相关规定，例如以连续性资源出版形式发行的录音资料应参照《文献著录 第4部分：非书资料》（GB/T 3792.4—2009）。录音资料的主要信息源是一种集合性的，包括录音资料本身、装录音资料的容器和附件。

2.6.3　规定信息源

2.6.3.1　概述

在ISBD第一版的著录标准中，并未出现规定信息源这个概念，直到上世纪80年代修订ISBD时，才增加了规定信息源。规定信息源规定了书目著录中每一个著录项目或者著录单元的著录信息（或称数据元素）来源。或许同一个著录单元的信息在文献的不同部分会重复出现，这些信息可能相同，也可能不完全相同，如果没有一个明确的规定，编目员就会根据本人的主观判断进行著录，于是不同编目员著录的同一种出版物，就不一定能达到一致的著录结果。规定信息源的作用就是用来提醒编目员，那些该著录的数据元素应该取自什么地方，这样整个著录过程处于被控制状态，可以最大限度地保证著录结果的一致性。

对于一种文献类型来说，八大著录项目中的每一个著录项目，其职能不同，重要性也有所不同，因此规定的信息源范围也有所不同。例如题名与责任说明项是最重要的著录项目，该项中各个著录单元的数据元素唯一识别性要求高，所以规定信息源的范围相对要窄一些；而附注项的主要职能是用于对著录单元中数据元素的补充和说明，行文比较自由，甚至可以自拟附注，所以信息源范围宽泛，其信息来源不仅可取自整部文献，还可取自文献以外的任何参考源。

2.6.3.2　连续性资源的规定信息源

有关连续性资源的规定信息源在本标准的7.4作了明确的说明，这里再作一些分析和归纳，以助于进一步理解。

1）连续性资源是一种出版形式，相应资源类型应参照相应资源类型的规定信息源。例如按连续性资源形式出版发行的录音资料，应参考《文献著录 第4部分：非书资料》（GB/T 3792.4—2009）中的规定信息源；按连续性资源形式出版发行的地图资料，应参照《测绘制图资料著录规则》（GB/T 3792.6）中的规定信息源。

2）本标准“7.4 规定信息源”中“表4 连续性资源的规定信息源”列出了各著录项目的规定信息源，可以看出，规定信息源的范围随着著录项目的重要性及唯一识别要求而有所不同：

“题名与责任说明项”的规定信息源为“题名页”。如前所述，题名与责任说明项是识别一种文献的最重要依据，其规定信息源只限于主要信息源，对于印刷型连续性资源而言，其主要信息源是题名页，所以规定信息源也是题名页，如果无题名页，则以代题名页作为题名页，例如报纸，其主要信息源的代题名页是标头（报头），所以规定信息源也是标头（报头）。各种印刷型连续性资源的代题名页的选择详见本书“表8 印刷型连续性资源的主要信息源”。

“版本项”和“丛编项”需要著录的数据元素的信息来源不但出现在题名页，也会出现在文献的其他地方，所以其规定信息源范围较题名与责任者说明项有所扩大。考虑到这两项著录单元的数据元素基本需要格式化著录或者严格转录，而出自不同信息源的同一个数据元素在表述上可能有差异，所以应按照规定信息源的顺序依次选择。例如当题名页、标头都有版本说明的信息时，需要优先选取题名页作为版本项的规定信息源，如果题名页无版本信息，但是标头有，可依据标头的版本信息著录；再如多处出现了丛编题名及其相应信息，则应首选丛编题名页作为著录丛编项的规定信息源。

“出版发行项”和“载体形态项”的著录项目中的多数数据元素为格式化著录，只要基本信息符合，无须过多拘泥于文字上的“照录”，所以其规定信息源的范围更为宽泛，可包括整个连续性资源。

“编号”的规定信息源，除了连续性资源本身，还扩大到国家书目等权威信息源。因为这一著录项目中采用的著录方法，均为格式化著录，而且在著录过程中需要依据的著录实体较多，如果编目机构收藏的一种特定的连续性资源实体不完整，依靠仅有的卷和册难以精确著录其编号标识时，可参照国家书目或权威的联合目录机构的相关书目信息。

“附注项”是用于提供对其他著录项目中反映的书目特征信息的一种补充说明，而“标准号与获得方式项”是属于ISSN中心的数据。附注说明既可以引用文献中的信息，引用时一般采用格式化的著录方式，也可以将取自文献内部或文献外部的任何来源信息，自拟说明性文字。所以这两项的规定信息源更宽泛，可取自任何来源。

3）上述第2）条中的规定信息源，基本上是针对印刷型连续性资源（但不包括印刷型测绘制图资源），如果编目对象是测绘制图资料和非书资料，例如具有连续性出版发行特征的印刷型地图资料或录音资料，其规定信息源应分别参照测绘制图资料和非书资料的著录规则。如果编目对象按电子资源的方式出版发行，其规定信息源还应参照《文献著录 第9部分：电子资源》（GB/T 3792.9—2009）。

2.6.4 主要信息源和规定信息源的共性与区别

主要信息源和规定信息源都是属于信息源选择的规则，两者之间既有不可分割的联系，又有较为明显的区别。其共同点和区别点主要有：

1）主要信息源和规定信息源都规定了信息来源的“优先顺序”，以此控制著录的全过程，确保著录信息一致的最大可能性。例如期刊的“题名与责任说明项”主要信息源是题名页，若无题名页，依次选择封面、卷端、标头、编辑页和书末出版说明作为代题名页，而不能发现某期刊的书末出版说明比封面更详细而跳过封面选择书末出版说明。各个著录项目的规定信息源同样也有一定的选取顺序。从某种意义上来说，信息源的选择（尤其是规定信息源）更注重“位置优先”原则而不是绝对的“信息详细”原则。

2）主要信息源是针对某种特定资源类型的首选信息源，例如印刷型期刊的主要信息源是题名页或代题名页；录音资料的主要信息源是录音资料本身、容器和附件。而规定信息源是针对特定资源类型中的特定著录项目的首选信息源，例如印刷型期刊题名与责任说明项的规定信息源为题名页，无题名页取代题名页，版本项的规定信息源依次为题名页、其他序页和书末出版说明。

3）规定信息源可能仅限于主要信息源，例如期刊的题名与责任说明项的规定信息源就是主要信息源，也可能大于主要信息源，例如期刊的版本项，其规定信息源除了题名页，还有其他序页和书末出版说明。

2.7 连续性资源需要另行著录的原则

2.7.1 概述

连续性资源需要另行著录的原则，是国际标准书目著录中针对连续性资源专门规定的一种技术处理方法。由于连续性资源的延续时间长，在其发行过程中一些主要的识别信息，也就是关键的著录单元发生变更在所难免，例如题名、版本信息、发行频率、主管团体等的变化。而题名的变化或者版本的变化有时会导致这种出版物的内容和范围也随之发生变化，有时即使题名或版本有变化，其内容和范围依旧如故。也有的连续性资源，从原来的印刷型载体改变为电子载体，或者同时出版发行印刷版和电子版，除了获取方式和阅读方式不同，内容完全一样。

当连续性资源发生了这种种变化，编目员在着手著录时，到底应该做怎样的技术处理才能更符合编目的著录原则，更方便使用者识别这样的文献资源，更符合编目工作的性价比？

以下简单地回顾自我国1985年实施《连续出版物著录规则》以来的相关规则中的规定、编目实践中的实际做法，并对ISBD(CR)与2009年修订版中另行著录原则作分析比较，以加深对新规定的另行著录原则的了解。

2.7.2 我国相关标准与著录规则中的“另行著录原则”

2.7.2.1 《连续出版物著录规则》（GB/T 3792.3—1985）

1985年版中无专门规则说明“另行著录原则”。但是在连续出版物沿革附注（10.7.3）中明确说明了一种连续出版物和另一种连续出版物具有“继承”、“合并改出”、“分出”、“吸收/并入”等关系时，在“先前的”或者“后续的”连续出版物书目中应予注明这种沿革关系。

例：中国妇女

附注：本刊继承：新中国妇女

这说明我国1985年颁布的连续出版物著录规则明确了一些连续出版物之间有着沿革发展的相关关系，隐含着连续出版物在出版过程中，如果发生了改名、合并、一种出版物分成若干种，或者若干种合并成一种时，应另行著录。只是没有明确说明一种连续出版物在什么情况下，就演变成具有先前/后续关系的相关连续出版物，1985年版的著录规则中也没有版本项发生变化应如何处理的条款。

2.7.2.2 《中国文献编目规则》第一版（1996年出版）

该出版物的第十一章为连续出版物的编目规则。十一章中在某些地方提到“必须编制新款目”的字样，表9摘录其中的相关规定。

表9 《中国文献编目规则》（第一版）编制新款目的规定条文

11.1.1.13 正题名的著录/i.	汉语文出版物正题名的任何变化，应视为正题名已经改变，必须编制新款目。
11.1.1.13/j.	题名在出版过程中未经说明而稍有改变，但ISSN却未作相应改变，并在一、二期或二、三期后又改为原名，……，无须编制新款目，但应在附注项说明。
11.1.1.13/k.	从属题名变为独立题名，应编制新款目。
11.1.5.4 责任说明的著录/k.	正题名为通用题名（无自身特征，不反映出版物内容属性，可用于所有内容相似的出版物），其责任者又发生变化（无论改变名称还是变换单位），应作为改名刊物著录。
11.2.1.5 版本说明的改变	版本说明发生实质性改变，应重新著录；无实质性改变，可在附注项说明。
11.7.1.5 正题名稍有变化	正题名在出版过程中未作说明而稍有改变，并在一、二期或二、三期后又改为原名，应予著录。（对应11.1.1.13/j.）
11.7.1.8 责任说明附注/c.	正题名系通用名词，而责任者名称改变或更换责任者，不应视为责任者稍有变化，而应作为另一种出版物著录。（与11.1.5.4对应）

根据表中所摘录的条款，可看出规则中有较为明确的需要编制新款目的规定，也有当正题名稍有变化但是不需要编制新款目的具体的规定。文字表述比较严谨，在编目实践中比较易于参照执行。

2.7.2.3 《中文连续出版物机读目录著录细则》（2001年）

该出版物按报纸和期刊两种类型，在体例上按CNMARC字段号的次序排列。表10摘录细则中与“建立新的书目记录”相关的细则。

表10《中文连续出版物机读目录著录细则》中编制新款目的规定条文

报纸部分	
200字段/8 $a正题名	（6）正题名有变化时应建立新的书目记录。
200字段/8 $e其他题名信息	（2）副题名有变化时，著录最新的副题名，先前的副题名在304字段作附注说明。
200字段/8 $i分辑题名	（3）分辑名发生变化应作题名变化处理，建立新的书目记录。

续表

报纸部分	
200字段/8 $f,$g	（6）责任者发生变化，著录最新一期的责任者，其他责任者在7XX字段著录。
期刊部分	
200字段/$a正题名	13. 正题名原有字样（繁简体字除外）改变，应视为变名，必须编制新记录,…….但正题名在出版过程中未经说明的微小变化，在ISSN和责任者不变的情况下可以不做变名处理，如：正题名末尾刊期的时有时无，团体名称简称与全称的频繁交替等。
200字段/$e其他题名信息	3. 其他题名信息有变化时，可以取最新的信息著录，原其他题名信息在304字段说明。
200字段/$f第一责任者	8.当第一责任者有变化时，本子字段可以著录最新的责任者，……

根据表中所摘录的细则条款可以看出，需要另建书目记录（等同于编制新款目）的规定仅局限于正题名和分辑题名的改变。

2.7.2.4　《中国文献编目规则》第二版（2005年出版）

该出版物的十一章为连续性资源的编目规则。十一章中在多处提到“应编制新款目”或“重新著录”，表11摘录其中的相关规定。

表11　《中国文献编目规则》（第二版）编制新款目的规定条文

11.1.1.13 正题名的著录/i.	从属题名变为独立题名，应编制新款目。
11.1.1.14 正题名的变化/a.	出版物正题名的任何变化，应视为正题名已经改变，必须编制新款目。
11.1.1.14/b.	题名在出版过程中未经说明而稍有改变，但ISSN却未作相应改变，并在一、二期或二、三期后又改为原名，……，无须编制新款目，但应在附注项说明。
11.1.5.3 责任说明的著录/k.	正题名为通用题名（无自身特征，如学报、通报），但其责任者发生变化时（无论改变名称还是变换单位），应作为改名处理，重新著录。
11.2.6 版本说明的变化/a.	连续出版物以后各卷期的版本信息若发生实质性改变，应重新著录；若有增加、删除或改变等无实质性改变，不需要重新著录，可在附注项说明（见本章11.7.1.4e(a)条款)。
11.2.6/b.	一体化资源①后续一期的版本信息若有增、删或改变，不必作新的著录，但版本项应按最新一期著录。若认为改变重要，可在附注中说明（见本章11.7.1.4e (b)条款）。
11.7.1.3 题名与责任说明项附注/f.正题名的变化/(a)	连续出版物的正题名发生重要变化时，须做一新记录，对其变化的附注说明见本章11.7.1.4条款。

① 一体化资源即集成性资源，其对应的英文为“integrating resource”

续表

11.7.1.3/f./(b)	一体化资源的先前题名应做附注[①]。
11.7.1.3/i. 责任说明附注 / (b)/a)	正题名系通用名词，而责任者名称改变或更换责任者，不应视为责任者稍有变化，而应作为另一种出版物著录。

根据上表摘录的相关条款，对于连续出版物而言，可简单归纳为：正题名发生任何变化，从属题名改为独立题名，通用题名的责任者发生变化时以及版本信息发生实质性改变时需要编制新款目；同时也规定了题名小有变化但是发行了几期后又改回原名的不需要编制新款目。除了连续出版物，规则中还规定了一体化资源（即集成性资源）的版本项和题名的变化都不需要编制新款目。

2.7.3 编目实践中对“另行著录原则”的处理方法

我国的编目机构对连续出版物题名或版本发生变化后的实际处理情况五花八门。一般来说，随着一个标准或编目规则的问世，编目机构就会按照各自的理解、本机构编目的传统做法再加上一些“创新”，编制符合本机构要求的书目。随着图书馆与编目机构对书目记录共享要求的提高，人们对书目标准化的认知程度也有所提高。“另行著录的原则”也随着国内国际相应标准的变化而有所变化。在编目实践中能够体现“另行著录原则”的情况可概括为三种：

1）“集中反映著录”方法。即一条款目著录方法，一般出现在1985年《连续出版物著录规则》发布之前后。“集中反映著录”方法的实质是当连续出版物的题名信息发生变化后，不另行著录，而是始终作为一种出版物著录。对正题名的著录有两种方法：一种是总是按改变后的最新题名作为这种出版物的题名著录，以前题名下的馆藏信息归并到最新题名之下，并注明其历史沿革。另一种做法刚好相反，是始终保留最早的题名，把变化后的题名下的馆藏信息归并到最早的题名之下。“集中反映著录”虽然将一种连续出版物的历史沿革和馆藏集中到了一起，有利于管理和手工目录的查找。但是这种著录原则脱离了用户使用目录的首要需求，即图书馆是否有他所关心的那种连续出版物及其收藏的卷和期。

2）“分段著录”方法。一般出现在上世纪80年代末到本世纪。即按连续出版物在出版过程中题名的变化作为另行著录的起点。当然在每个题名下要交代其先前题名或后续题名。“分段著录”在我国连续出版物编目工作的推广过程中其实有好几个不同的“流派”，有的“流派”见到题名的任何变化都采用分段著录法；有的“流派”适当考虑把变化微小，在若干期后又改回原名的排除在外；有的“流派”还结合版本项的实质性变化也作为“分段著录”的方法之一；有的则采用正题名任何变化的“分段著录”与副题名变化后采用“以新替旧”著录相结合的方式。“分段著录”最大的优点是符合使用者查询书目的需求，对编目员来说也容易著录。其明显的缺陷是大大增加了同一种具有沿革关系的连续出版物“分段著

① “一体化资源的先前题名应做附注”隐含的意思可理解为一体化资源题名发生任何变化，不需要编制新的记录。

录”的数量；其次，编目员见到题名变化就采用“分段著录”，貌似著录简单，但是在提供书目沿革附注方面，却又需要投入很大的力量，若不提供清晰可见的书目沿革，无论是使用者，还是编目员，在识别当前海量文献数据库中的特定文献的书目记录方面，将会面临无法判断的困境。

3）“另行著录”方法。这种著录方法，在国际上约始于上个世纪80年代，我国中文连续出版物的编目实践则出现在21世纪初，编目实践所遵循的相关规定记载在2005年内部出版的《CALIS联合目录中文期刊MARC记录编制细则》中，后又进行了两次修订，2009年版改名为《CALIS联合目录印刷型中文连续出版物MARC记录编制细则》。“另行著录”方法是在著录规则中，把题名和版本的种种变化分门别类地列出哪些是主要变化，哪些是次要变化，如果一种连续性资源中的题名或版本的变化符合规则条款中的主要变化，需要另行著录，否则不需要另行著录，发生的次要变化在必要时可在原书目记录中的附注中加以说明。“另行著录”方法是针对“分段著录”的改名处理过于频繁而确立的一种方法，也是ISBD、ISDS中心和AACR2协调的结果。在ISBD(S)修订版中，“另行著录”的条款分散于题名与责任说明项、版本项和附注项的相关条款中，为了方便阅读者理解和使用，在ISBD（CR）2002版中将其按“导致新的著录的变化”（0.12 Changes requiring a new description）和“不需要新的著录的变化”（0.13 Changes not requiring a new description）条款集中说明，同时在相关著录项目中又作进一步解释说明。GB/T 3792.3—2009标准起草者对ISBD的“另行著录原则”进行了多年的中外文连续出版物文献特征的比较研究，并付诸于中文连续出版物的编目实践中，实践结果达到预期效果。

2.7.4 本标准中连续性资源需要另行著录原则的特点

本标准（GB/T 3792.3—2009）依据 ISBD（CR）中0.12和0.13条款中关于“导致新的著录的变化”（Changes requiring a new description）和“不需要新的著录的变化”（Changes not requiring a new description）的原则要点，结合中文连续性资源的出版发行特点，制订了连续性资源需要另行著录的原则。该原则的制订旨在提供统一、明确、易于理解的规则和要点，指导编目员比较正确的处理题名变化、版本变化和通用题名主要责任者变化后，如何进行著录的技术处理方法。其主要特点有：

1）作为专门条款明示相关规定，主题和结构清晰，方便翻阅查找。本标准的“8 连续出版物需要另行著录的原则”和“9 集成性资源需要另行著录的原则”是用于规定连续性资源另行著录的专用章节。有“基本原则”、“……主要变化细则”、“……次要变化细则”三个二级条款，再通过若干三级条款或四级条款加以具体规定。

基本原则条款规定了发生主要变化和次要变化后的技术处理办法，并定义了什么是主要变化，什么是次要变化。编目员读了以后，不但明确了主要变化和次要变化的概念，而且知道在著录时如何操作。

主要变化细则逐条规定了题名的主要变化，版本、通用题名、载体及其他方面的主要变化。每条的规定中除了明确说明题名的变化情况，还配以ISSN是否更改，题名含义是否变化，主题内容是否变化等附加条件，使主要变化的界定明确可靠，更有利于编目实践中的著录操作。

次要变化细则的规定与主要变化规定的结构形式类似，在题名的次要变化中，也以ISSN

是否更改作为一个附加条件，逐条加以规定。并且设有“若无法确定资源的题名或版本的改变是主要变化还是次要变化，按次要变化处理”的条款（见本标准8.3.2.6），以方便编目员无法判断时的灵活操作。

2）相关著录项目中依然保留题名和版本变化的相关条款，方便编目员在著录时参照执行。在著录项目细则中的“题名与责任说明项”和“版本项”中设有题名变化、责任者变化和版本变化的专门条款，从著录的角度规定了在变化的情况下应如何著录这些数据元素。例如在“题名与责任说明项”10.1.2.7中有4个有关正题名与从属题名变化的条款（10.1.2.7.1—10.1.2.7.4）对应了“另行著录原则”专门条款中的8.3.1，8.2.1.5，和9.3；10.1.6.6.1对应了“另行著录原则”专门条款中的8.2.2.2和8.3.2.2。在“版本项”的10.2.2.6中有2个条款分别对应了“另行著录原则”专门条款中的8.2.2.1、9.2.1和9.3。

3）列举大量示例，便于理解相关条款中的文字规定。另行著录原则中用于说明主要变化和次要变化细则中的每一个规则条款之下都列出了至少1个，至多3个的示例。有关连续出版物的示例全部来自中文连续出版物的真实记录，凡是有ISSN号的也都附上了ISSN号，使用者还可以通过查找有关数据库的书目记录，进一步体验另行著录记录与相关记录的全貌。

4）规则条款基于ISBD（CR），但不等于翻译照搬。ISBD是国际通用的书目著录标准，从理论上说应该适用于世界范围的任何国家的书目著录。事实上，ISBD（CR）中的规则，不能直接被我国所用的微乎其微，其中就包括了ISBD（CR）中0.12和0.13条款中关于“导致新的著录的变化”和“不需要新的著录的变化”中的部分规定。例如在0.12中有多处提到“正题名的头5个词（不含冠词）发生增、删、改或词序变化，为正题名发生了变化”，由于我国的文字是以字为单位，若按头5个字来衡量，中文连续出版物题名的变化几乎都能归到主要变化中去，“另行著录的原则”就变成了过滥的“分段著录”，这种由中西方文字特点造成的差异，不能硬性照搬。再如条款中没有对其他题名信息的变化做具体规定，而中文连续出版物中有时其他题名信息很重要，例如：“友声日报：中国寰球学生会机关报”中的其他题名信息在后续出版时改为“薄海同文学会机关报”，整个题名中的团体名称更改了，应该作为主要变化，如果只考虑正题名，就是次要变化了。所以有的条款还必须考虑整个题名，而不是正题名，这种由中西方文化特点造成的差异，在制订中国的标准时，应予考虑。另行著录原则在ISBD（CR）与GB/T 3792.3—2009中的异同点见下文2.7.5。

2.7.5 与ISBD（CR）的异同点

下面以列表形式比较2009年版连续性资源另行著录原则与ISBD(CR)的相同之处与不同之处，按连续出版物和集成性资源分别列表。列表的条款号顺序主要根据ISBD(CR)中的顺序（左列），以便于阅读者对ISBD(CR)中的相应条款有更清晰的认识和理解。与ISBD(CR)相对应的GB/T 3792.3—2009条款抄录列于右列，条款下的注释主要说明采纳或未采纳ISBD(CR)条款之原因。若要全面了解GB/T 3792.3—2009中的条款，可参见本标准“8 连续出版物需要另行著录的原则”和“9 集成性资源需要另行著录的原则”。

表12 连续出版物另行著录原则：ISBD(CR) 与 GB/T 3792.3—2009的比较

ISBD(CR)：主要变化	GB/T 3792.3—2009：主要变化：基本采纳ISBD(CR)
0.12.1.1：正题名的前5个词（不含冠词）发生增、删、改或词序变化为正题名发生主要变化，但是0.13.1中表述的情况除外。	8.2.1.1：正题名的文字完全改变，无论ISSN或主题内容是否更改，为主要变化。 注：根据中国连续出版物的文字特点，几乎所有的变化都会符合“题名的前5个字发生增、删、改或词序变化”，若采用，实际是采用了分段著录法。若以正题名的文字完全改变为判断标准，当无可非议。例如： 行为科学→大众商务（内容主题完全改变了） 浙江文艺→东海（内容主题没有完全改变）
0.12.1.2：正题名第5个词以后有增、删、改或词序变化，改变了题名的含义或改变了主题内容为正题名发生了主要变化。	8.2.1.2：正题名的文字发生增、删、改或词序变化后，题名含义或主题内容发生了变化，无论ISSN是否更改，为主要变化。 注：结合8.2.1.1，不考虑头5个字，而是在任何地方，会更符合中文连续出版物的特点。例如： 吉林工业大学学报→吉林工业大学自然科学学报（变化在第5个字以后） 锅炉压力容器安全→中国锅炉压力容器安全（变化在头5个字以内）
0.12.1.3：正题名任何地方出现的团体名称发生了变化为正题名的主要变化（但是0.13.1.5除外）。	8.2.1.3：题名中任何地方的团体名称更名，无论ISSN是否更改，为主要变化。 注：根据中国文献特点，需要把“正题名”改为“题名”，即包括分辑题名和其他题名信息中的团体名称的更名。例如： 地球科学 ：武汉地质学院学报→地球科学 ：中国地质大学学报
0.12.2.4：由从属题名改变为独立题名为主要变化。	8.2.1.5：题名的结构发生了变化，无论ISSN是否更改，为主要变化。例如由独立题名改变为从属题名，反之亦然。 注：中国出版物有两种情况：由附属题名改为独立题名，或者由独立题名改为附属题名。如果题名结构发生这两种变化，都应作为主要变化。例如： 玻璃纤维→建材技术.玻璃纤维（独立题名改为从属题名） 建材技术.玻璃纤维→玻璃纤维（从属题名改为独立题名）
ISBD(CR)：主要变化	**GB/T 3792.3—2009：主要变化：完全采纳ISBD(CR)**
0.12.2.1：正题名是通用术语时，原来的出版发行团体改名，或变更为其他出版发行团体为主要变化。	8.2.2.2：正题名为通用术语时（例如“通讯”、“简报”、“年度报告”等），与连续出版物有关的主要责任团体更改时，为主要变化。
0.12.2.2：当版本说明发生变化，明显改变了该连续出版物的范围或内容为主要变化。	8.2.2.1：版本说明发生变化后导致连续出版物的内容或范围发生了变化，无论ISSN是否更改，为主要变化。
0.12.2.3：物理载体的变化为主要变化。	8.2.2.4：物理载体发生了变化为主要变化。
0.12.2.6：连续出版物由两个或更多的连续出版物合并而成，为主要变化。	8.2.1.6：一种连续出版物由两种或两种以上的连续出版物合并而成，无论ISSN是否更改，为主要变化。
0.12.2.7：两个或两个以上连续出版物分自一个连续出版物，为主要变化。	8.2.1.7：一种连续出版物分成两种或两种以上的连续出版物时，无论ISSN是否更改，为主要变化。

续表

<table>
<tr><th>ISBD(CR)：主要变化</th><th>GB/T 3792.3—2009：主要变化：未采纳ISBD(CR)</th></tr>
<tr><td>0.12.2.5：当连续出版物是累积本，所载有的题名与原始本题名相同且语言也相同，但是累积本的内容与之有明显的不同之处（例如：内容为按季发行的索引合并成按字母排序的年度索引）。</td><td>注：未采纳，原因是我国编目中历来将同一种出版物的不同的累积本作为不同的品种编目，所以在另行著录原则中没有必要列出。</td></tr>
<tr><th colspan="2">GB/T 3792.3—2009：主要变化：增补</th></tr>
<tr><td colspan="2">8.2.1.4：正题名由共同题名和分辑题名组成时，无论哪部分发生的变化同8.2.1.1—8.2.1.3时，为主要变化。
注：ISBD(CR)中没有明确提出，但在中文连续出版物中有这样的变化，为方便编目员参照执行，特制订此规定。</td></tr>
<tr><td colspan="2">8.2.2.3：题名和/或版本说明的变化为次要变化，但是ISSN改变了，应作为主要变化。
注：ISSN是分配给一种连续出版物的标准号，具有唯一性，如果一种连续出版物在出版过程中，ISSN变了，即使题名和版本说明有微小的变化，也应作为主要变化。由于我国连续出版物经常在符合主要变化时ISSN不变或者改变滞后，所以专列这一条款。</td></tr>
<tr><th>ISBD(CR)：次要变化</th><th>GB/T 3792.3—2009：次要变化：采纳ISBD(CR)</th></tr>
<tr><td>0.13.1：连续出版物的正题名发生次要变化，不需要创建新记录。一般情况下，正题名发生了次要变化，后来发生次要变化的题名在附注中给出，次要变化的情况指：</td><td>8.3.1：ISSN没有更改，以下题名的变化视为次要变化。后出现的题名若对资源的识别和检索重要，应著录于附注项。
注：在规定题名的次要变化时，强调了以ISSN没有更改作为前提。</td></tr>
<tr><td>0.13.1.1：正题名中的一个词或几个词的表现形式的变化，例如：同一词的不同拼写形式；同一词的缩写、符号或标记形式与全拼形式；阿拉伯数字与罗马数字；数字或日期与全拼形式；带连字符的词与不带连字符的词。</td><td>8.3.1.1：题名中的字、词、标点符号的增、删或者词序的变化，不造成资源题名的含义或主题内容的变化，视为次要变化。
注：中文连续出版物中有类似的形式变化，例如繁体字改为简体字、题名中的中文数字改变为阿拉伯数字，而更常见的是词序的颠倒，有时也有增加了一个或减少了一个无关紧要的词。</td></tr>
<tr><td>0.13.1.2：缩写与全拼形式。</td><td>注：中文连续出版物中有时有团体名称简称和全称的变化，归入8.3.1.3。</td></tr>
<tr><td>0.13.1.4：题名任何地方的冠词、前置词、连接词的增、删或变化。</td><td>注：有时有连词的增、删或变化，例如“外国政治与国际关系→外国政治、国际关系”，归入8.3.1.1。</td></tr>
<tr><td>0.13.1.5：题名任何地方出现的同一个团体的名称和该团体层级的元素变化或者它们之间的语法连接的变化（例如，团体名称中层次的增、删、重新排列）</td><td>8.3.1.3：题名中包含的团体名称是同一个团体的变异名称时，为次要变化。
注：中文连续出版物中有此情况，最常见的是题名中的团体名称是简称或全称的变化。例如：“山东师大学报.自然科学版→山东师范大学学报.自然科学版”。</td></tr>
<tr><td>0.13.1.6：题名任何地方的标点符号的增、删、修改的变化，包括词首字母缩写中的标点符号和分别拼写的字母中的标点符号和没有分别拼写的标点符号</td><td>注：中文连续出版物题名中也会出现首字母缩写，归入8.3.1.1。(与3.2.1.2/3口径一致)</td></tr>
</table>

续表

<table>
<tr><td>0.13.1.10：题名中词的增、删或者词的顺序发生了变化，但是在主题内容上没有实质性的变化。</td><td>注：归入8.3.1.1。</td></tr>
<tr><td>0.13.1.12：如果无法确定，按没有发生主要变化处理。</td><td>8.3.2.6：若无法确定资源的题名或版本的改变是主要变化还是次要变化，按次要变化处理。</td></tr>
<tr><td>ISBD(CR)：次要变化</td><td>GB/T 3792.3—2009：次要变化：基本采纳ISBD(CR)</td></tr>
<tr><td>0.13.1.11：增、删了题名中任何地方出现的说明资源类型的词，例如“杂志”、“期刊”“通讯”或与其含义等同的其他语言的词，但是题名中前五个词中的“杂志”改变为“期刊”为主要变化。</td><td>8.3.1.2：题名中增加或者减少了表示连续出版物类型的术语，或者从一种类型的术语改为另一种类型的术语，视为次要变化。
注：这条次要变化为对应8.2.1.2，不以“题名中前5个字”作为判断依据。</td></tr>
<tr><td>ISBD(CR)：次要变化</td><td>GB/T 3792.3—2009：次要变化：可忽略或不采纳ISBD(CR)</td></tr>
<tr><td>0.13.1.3：一个词的词形的变化，例如单数形式变化到复数形式</td><td>注：非中文文字特点，可忽略。</td></tr>
<tr><td>0.13.1.7：主要信息源中给出一个以上语言的题名，它们的顺序发生了变化，以前作为正题名的改变成了并列题名。</td><td>注：中文编目规则规定，正题名的文字应与正文文字一致，所以一般情况下不会出现这种情况，可忽略。</td></tr>
<tr><td>0.13.1.8：题名任何地方连接题名与编号的词发生了增、删、改的变化。</td><td>注：很难找到中文连续出版物的实例，可忽略。</td></tr>
<tr><td>0.13.1.9：一种连续出版物的不同期次中按一定规律使用了两个或多个正题名（连续编号）</td><td>注：中文连续出版物中有类似的两种情况，一种是整个出版物连续编号，每个题名无独立的编号，作一种记录。另外一种情况是各自有独立的编号，或者总期号交替，分别建记录。前一种情况与ISBD(CR) 0.13.1.9相似，但是未被作为次要变化在另行著录原则中单列条款。</td></tr>
<tr><td colspan="2">GB/T 3792.3—2009：次要变化：增补</td></tr>
<tr><td colspan="2">8.3.1.4：包含在题名中的出版频率发生变化视为次要变化。
注：ISBD(CR) 0.13中没有明确规定，但是在频率附注中（ISBD(CR)7.0）说明了连续出版物的频率变化可在附注中说明，其实质隐含了这条规定。</td></tr>
<tr><td colspan="2">8.3.1.5：其他题名信息在出版过程中频繁变更，为次要变化（包含在其他题名信息中的团体名称的变化参见8.2.1.3）。
注：ISBD(CR) 0.13中没有明确规定，但是题名附注中（ISBD(CR)7.1.3）说明了变化的其他题名信息可在附注中说明，其实质隐含了这条规定，但是当其他题名信息中包含了团体名称的主要变化，应为主要变化。</td></tr>
<tr><td colspan="2">8.3.1.6：由共同题名、分辑题名等组成的正题名中，增加或取消了分辑标识，为次要变化。
注：中文连续出版物中有类似现象，增补为次要变化中的一个条款。</td></tr>
<tr><td colspan="2">8.3.1.7：从属题名变动频繁，为次要变化。
注：针对少数出版物，其从属题名变化频繁，或时有改回，在很难判断是主要变化还是次要变化时，按次要变化处理。</td></tr>
<tr><td colspan="2">8.3.2.1：ISSN没有更改，版本说明发生了细微变化，但没有改变资源的内容和范围，为次要变化。
注：这是针对8.2.2.1版本的主要变化而规定的次要变化。</td></tr>
<tr><td colspan="2">8.3.2.2：资源的编辑或主办者、出版或发行者的变更为次要变化，但是正题名为通用术语时例外（见8.2.2.2）。
注：这是针对8.2.2.2通用题名的责任者改变为主要变化所规定的次要变化。</td></tr>
</table>

表13　集成性资源另行著录原则：ISBD(CR) 与 GB/T 3792.3—2009的比较

ISBD(CR)：主要变化	GB/T 3792.3—2009：主要变化：采纳ISBD(CR)
0.12.3.1：资源的版本说明变化，明显改变了该资源的范围或内容，为主要变化。	9.2.1：当版本说明发生变化后导致资源的内容或范围发生了变化，为主要变化。
0.12.3.2：物理载体发生了变化，为主要变化。	9.2.2：当物理载体发生了变化，为主要变化。
0.12.3.3：由两个或多个其他资源合并而成，为主要变化。	9.2.3：当两种或多种资源合并为一种资源，为主要变化。
0.12.3.4：当两个或两个以上资源分自一个资源时，为主要变化。	9.2.4：当一种资源分成两种或多种资源，为主要变化。
ISBD(CR)：次要变化	**GB/T 3792.3—2009：次要变化：采纳ISBD(CR)**
0.13.2：同一个集成性资源的著录信息发生变化，除了符合0.12.3.1和0.12.3.2的条件，都不能作为一种新的资源，但是著录应该反映新的信息。	9.3：对于同一种集成性资源，除上述9.2.1和9.2.2外，其他任何描述信息的变化均为次要变化，不需要作为新资源另行著录。但是需要修改原先的著录以反映新的变化，例如，题名发生了变化，更新题名信息以反映最新题名。

上述表中所列的国际标准和国家标准中在“另行著录原则”方面之所以存在一些差异，究其原因可能是ISBD (CR) 中的一些文字说明不能包容中文文字或中国文化的某些特点而造成的。

1）ISBD (CR) 中的主要变化原则刻意强调“前5个词” 发生的变化，例如“前5个词发生增、删、改或词序变化为正题名发生主要变化”，“第5个词以后有增、删、改或词序变化，改变了题名的含义或改变了主题内容为正题名发生了主要变化”等。而GB/T 3792.3—2009中相应的规则不采用“前5个字”。这是由于中国文字以字为单位，如果套用“前5个字”作为衡量的准则，那么几乎所有的变化都会符合“题名的前5个字发生增、删、改或词序变化”，实际上是采用了分段著录法。但是正题名的文字如果完全改变了，作为主要变化重新著录当无可非议（参见表13中条款8.2.1.1和8.2.1.2的注释说明）。

2）ISBD(CR)的规则中没有提到其他题名信息的变化，在中文连续出版物中，有些其他题名信息还是很重要的，例如：“地球科学：武汉地质学院学报→地球科学：中国地质大学学报”一例中，题名中的团体名称改变了，可以认为这是主要变化，如果不考虑其他题名信息，就是次要变化了。究其原因，是中西方文化差异造成的。在中文连续出版物的另行著录原则中应体现中国文化这一特点。所以GB/T 3792.3—2009中不但强调正题名，有时也突出整个题名，而不单单是说明正题名的变化，例如在8.2.1.3中，强调的是“题名中任何地方的团体名称更名”，这与ISBD (CR)中0.12.1.3所陈述的规则稍有不同。

3）ISBD(CR)中另行著录原则无论是主要变化还是次要变化均不考虑ISSN是否另行分配，这也许是西方连续出版物在发行和分配ISSN比较规范，或者说ISSN中心也参照另行著录原则分配改名刊新的ISSN号。而中文的连续出版物，从目前的现状看很难实现题名的变更与ISSN另行分配做到同步。所以绝大多数的条款中，都附加了ISSN是否变化的条件，这也可以算是两者之间的一个差异吧。

第三章　题名与责任说明项的著录方法

3.1　概述

题名与责任说明项是连续性资源著录的第一大项，包括正题名、一般文献类型标识、并列题名、其他题名信息和责任说明五个著录单元。

在编目实践中，首先需要确定题名与责任说明项的著录依据，本标准对连续出版物和集成性资源的著录依据分别作了规定：对于连续出版物，题名与责任说明项的著录依据是本题名下的第一期或所见最早的一期，而对于集成性资源则是当前更新后的整体。在编目实践中，期刊、报纸等连续出版物的题名与责任说明项应依据第一期即首卷首期著录，如果没有第一期则依据手中最早一期。集成性资源因其是不断更新的，题名与责任说明项应反映集成性资源的最新信息，所以著录依据为当前更新后的整体（见本标准“7.2”和本书第二章“2.6”的具体说明）。

当本项的著录依据确定以后，接下来需要选择规定信息源，也就是在著录所依据的那一期中，哪部分是著录题名与责任说明的信息来源。鉴于题名与责任说明项是识别一种文献的最重要的依据，所以本标准规定：题名与责任说明项的规定信息源仅限于题名页。但连续性资源经常会出现缺少题名页的情况，这时就需要选择代题名页。所谓代题名页，是指当出版物没有题名页时，通常将包含有题名页信息的页、页的部分或其他组成部分替代题名页。例如分析题名页、封面、卷端、标头、编辑说明页、书末出版说明等。既然代题名页有多种选择，那么为了保证著录的规范和一致性，就必须规定一个选择的优先顺序，在本标准的“7.3.1”就列出了代题名页选择的优先顺序，在本书的第二章“2.6”进行了详细的解释说明。在编目实践中按照该优先顺序选择的结果就是大多数期刊的代题名页是封面，几乎所有报纸的代题名页都是报头。

规定信息源选择好之后，就可以依据规定信息源上的信息开始对题名与责任说明项进行著录。本标准的“10.1”及以下条目分别对题名与责任说明项各著录单元的著录规则作了详细的规定，本章以下各小节将对标准中的条目进行分析，并阐释说明题名与责任说明项的著录方法。

3.2　题名的著录

3.2.1　正题名的著录

正题名的概念：连续性资源的主要题名，即在题名页上出现的题名。正题名包括交替题名，但不包括并列题名和其他题名信息。对于分辑、补编、分丛编或部分的题名而言，正题名可由两个或更多的部分组成：共同题名（或主丛编题名）、从属题名和从属题名标识。对于包含若干独立作品的出版物，正题名是总题名。包含若干独立作品且没有总题名的出版物被认为没有正题名。从编或分丛编也有自己的正题名。

正题名是本项的第一著录单元，即使在题名页上的排版顺序是并列题名、责任者或副题名在正题名的前面（或上方），正题名仍然要著录在本项之首。

示例：文学自由谈 = Free forum of literature

（中文期刊《文学自由谈》题名页上"Free forum of literature"出现在"文学自由谈"的上方，应作为并列题名著录。）

3.2.1.1　正题名的选择

连续性资源可能有一个题名页或多个题名页，题名页上可能有一个题名或多个不同形式、不同语言和/或文字的题名，如何选择正题名需分情况处理（见本标准"10.1.2.4"）。

3.2.1.1.1　只有一个题名页

最常见的情况是连续性资源只有一个题名页，此时正题名的选择应遵循如下原则：

1）题名页上只有一个题名，则以此为正题名。

2）题名页上有多个不同题名，并且属于同一种语言和/或文字，如果各题名的排版格式不同，选择字体最醒目的题名为正题名，如果排版格式相同，则按照次序选择第一个题名为正题名。在编目实践中，由于汉语语言的特点，有时还需要考虑各题名之间的语法关系来选择正题名。

3）题名页上有多种语言和/或文字的题名，选择与连续性资源正文语种相同的题名为正题名，但有时不好判断正文语种是哪个语种，比如正文是多语种且所占比例相当，或者是题名的语种与正文语种都不相同，就需要按照题名页上的排版格式或次序选择正题名。

示例：中国女性 = Women of China

（题名页上有两种文字的题名，正文是中文，选择中文题名为正题名，英文题名为并列题名。）

3.2.1.1.2　有一个以上题名页

如果连续性资源有一个以上题名页，则正题名的选择应遵循如下原则：

1）多个题名页是不同的语言和/或文字，较常见的是正文是多语种的情况，此时要选择与连续性资源正文语种相同的题名页上的题名为正题名。如果不好判断正文语种，或题名页语种与正文语种都不相同，可以按照顺序选择第一个题名页上的题名为正题名，如果双面都是题名页就选择右边页面的作为第一题名页。

2）在编目实践中还会遇到双向倒转印刷的连续性资源，所谓双向倒转，是指一种装订形式，其中一个文本从前面开始向后印刷，另一个文本从后面开始向前面印刷，两个文本互为颠倒。此种连续性资源如果有两个题名页，并且正文和题名页有两种语言和/或文字，如何选择正题名，可以由编目机构自行规定，没有被选为正题名的题名作为并列题名，在载体形态项附注中应注明双向倒转印刷的情况。但如果双向倒转印刷的连续性资源的正文和题名页都是同一语种和/或文字，且都有各自的题名页和编号，应作为两种合订在一起的连续性资源分别进行著录（见下文）。

3）如果被著录的连续性资源由多个连续性资源组成，一般是以合订的形式，并且每个资源都有各自的题名页和编号，此时应分别著录每个连续性资源，并在附注项注明它们之间的关系。

示例：对联

. -- Vol. 1, no. 1 (1985, 1)–vol. 10, no. 12 (1994, 12) ; 新, vol. 1, no. 1 (1995, 1)–

. -- 本刊与《民间对联故事》合订。

民间对联故事

. -- 1985, no. 1– = ［总1］–

. -- 本刊与《对联》合订。

3.2.1.2 正题名的形式与转录

在编目实践中，出现在题名页上的正题名的形式多种多样，在转录时原则上是按照题名页所载形式客观照录。需要注意的是当印刷型连续性资源的正题名取自代题名页，或非印刷型连续性资源的正题名取自其他信息源时，都要在附注项说明，而对于电子资源，任何情况下正题名的来源都要在附注项注明。

本标准正文“10.1.2.3”说明了连续性资源可能出现的正题名的形式，“10.1.2.5”说明了正题名如何转录。

1）正题名由通用术语组成

所谓通用术语，是表示资源的种类、形式、体裁和/或周期性的一般性术语，例如年度报告、简讯、杂志、通讯、会议录、学报等。乐谱资源中表示音乐形式或体裁的术语也是通用术语，例如四重奏、协奏曲等。

正题名由通用术语组成一般是指正题名仅包含通用术语，通过信息源上的其他信息可知通用术语所限定的主题或团体名称，在转录时可直接按照题名页上的形式将通用术语作为正题名著录。

示例1：内部通讯 / 工人、解放军驻北京大学毛泽东思想宣传队政工组，北京大学革命委员会政工组

示例2：画刊 / 江苏美术出版社主办

示例3：周报 / 中国文化教育馆

示例4：资料汇编 / 中国人民解放军炮兵工程学院训练部

2）正题名由个人或团体名称组成

在编目实践中会遇到直接采用个人或团体名称作为连续性资源的题名的情况，在题名页或代题名页上除个人或团体名称外没有其他与题名相关的信息，此时个人或团体名称就可以作为正题名著录。这类情况常见于由某政府机关、企业、学术团体等机构出版发行的直接以该团体名称命名的连续性资源，而以个人名称命名的连续性资源则较为少见。

示例1：郑州师专

示例2：中国海关

示例3：鞍钢

示例4：北京社科联

示例5：北平四中

3）正题名中包含简称、首字母缩写或标识语

正题名中包含简称、首字母缩写的情况较为常见，例如《北京社联通讯》，题名中“北京社联”是“北京市社会科学联合会”的简称；《IT经理世界》，题名中“IT”是“Information Technology”的首字母缩写。在转录正题名时应客观照录这些简称或首字母缩写，其全称或展开形式可以在附注项中说明。需要注意的是，如果题名页上有全称形式和简称形式的题名，应选择全称形式作为正题名，简称形式作为副题名（见标准正文“10.1.2.4.1.3”）。

示例1：中国CIS论坛

. -- 题名中“CIS”是企业形象识别系统(Corporate Identity System)的英文缩写

示例2：中聯銀行月刊 / 編輯中國聯合準備銀行調查室

. -- 题名中“中聯銀行”是“中國聯合準備銀行”的简称

示例3：自贡师专学报

. -- 题名中“自贡师专”是“自贡师范高等专科学校”的简称

示例4：计算机集成制造系统 : CIMS

（“CIMS”是计算机集成制造系统（Computer Integrated Manufacturing Systems）的英文首字母缩写，题名页上有全称和缩写形式，全称形式作为正题名，缩写形式作为其他题名信息。）

关于标识语，一般是指商业企业、组织甚至个人使用的具有识别和推广作用的徽标、商标、图形符号或表示该组织名称的文字标识。在题名页上出现的标识语也可以作为正题名的组成部分，但是当有些图形符号无法用现有的软件设备输入和显示的时候，可用等同或相近的文字符号代替，并用方括号“[ ]”括起，在附注项用文字说明标识语的形式。

需要注意的是，不论是简称、首字母缩写还是标识语，都必须是显著出现在题名页上的连续性资源的主要题名信息，才能作为正题名的组成部分著录，如果这些信息出现的位置、形式不显著，或者虽然显著但只是为了印刷装饰需要，并且题名页上同时还有其他主要题名信息，那么这些简称、首字母或标识语都不能作为正题名的组成部分著录，可以根据情况当作副题名、并列题名或题上信息（见标准正文“10.1.5.3.3”）著录，或者仅在附注项反映，甚至可以忽略。

示例：电子政务 = E-government / 主办中国科学院文献情报中心

（题名页上“电子政务”前面有英文大写字母“EG”和其他图案，应是设计装帧需要，可忽略。）

4）正题名包含数字或字母

如果题名页上出现的正题名包含有数字或字母，都应客观照录，这里指的数字包括阿拉伯数字、罗马数字、汉字的数字等各种形式，字母可以是首字母缩写，也可以是单纯的各类型字母。如果这些数字或字母的展开形式对识别正题名有意义，或者对目录的使用者有用，可以在附注项说明。

示例1：21世纪教育

示例2：716所科技学报 / 中船总七研究院716研究所

示例3：〇八三科技

示例4：AMBIO——人类环境杂志

. -- 本刊为瑞典皇家科学院所办的《AMBIO》（国际环境生态科学杂志）的中文版

5）正题名包含责任者、出版者或其他著录单元的描述性文字

在编目实践中有时会遇到题名页上出现的信息很明显是责任者、出版者或者其他著录单元的描述性文字（例如版本），但是这些文字信息在语法上已经是正题名的组成部分不能分离时，应当客观照录。

示例1：安徽教育学院学报

示例2：大國師章嘉呼圖克圖駐京辦事處月刊

. -- 南京 ：大國師章嘉呼圖克圖駐京辦事處, 1931–1932

示例3：商务印刷所图书馆通讯

示例4：复印报刊资料

（题名中"复印"是版本信息。）

示例5：电脑月刊

（题名中"月刊"是出版频率信息。）

6）正题名由共同题名、从属题名标识和/或从属题名组成

首先，需要明确共同题名、从属题名标识、从属题名的概念，以及分辑标识和分辑题名的概念。

共同题名：一组相关资源，除各自有不同的分辑题名外，还有共同的题名部分。共同题名表示这些资源之间的关系，并和分辑题名一起共同标识某种特定资源。如果补编和分丛编还有从属题名时，共同题名部分由其主要资源及其补编部分组成，或者由主丛编及其分丛编部分组成。

从属题名标识：独自或与从属题名一起区分具有同一个共同题名的两种或更多相关资源的编号。

从属题名：本身不足以识别一种资源，需要附加在共同题名、主要资源的题名或主丛编题名之后才能够被识别。例如分辑题名、某些补编题名和某些分丛编题名、地图系列的各张的题名、多部分资源的某些部分的题名。

分辑标识：共同题名后的编号，它独自或与分辑题名一起用于区分一组有共同题名的相关资源的一个部分。

分辑题名：用于识别一组具有共同题名的相关资源中的一个组成部分的专有题名。无论分辑题名是否具有可识别性，均需从属于共同题名才能识别一种资源。

在编目实践中当正题名由共同题名、从属题名标识和/或从属题名组成时，一般有以下几种情况：

正题名=共同题名+从属题名标识（分辑标识）

正题名=共同题名+从属题名（分辑题名、补编题名、分丛编题名等）

正题名=共同题名+从属题名标识（分辑标识）+从属题名（分辑题名、补编题名、分丛编题名等）

其中共同题名又可以由主要资源题名和补编题名组成，或是主丛编题名和分丛编题名组成。

示例1：中国激光. A辑

示例2：中国科学技术情报研究所馆藏特种文献目录. 生物学

示例3：综合科技动态. 第三分册，农业技术经济

需要注意的是如果共同题名有其他题名信息或责任说明时，应著录在共同题名之后、从属题名标识和/或从属题名之前（见本章小结中的结构形式）。不是取自题名页上的从属题名应著录在方括号中。

7）正题名的文字形式

正题名原则上应按照题名页上的文字形式照录，包括繁体汉字、少数民族文字和其他语种文字。对于现有软件设备无法照录和显示的文字可改用相应内容的其他形式著录，例如蒙文和满文是竖排格式，大部分编目机构的系统不能支持蒙文和满文的输入和显示，可用读音的罗马化形式著录正题名。正题名中的表外汉字可按汉语拼音方案罗马化，著录在方括号“[ ]”内，并可在附注项说明表外汉字的形式结构。

示例1：直隸教育官報 / 直隸學務公所圖書科

示例2：東吳大學中國藝術史集刊

（民国时期、解放初期和港台出版的连续出版物规定信息源上和正文都为繁体字，正题名也应著录为繁体字形式。）

示例3：大公報

示例4：Ȯbȯr Monggġol-un ˙Unduṡuten-̇u Yeke Surġaġuli-yin erdem sinjilegen-̇u sedk̇ul.

Neyigem-̇un sinjilek̇u uqaġan-u Monggġol keblel

（内蒙古民族大学学报. 社会科学蒙文版）

8）正题名包含标点符号和空格

正题名中如果包含有语法关系的标点和起标点作用的空格，原则上要按照题名页上的形式客观照录。这里强调了标点符号和空格的语法关系，可以理解为如果去掉或更改这些标点符号或空格，正题名的含义将发生变化或是引起歧义，所以原则上都应照录。

需要注意的是如果正题名中的标点符号与标识符重叠时，可在不改变原意的前提下予以修改或删除，例如方括号“[ ]”应著录为圆括号“( )”，以区别于编目员自拟的内容或取自规定信息源以外的信息；省略号“…”应著录为破折号“—”；斜杠“/”应著录为半角，前后无空格。

示例1：《文心雕龙》研究

示例2：CAD/CAM与制造业信息化

示例3：电视 · 电影 · 文学

示例4：电子&电脑

示例5：37° 女人

9）题名页上的正题名有印刷错误

连续性资源的题名页上的正题名如果存在明显的印刷错误，在转录的时候应修正过来，并在附注项注明题名页上出现的题名形式，如果不能确定是否是印刷错误，就按照题名页上的形式客观照录。

在编目实践中，印刷型的中文连续性资源很少见到汉字形式的正题名有印刷错误，题名页上的拼音形式的题名有时会出现拼写错误。

10）正题名含有逐期改变的日期或编号、用数字或文字描述的带有年期的标识

正题名中包含的逐期改变的日期或编号，应视为编号信息，在转录正题名时应省略，日期或编号所在位置用省略号“...”表示。如果日期或编号出现在正题名之首，可直接省略不必加省略号。

示例1：中国社会与科技发展报告

（省略了题名之首“’97、’98......”逐期改变的年期。）

示例2：北京大學...學年教學經驗討論會文集

（省略了题名中间“1954、1955......”逐期改变的年期。）

示例3：東工同窗...年度年刊

（省略了题名中间“1924、1925......”逐期改变的年期。）

题名页上出现的用数字或文字描述的带有年期的标识，即使跟在正题名之后，都不能作为从属题名或从属题名标识转录，而是作为编号著录在编号项。

示例：中国建筑业年鉴

（题名页题：“中国建筑业年鉴 2009（总第20卷）”）

11）正题名含有说明先前题名、被吸收题名等文字

题名页上出现的任何关于先前题名、被吸收题名等的文字，即使这些文字已成为正题名的一部分，在转录的时候都应省略，并且不需要加省略号“…”，与其他连续性资源的关系都应在附注项说明，不在本项反映。

示例1：苏州经济季刊

附注：继承：苏州零售物价季报

（题名页题：苏州经济季刊，原名，苏州零售物价季报）

示例2：中國考古學報

附注：继承：田野考古報告

（题名页题：中國考古學報，即，田野考古報告）

3.2.1.3　正题名的变异题名

变异题名是指出现在题名页以外的其他信息源上的正题名的变异形式，例如封面题名、书脊题名、逐页题名、附加题名页题名等。任何变异题名都不转录在本项，而是著录在附注项（见本标准“10.7.4.1.2”）。

3.2.1.4　正题名的变化

正题名的变化可能会导致对新资源另行著录，详细说明见本书第二章“2.7 连续性资源需要另行著录的原则”和本标准正文“8 连续出版物需要另行著录的原则”和“9 集成性资源需要另行著录的原则”。

3.2.2　其他题名信息的著录

其他题名信息的概念：与资源的正题名一起出现并从属于正题名的一个词、短语或一组字符。其他题名信息也可与其他题名（例如并列题名、各个作品题名、丛编或分丛编说明中的题名等）一起出现并从属于这些题名。其他题名信息起到对这些题名的限定、解释或补充作用。其他题名信息包括副题名和题上信息，但不包括规定信息源以外的变异题名，例如书脊题名、容器题名、封套题名等。

示例1：中国与世界 ：经济发展回顾与展望

示例2：草堂 ：杜甫研究学刊

对于出现在题名页上的对正题名或并列题名的补充、限定或解释的信息，原则上应作为其他题名信息著录。本标准对其他题名信息是否需要著录的原则与ISBD（CR）不同，ISBD（CR）的"1.4"中规定连续出版物的其他题名信息除非对目录的使用者重要，否则可以省略或节略。在我国连续性资源的编目实践中，往往其他题名信息对识别资源本身很重要，尤其是有些正题名是一些象征意义的词语，而其他题名信息里包含了资源的主题信息。因此本标准规定其他题名信息原则上应著录，但如果其他题名信息是比较长的一段文字，为了避免题名与责任说明项过于冗长，可以将其他题名信息著录在附注项，但如果有必要著录在本项，在不改变其他题名信息含义的前提下，可以省略中间或结尾的文字，然后省略部分用省略号"..."表示。对于出现在题名页以外连续性资源其他地方的其他题名信息，原则上在附注项说明即可，但如果著录在本项，应用方括号括起。

示例：中国新一代

. -- 题名页题其他题名信息：中国教育的新园地，全国少年学生的新朋友,了解少年学生的新窗口

（出现在题名页上的其他题名信息过于冗长，可以著录在附注项。）

3.2.2.1　其他题名信息的转录

1）其他题名信息在本项的著录顺序

其他题名信息应著录在相应的正题名或并列题名之后。在编目实践中会遇到题名页上的其他题名信息是出现在正题名之前的，例如题上信息，原则上还是应著录在正题名之后，但如果题上信息著录在正题名之后会造成语法不通顺，或没有必要著录在本项，可以著录在附注项。

2）其他题名信息的转录原则

题名页上出现的其他题名信息应严格按照原题照录。

对于其他题名信息中包含的大小写、标点符号、日期、数字等，参照正题名的转录方法处理（见本章"3.2.1.2"）。

在编目实践中如果题名页上出现的责任说明、出版发行信息或版本说明等已经在语法上是其他题名信息的组成部分时，应客观照录。

示例1：中国工人 ：中华全国总工会执行委员会机关刊

示例2：中国集邮 ：中华全国集邮联合会会刊

3）多个其他题名信息的转录

如果题名页上出现多个说明语句，都是对正题名或并列题名的补充、限定或解释的信息，原则上都可作为其他题名信息著录，著录顺序依照题名页上的排版顺序。

3.2.2.2　其他题名信息的变化

1）对于连续出版物，其他题名信息的变化一般作为次要变化，不需要对新资源另行著录，只需在附注项说明变化的情况（见本标准"10.7.4.4"）。但如果其他题名信息中包含有团体名称，并且团体名称发生了实质性变化，应当作为题名发生主要变化处理，需要对新资源另行著录（见本标准"8.2.1.3"和本书第二章"2.7.4"）。

2）对于集成性资源，其他题名信息发生变化，在题名与责任说明项中著录最新的其他题名信息，如果变化比较重要，可在附注项说明情况。

3.3 责任说明的著录

责任说明的概念：责任说明是指对作品的知识内容或艺术内容的创作或实现负责或有贡献的任何个人、团体和与其职能相关的名称、短语或字符组。责任说明可能与题名（例如正题名、并列题名、出版物中的作品题名、丛编/分丛编说明中的题名）一起出现，也可能与版本说明一起出现。

3.3.1 责任说明的选择

本标准“10.1.6.2”列举出了哪些实体可以作为责任说明著录，在编目实践中一般只需要著录负有主要责任的个人和/或团体的名称说明，例如著、编著、主编、编写、编辑、翻译、改编、主办、承办等，而对于其他的责任说明，例如审定、主持、策划、校对等，编目机构可以根据需要规定是否著录。

需要注意的是，并非所有出现在规定信息源上的个人或团体名称都可作为责任说明著录。常见的有下列几种情况：

1）对那些出现在规定信息源上，但与连续性资源的知识内容或艺术内容责任无关的说明，不能作为责任说明著录，例如格言、题献、资助（赞助）、获奖的说明等，可以忽略或著录在附注项（见本标准“10.1.6.3.6”）。

2）如果责任实体名称在语法上已经是其他著录单元的组成部分，例如正题名、其他题名信息、出版发行说明等包含了责任实体名称，那么这些个人或团体名称已著录在其他著录单元中，就不再作为责任说明著录（见本标准“10.1.6.3.7”和“10.1.6.3.9”）。

3）如果规定信息源上出现的团体名称的职能不明确，从其他任何信息源都无法判定该团体名称是否对连续性资源负有知识责任，则该团体不作为责任说明著录，可以在附注项说明情况（见本标准“10.1.6.3.8”）。

连续性资源的个人责任说明的著录有别于其他资源。对于连续出版物，如果规定信息源上有团体责任说明，一般不著录个人编者的责任说明，如果个人编者比较重要，可以将个人名称著录在附注项。但如果规定信息源上只有个人责任说明，例如民国时期有许多个人主办编辑的期刊、报纸，那么个人名称应作为责任说明著录在本项。对于集成性资源，例如更新的活页/散页，其个人编者如果对目录的使用者重要，应作为责任说明著录。

示例1：中原 / 郭沫若

示例2：周秦汉唐研究 / 主编黄留珠

示例3：子曰叢刊 / 主编黄萍蓀

在编目实践中，连续性资源可能只有一个责任说明，也可能有多个。对于规定信息源上出现的多个个人或团体名称，本标准“10.1.6.4”说明了什么情况下应作为一个责任说明著录，什么情况下作为多个责任说明著录，其判断的依据就是这些个人或团体名称是否对连续性资源负有相同的责任职能或是在措辞上是否表示一个说明。

示例1：教师教育研究 / 北京师范大学，华东师范大学，教育部高校师资培训交流北京中心主办

（三个团体名称都是该刊的主办单位，应作为一个责任说明著录。）

示例2：上海生产资料商情 / 上海物资信息中心主办 ；上海物资（集团）总公司信息公司承办

（两个团体名称分别是该刊的主办单位和承办单位，应分别作为第一责任说明和第二责任说明著录。）

示例3：特种油气藏 / 中油辽河油田分公司主办 ；辽河油田分公司勘探开发研究院，辽河油田分公司钻采工艺研究院承办

与连续性资源的附录和其他补充资料相关的责任说明，如果出现在题名页上，可以在本项著录，但如果出现在连续性资源的其他地方，则一般著录在附注项。

3.3.2 责任说明的形式和转录

本标准“10.1.6.3”和“10.1.6.5”分别说明了责任说明可能出现的形式及如何转录。

在编目实践中，规定信息源上出现的如下几种责任说明形式较为常见：

1）个人名称/团体名称+责任方式

示例1：社會月報 / 陳霻犀編輯

示例2：电池工业 / 轻工业化学电源研究所主办

2）个人名称/团体名称

示例1：天籟新報 / 蔡奇泉

示例2：铁道工程学报 / 中国铁道学会铁道工程学会

3）有知识责任的含义但无明确名称的短语

示例：一中學生 / 學生自治會編輯股

（浙江省立第一中学学生会刊物，责任说明中无明确的团体名称。）

4）表示职能的名词短语+个人名称/团体名称

示例：地理雜誌 / 編輯中央大學地理學院

除以上几种形式外，责任说明也可以包含其他著录单元的相关细节，或是附录、附件、其他补充资料相关的说明（本标准“10.1.6.3.4”和“10.1.6.3.5”）。

责任说明的转录原则是按照出现在连续性资源上的形式转录，与题名的转录不同，责任说明在本项不强调完全客观照录，并且取自规定信息源以外连续性资源其他地方的责任说明也可著录在本项，但需要用方括号括起，或者仅著录在附注项（见本标准“10.1.6.5.2”）。

示例：当代文艺思潮 / ［甘肃省文联］

对于责任说明中出现的多个个人或团体名称，如果全部著录会造成题名与责任说明项过于冗长，则编目机构可以自行决定每个责任说明中最多著录几个名称，其余可以省略，并在附注项说明（见标准“10.1.6.5.3”）。一般情况是同一责任说明中最多著录三个个人或团体名称，如果规定信息源中有三个以上个人或团体名称，只著录第一个，其他名称省略并用“...［等］”表示，省略的个人或团体名称可以在附注项说明。

示例1：当代传播 / 新疆日报社 ... ［等］ 主办

. -- 主办者还有：深圳特区报社，新疆新闻工作者协会，新疆大学新闻与传播学院

示例2：华东冶金地质 / 福建冶金地质勘探公司 ... ［等］ 合编

. -- 编辑者还有：江西、浙江、江苏、安徽及山东冶金地质勘探公司

而对于题名页上出现的团体名称的简称形式，如果出现在责任说明当中，应客观照录，其展开形式可以著录在附注项；如果简称形式是正题名、并列题名或其他题名信息的一部分，或者正题名就是由团体名称的简称或首字母缩写形式组成，其全称形式可以作为责任说明著录，这里需要注意的是如果全称形式取自题名页以外连续性资源的其他地方，需要用方括号括起，而取自连续性资源以外就只能在附注项反映（见标准“10.1.6.5.9”）。

示例1：晋中社联通讯 / 山西晋中社会科学联合会

（正题名中“晋中社联”是“晋中社会科学联合会”的简称，题名页上出现的全称形式作为责任说明著录。）

示例2：辽宁商专学报 / ［辽宁商业专科学校］

（正题名中“辽宁商专”是“辽宁商业专科学校”的简称，全称形式出现在目次页，著录在本项时用方括号括起。）

责任说明的转录还要注意如下几点：

1）对于出现在个人名称前后的学位、职位、资格、头衔等词语，一般情况下应省略不转录，但如果这些词语在语法上或者识别个人名称方面较为重要，则应作为责任说明的一部分转录（本标准“10.1.6.5.4”）。

2）如果题名页上责任说明出现在正题名之前，并且在语法上与正题名没有关系，则应作为责任说明项著录，并且在附注项说明其原始位置（本标准“10.1.6.5.5”）。

3）如果题名页上责任说明和题名之间的责任关系不明确，例如没有注明责任方式，但在连续性资源其他地方得知它们之间的关系，可以在责任说明项附加一个词语或短语来说明责任关系，附加的词语或短语需要用方括号括起（本标准“10.1.6.5.6”）。

示例：林业科技通讯 / 福建省林业科学研究所 ［主办］

责任说明的著录顺序：责任说明在本项应著录于正题名或其他题名信息之后，如果正题名由共同题名和从属题名组成，则需要判断责任说明是对整个正题名负有责任，还是仅对共同题名或仅对从属题名负有责任，如果是整个正题名的责任说明，则著录在整个正题名之后，否则分别著录在与其相关的共同题名或从属题名之后（本标准“10.1.6.5.10”）。

规定信息源上如果出现多个责任说明，转录的顺序仅依照题名页上的排版顺序，而不必考虑它们对连续性资源负有的知识责任，也就是说在本项的第一责任说明和其后的责任说明顺序并不表示它们责任方式的主次关系。对于取自规定信息源以外的责任说明，编目机构可以自行决定是否著录在本项，如果著录，原则上要按照它们责任方式的主次关系顺序著录，并用方括号括起，如果不著录在本项，可在附注项说明（本标准“10.1.6.5.7”）。

示例：恩平年鉴 / 中共恩平市委员会，恩平市人民政府主办 ；恩平市委党史市志办公室编辑

3.3.3 责任说明的变化

对于连续出版物，责任说明在后续卷期中发生变化，不论是责任说明的文字发生变化，还是责任说明中的个人或团体名称增加或删除，一般都当作次要变化，不需要对新资源另行著录，变化的情况可以在附注项说明。但如果正题名是由通用术语组成，与其相关的责任说明中的团体名称发生了主要变化，则需要对新资源另行著录（见本标准“8.2.2.2”和

"8.3.2.2"）。

示例：科学 / 中国科学技术情报研究所重庆分所编辑

. -- 1993, no. 4起编辑者改名为：中国科学技术信息研究所重庆分所；1996, no. 9起改为: 科学杂志社

. -- 1996, no. 9起版权页题：中国科学技术信息研究所重庆分所主办；1997, no. 5起主办机构改名为：国家科委西南信息中心；1998, no. 5起又改名为：科学技术部西南信息中心

对于集成性资源，责任说明中的个人或团体名称在后续更新中发生变化，应在本项著录最新的责任说明，先前的个人或团体名称在附注项说明。

3.4 题名与责任说明项并列信息的著录

关于题名与责任说明项并列信息的著录，在本标准中是分散在各著录单元的条目下，但各并列信息的著录都存在关联，为了便于解释说明，本书将并列信息的著录集中在一节中阐述。

当连续性资源的规定信息源中出现了一种以上的语言或文字信息时，按照前文所述原则选择一种语言或文字的题名作为正题名（见本章"3.2.1.1"），那么其他语言或文字信息就称为并列信息。并列信息包括并列题名、并列其他题名信息和并列责任说明。

并列题名是指与出版物的正题名或没有总题名的出版物中一种作品的正题名等同的另一种语言和/或文字的正题名。丛编说明和分丛编说明中的正题名也可有并列题名。而不同于正题名语种的其他题名信息或责任说明都属于并列其他题名信息或并列责任说明。

并列其他题名信息或并列责任说明则是相对的概念，也就是当规定信息源中出现多个不同语种的其他题名信息时，首先需要选择其中之一作为其他题名信息著录，原则是选择与正题名语种相同的，但如果没有与正题名语种相同的，则选择规定信息源上出现的第一个，而其余的相对于被选中的其他题名信息来说才是并列其他题名信息。并列责任说明的概念也是如此。

3.4.1 并列题名的转录

并列题名的定义说明了它是与正题名等同的另一种语言或文字的正题名，所以其可能出现的形式与转录原则都与正题名相同。并列题名应著录在正题名之后，前置标识符空格、等号、空格（ = ）。如果题名页上出现多个并列题名，应按照印刷排版顺序著录，并且每个并列题名都需前置标识符空格、等号、空格（ = ）。如果正题名由共同题名和从属题名组成，且共同题名和从属题名都有并列信息，则并列共同题名和并列从属题名应著录在共同题名和从属题名之后。

示例1：城市与設計學報 = An academic journal for intercity networking

示例2：传统文化与现代化 = Tradition and modernization

示例3：俄语语言文学研究. 语言学卷 = Исследования по русскому языку и литературе.Языкознание

在编目实践中还会遇到题名页上只有并列共同题名或只有并列从属题名，本标准未对此

情况的著录作规定，ISBD（CR）中也没有具体说明，但依据ISBD（CR）中列举的实例和实际编目工作的习惯，并列共同题名应跟在共同题名之后著录，并列从属题名应跟在从属题名之后著录。

示例1：哈尔滨学院学报 = Journal of Harbin University. 教育

示例2：星岛日报. 星岛儿童周刊 = Sing Tao kids weekly

并非所有出现在题名上的并列题名都著录在本项，如果题名页上有三个以上并列题名，在本项可以只著录其中一个，其他的在附注项说明；或者是题名页上的并列题名无法转录，例如蒙文形式的并列题名，则在附注项说明即可（参见本标准“10.7.4.2”）。

示例1：瑞士财政年鉴 = Swiss financial year book

. -- 题名页上还有法文并列题名：Schweizerisches Finanz-Jahrbuch；德文并列题名：Annuaire financier suisse；意大利语并列题名：Annuario finanziario svizzero

对于出现在题名页以外连续性资源其他地方的并列题名，不在本项著录，可著录在附注项。

示例1：物理通报 / 中国物理学会物理通报委员会编辑

. -- 1983-1998封面题英文并列题名：Physics bulletin

示例2：云南师范大学哲学社会科学学报

. -- 封底题英文并列题名：Journal of Yunnan Normal University；英文目次页题英文并列题名：Yunnan Teachers University Journal. Philosophy and social science edition

示例3：社会 : 社会学丛刊 = Sociology

. -- 书末出版说明及英文目次页题英文并列题名：Society : sociology journal；1987, no. 4起封面英文并列题名改题：Sociology journal；1992, no. 1起改题: Society

对于连续出版物，后续卷期并列题名的变化可以在附注项说明；对于集成性资源，更新中并列题名发生变化，应著录最新的并列题名，先前的并列题名可以著录在附注项。

示例：中国高新技术产业导报 = China high-tech industry herald

. -- 2006, 1, 9起并列题名改为: China hightech

3.4.2 并列题名和并列其他题名信息的转录

在编目实践中，题名页上可能出现多个并列题名和多个并列其他题名信息，可能有并列题名但没有并列其他题名信息，也可能有并列其他题名信息但没有并列题名等不同的情况。本标准“10.1.5.3.5”就对题名页上出现的这些不同情况的转录做出了规定，其转录顺序可以总结为以下几种可能出现的形式：

正题名 : 其他题名信息 = 并列题名1 : 并列其他题名信息1 = 并列题名2 : 并列其他题名信息2...

正题名 = 并列题名1 = 并列题名2... : 其他题名信息

正题名 : 其他题名信息 = 并列其他题名信息1 = 并列其他题名信息2...

第一种形式需要注意：题名页上出现不同语种的多个并列题名和多个其他题名信息，在转录时不同语种的其他题名信息应分别著录在与其语种相同的正题名或并列题名之后。如果存在与正题名和所有并列题名语种都不相同的其他题名信息，则不在本项著录，而是在附注项注明。

示例1：曹溪 : 禅研究 = The symposium on Chan Buddhism in China

示例2：城市精神 ：上海每一天 = Shanghai everyday

3.4.3 并列题名和并列责任说明的转录

并列题名和并列责任说明的转录规则在本标准"10.1.6.5.8"说明，其转录规则与并列题名和并列其他题名信息的转录基本相同，不同之处在于题名页上如果没有并列题名，但有多个不同语种的责任说明，只著录与正题名语种相同的责任说明，其他语种的责任说明不再著录；如果没有与正题名语种相同的责任说明，则按照题名页上的排版顺序著录不同语种的责任说明，之间用空格、等号、空格（ = ）分隔。

并列题名和并列责任说明的转录顺序有以下几种可能出现的形式：

正题名 / 责任说明 = 并列题名1 / 并列责任说明1 = 并列题名2 / 并列责任说明2...

正题名 = 并列题名1 = 并列题名2.../ 责任说明

正题名 / 责任说明

（其他语种的责任说明不著录）

正题名 / 责任说明 = 并列责任说明1 = 并列责任说明2...

（没有和正题名语种相同的责任说明）

3.5 一般文献类型标识（选用）

一般文献类型标识是指用通用的术语在著录开始时表示连续性资源所属于的较为宽泛的文献类别。编目机构可自行决定是否使用一般文献类型标识，如果使用，应紧接正题名之后著录。在本标准中没有对一般文献类型标识的著录作详细规定，对于各种文献类别该使用何种通用术语标识目前应依据《文献类型与文献载体代码》（GB/T 3469—83）国家标准中的相关规则。

《文献类型与文献载体代码》（GB/T 3469—83）已在修订过程中，新标准更名为《信息资源的内容形式和媒体类型》，等效采用2009年12月IFLA正式发布的《国际标准书目著录(ISBD)》第0项"内容形式和媒体类型项"。新标准将一般文献类型标识作为一个著录项目单独著录，并在所有的著录项目之首，即第0项，第0项包含三个元素（1）内容形式，（2）内容限定，（3）媒体类型。

鉴于新的国家标准《信息资源的内容形式和媒体类型》还未发布实施，本书正文及附录1中的所有示例都没有著录一般文献类型标识，等新标准正式实施后，对于一般文献类型标识的著录应依据新的国家标准中的相关规则。

3.6 题名与责任说明项小结

3.6.1 结构形式

连续性资源题名页上出现的题名与责任说明项信息形式多样，在前文中已分别对各著录单元的形式、选择和转录原则进行了阐述，现将题名与责任说明项可能出现的结构形式总结如下，并采用卡片格式与CNMARC格式对照的形式举例说明。

1）正题名［一般文献类型标识］

示例1：

福州社会科学

200 1# $a福州社会科学

示例2：

雲南日報

200 1# $a雲南日報

2）正题名［一般文献类型标识］：其他题名信息

示例：

高等工程教育：西南交通大学教育科学学报

200 1# $a高等工程教育$e西南交通大学教育科学学报

3）正题名［一般文献类型标识］= 并列题名

示例：

钢铁研究 = Research on iron and steel

200 1# $a钢铁研究$d= Research on iron and steel$zeng

4）正题名［一般文献类型标识］/ 责任说明

示例：

重庆年鉴 / 重庆市地方志编纂委员会

200 1# $a重庆年鉴$f重庆市地方志编纂委员会

5）正题名［一般文献类型标识］= 并列题名 / 责任说明

示例：

29th奥林匹克运动会官方会刊 = Beijing 2008 Olympic Games official newspaper / 主编李健

200 1# $a29th奥林匹克运动会官方会刊$d= Beijing 2008 Olympic Games official newspaper$f主编李健$zeng

6）正题名［一般文献类型标识］= 并列题名 = 并列题名 / 责任说明

示例：

法律评论季刊 = Law quarterly review = Revue trimestrielle de droit / 太平洋法律事务所

200 1# $a法律评论季刊$d= Law quarterly review$d= Revue trimestrielle de droit$f太平洋法律事务所$zeng$zfre

7）正题名［一般文献类型标识］= 并列题名：其他题名信息

示例：

上海政法学院学报 = Journal of Shanghai Institute of Politice & Law：法治论丛 / 主办上海政法学院

200 1# $a上海政法学院学报$d= Journal of Shanghai Institute of Politice & Law$e法治论丛$f主办上海政法学院$zeng

8）正题名［一般文献类型标识］：其他题名信息：其他题名信息 / 责任说明

示例：

中国旅游发展：分析与预测：中国社会科学院旅游研究中心研究报告 / 张广瑞

…［等］主编

200 1# $a中国旅游发展$e分析与预测$e中国社会科学院旅游研究中心研究报告$f张广瑞…［等］主编

9）正题名［一般文献类型标识］：其他题名信息 = 并列题名 ：并列其他题名信息 / 责任说明

示例：

地球科学 ：中国地质大学学报 = Earth science ：journal of China University of Geosciences / 中国地质大学学报编辑部编辑

200 1# $a地球科学$e中国地质大学学报$d= Earth science $ejournal of China University of Geosciences$f中国地质大学学报编辑部编辑$zeng

10）正题名［一般文献类型标识］：其他题名信息 = 并列其他题名信息

示例：

濠镜 ：澳门社会科学学会学报 = Journal of The Macau Society of Social Sciences

200 1# $a濠镜$e澳门社会科学学会学报$e= Journal of The Macau Society of Social Sciences$zeng

11）正题名［一般文献类型标识］/ 责任说明 = 并列题名 / 并列责任说明

示例：

逻辑学研究 / 主办中山大学，中国逻辑学会 = Studies in Logic / Sponsored by Sunyan-sen University and The Chinese Association of Logic

200 1# $a逻辑学研究$f主办中山大学，中国逻辑学会$d= Studies in Logic$fSponsored by Sunyan-sen University and The Chinese Association of Logic$zeng

12）正题名［一般文献类型标识］/ 第一责任说明 ；第二责任说明 ；第三责任说明

示例：

外交评论 ：外交学院学报 / 主办外交学院 ；协办中国国际关系学会 ；编辑外交学院学报编辑部

200 1# $a外交评论$e外交学院学报$f主办外交学院$g协办中国国际关系学会$g编辑外交学院学报编辑部

13）共同题名. 从属题名［一般文献类型标识］

示例1：

国外航空技术. 发动机类

200 1# $a国外航空技术$i发动机类

示例2：

航空学报. 工程增刊

200 1# $a航空学报$i工程增刊

14）共同题名. 从属题名标识［一般文献类型标识］

示例：

国外医学文摘. 第一分册

200 1# $a国外医学文摘$h第一分册

15）共同题名. 从属题名标识，从属题名［一般文献类型标识］

示例1：

复印报刊资料. K4，中国现代史

200 1# $a复印报刊资料$hK4$i中国现代史

示例2：

国外兵器技术. 7，雷达指挥仪类

200 1# $a国外兵器技术$h7$i雷达指挥仪类

示例3：

航空和宇宙航行文摘. 第三分册，航空发动机

200 1# $a航空和宇宙航行文摘$h第三分册$i航空发动机

16）共同题名. 从属题名［一般文献类型标识］= 并列共同题名. 并列从属题名

示例：

星洲日报. 儿童天地 = Sin Chew Jit Poh (Malaysia). Children Prge

200 1# $a星洲日报$i儿童天地$d= Sin Chew Jit Poh (Malaysia) $iChildren Prge$zmay

17）共同题名. 从属题名［一般文献类型标识］/ 责任说明

示例：

机械快报. 重型机械类 / 机械科学研究院

200 1# $a机械快报$i重型机械类$f机械科学研究院

18）共同题名 ：其他题名信息. 从属题名［一般文献类型标识］：其他题名信息

示例：

東吳校刊 ：私立東吳大學文理學院一覽. 章程

200 1# $a東吳校刊$e私立東吳大學文理學院一覽$i章程

19）共同题名 / 责任说明. 从属题名［一般文献类型标识］/ 责任说明 = 并列共同题名 / 并列责任说明. 并列从属题名 / 并列责任说明

示例：

专利文献通报 / 中国专利局文献服务中心. 原子能 / 中国原子能科学研究院 = Patent literature communication / Document Service Center of China Patent Office. Atomic energy / China Institute of Atomic Energy

20）共同题名 = 并列共同题名. 从属题名标识，从属题名［一般文献类型标识］

示例：

中国科学 = Science in China. A辑，数学 物理学 天文学

200 1# $a中国科学$d= Science in China$hA辑$i数学 物理学 天文学 $zeng

21）共同题名. 从属题名［一般文献类型标识］= 并列从属题名

示例：

高雄師大學報. 教育與社會科學類 = Education and social sciences

200 1# $a高雄師大學報$i教育與社會科學類$i= Education and social sciences

3.6.2 与ISBD（CR）的比较

本项对应的是ISBD（CR）第1章，其中有些条款不适用于我国连续性资源的实际出版情况或编目工作，因此在本标准中未采用或做了相应补充和修改，见表14。

表14　本标准与ISBD（CR）题名与责任说明项的比较

ISBD（CR）条款	GB/T 3792.3—2009	说明
1.1.5.1的第4段： 在特殊情况下，十分冗长的正题名可以在中间或末尾节略，如果这样做不会改变题名的意义，而且不会损失基本信息，也不会产生语法错误。如果要节略正题名，不要省略前五个词（如果第一个词是冠词的话，不要省略前六个词）。省略部分用省略号表示。	未采用	本条款不适用于我国连续性资源的著录。
1.1.5.2的第2、3段： 用从属题名描述增刊或补编时，在第7项说明主要连续性资源的题名（见7.2.4.9）。 著录有独立题名的分丛编时，主丛编的题名也著录于第6项中（见6.1—6.6）。	未采用	这两句话意思不太好理解，并且与从属题名的转录关系不大，所以没有采用。
1.2 一般文献类型标识（选用） 1.2.1一般文献类型标识的目的是用一般的术语在著录开始时表示连续性资源所属于的文献类别。如果使用一般文献类型标识，应紧接着正题名著录，使用编目机构选择的语言和文字。 1.2.2对于印刷型的连续性资源，可以使用“印刷版”或等同的语言或文字标识。对于浮凸印刷的连续性资源，可以使用“盲文”或等同的语言或文字标识。 1.2.3对于非印刷型的其他连续性资源，如果使用一般文献类型标识，依据《ISBD》的要求决定使用何种文献类型。 1.2.4如果连续性资源由主要部分和从属部分组成，且不属于同一种文献类型时（例如，一个印刷型资源附带有一张唱片或一张地图），一般文献类型标识仅指出主要组成部分。 1.2.5如果连续性资源有两个或两个以上属于不同一般文献类型的部分组成，而且它们都不是主要部分，可以适当地使用“多媒体”或等同的语言或文字作为一般文献类型标识。	10.1.3一般文献类型标识（选用） 一般文献类型标识是用通用的术语在著录开始时表示连续性资源所属于的较为宽泛的文献类别。如果使用一般文献类型标识，应紧接正题名之后著录（参见GB/T 3469中的相关规则）。	除一般文献类型标识的概念外没有采用ISBD（CR）1.2下的其他条款。我国关于一般文献类型标识的著录应依据GB/T 3469及其修订版中的相关规则。
1.3.3.1 如果在题名页上出现并列题名，应严格按照其措辞著录，但是大小写和标点符号不一定如实照录，应使用条款1.1.5中的规定，节略冗长并列题名，省略日期、数字等，以及转录明显的排版错误。 如果题名页上出现一个以上的并列题名，如果要著录这些题名，应根据题名页上的印刷顺序或者说明的顺序著录。 没有著录在题名与责任者说明项的并列题名可以在第7项注明（见7.1.2）。	10.1.4.3.1与正题名的转录规则相同，如果在题名页上出现并列题名，应如实照录，但是大小写和标点符号不一定照录。 如果题名页上出现一个以上的并列题名，著录顺序与题名页上的印刷排版顺序一致。没有著录在题名与责任说明项的并列题名可以在附注项注明。	并列题名与正题名的转录原则相同，ISBD（CR）允许节略冗长的并列题名，本标准未采用。

续表

ISBD（CR）条款	GB/T 3792.3—2009	说明
1.4 其他题名信息 除不断更新的散页出版物以外的连续性资源，著录时省略其他题名信息，除非其他题名信息对目录的使用者重要，或者可以被节略。如果其他题名信息被省略，则可以著录在第7项。当其他题名信息被节略时，前五个词不能省略，并且用省略号表示被节略部分。 对于不断更新的散页出版物，如果为了识别的需要或者对于目录的使用者重要，可以著录其他题名信息，但是不包括那些仅由与通用内容（the currency of the contents）有关的词组成的其他题名信息。	10.1.5.1其他题名信息原则上应予著录，若过于冗长可在附注项说明，若认为有必要在本项著录，在不失其信息含义的前提下，可以省略中间或结尾部分，省略部分以省略号“...”表示。	ISBD（CR）原则上不著录其他题名信息，是依据西文编目的规则，但对我国的连续性资源来说，往往其他题名信息比较重要，原则上应予著录，未完全采用ISBD（CR）的此条款。
1.4.3如果正题名包含或者由一组首字母或缩写组成（见1.1.3.3），其展开形式出现在除题名页外的其他信息源，可以在第7项著录其展开形式。(见7.1.1.3)。 如果将展开形式作为正题名著录（见1.1.3.3），则题名页上出现的缩写形式可以作为其他题名信息。	10.1.5中省略。	ISBD（CR）本条款第一段在本标准的10.7.4.1.4说明。第二段在10.1.2.4.1.3说明。
1.4.4如果正题名仅由连续性资源的团体名称组成（见1.1.3.2），而且如果关于资源性质或内容的附加信息有用，当这种信息出现在连续性资源上时可以作为其他题名信息著录在方括号中，当这种信息取自资源以外时可以著录在第7项（见7.1.1.4）。	未采用。	我国编目实践中未遇到此类情况。
1.4.8 其他题名信息的变化 对连续出版物，如果其他题名信息已经被著录在题名和责任者说明项，而且该信息在后续的卷期或部分中发生了变化，如果这种变化对目录的使用者重要，应在第7项说明变化的情况（见7.1.3）。也可以用第7项说明其他题名信息有变化（见7.1.3），或者就忽略变化。	10.1.5.6.1对于连续出版物，如果已经著录在题名与责任说明项中的其他题名信息，在后续的卷期中发生了重要变化，应在附注项说明变化的情况。	本标准未完全采用ISBD（CR）的此条款，因我国连续性资源的其他题名信息对目录的使用者比较重要，其变化应在附注项说明，不能忽略。
1.5.3.6责任说明可以由作为连续性资源赞助者的团体名称组成，如果该团体名称出现在题名页上，并且赞助者和连续性资源之间的关系有明确说明（或者附加一个适当的词或短语就可以明确）。 如果赞助团体的名称是出版说明的组成部分（即有“published for ...”的词语），则赞助团体的名称应著录在第4项。	未采用。	我国编目实践中赞助者基本上都与连续性资源的知识责任无关，一般不予著录。

续表

ISBD（CR）条款	GB/T 3792.3—2009	说明
1.5.3.8 第2段： 如果正题名只包含发行机构名称的一部分，而且该机构名称的其余部分出现在题名页上，则后者作为责任说明著录。	未采用。	本条款不适用于我国连续性资源的著录。
1.5.5.4如果出现在责任说明中的个人或团体名称不是完整的形式，例如首字母的缩写形式，则其展开形式可以著录在第7项（见7.1.4.1）。	10.1.6.5中省略。	本条款在本标准10.7.4.5.1中说明。
1.5.5.7责任说明包含分级形式的团体名称，应按照连续性资源上给出的形式和顺序转录。	未采用。	本条款不适用于我国连续性资源的著录。
1.5.5.8如果责任说明和题名之间没有语法上的关系，个人名称或团体名称应著录在斜线（“/”）后面。	未采用。	本条款不适用于我国连续性资源的著录。

第四章　版本项的著录方法

4.1　概述

版本项是连续性资源著录的第二大项，包括版本说明、并列版本说明、与版本有关的责任说明、附加版本说明、附加版本说明的责任说明五个著录单元。

和题名与责任说明项相同，对于连续出版物，版本项的著录依据是本题名下的第一期或所见最早的一期，对于集成性资源是当前更新后的整体。但版本项的规定信息源范围较大，依次是题名页、其他序页、书末出版说明。当连续性资源上有多处都出现了版本信息时，依据规定信息源的顺序首选题名页上的版本信息著录在版本项，如果题名页上没有，则依次选择其他序页、书末出版说明上的版本信息著录。

4.2　版本说明

版本说明的概念：表示一种出版物属于某一版本的一个单词、短语或一组字符。

4.2.1　版本说明的形式和转录

版本说明的表现形式是一组术语、短语或字符，其含义应该与整个连续性资源版本的名称和/或编号相关，或者是与整个连续性资源的特定形式相关，并且该连续性资源的知识或艺术内容与具有同样特定形式的其他版本明显不同。

因此版本说明通常包含“版”或“本”字样，常见的有三种形式：

1）用序数词表示不同的版本，例如第2版、第3版；

2）用术语表示不同的版本，例如增订版、标准版；

3）用出版物的形式说明区别不同的版本，例如缩微版、盲文版。

在编目实践中，规定信息源上出现的版本说明形式不仅限于这单纯的三种，例如“增订2版”、“新1版”，则是术语和序数词组合在一起表示不同的版本。

版本说明的转录原则是按照连续性资源上的形式照录，第1版通常不需著录。为了便于对表示版次的序数词的识别，统一将文字或其他形式的数字都改为阿拉伯数字表示，例如规定信息源上的版本信息为“第二版”，在版本项应转录为“第2版”。而取自规定信息源以外的版本说明，著录的时候应用方括号括起。

在编目实践中，连续性资源上可能没有出现版本说明信息，但通过资源本身的形式、内容或其他相关信息，可以获取有关的版本信息，也可以作为版本说明著录在本项，并用方括号括起，转录原则与前文一致。

示例：救亡情报 / 上海文化界救国会. -- ［影印版］. -- 上海 : 红旗社, 1982. --

据上海文化界救国会1936年版影印

4.2.2 版本说明的类型

版本说明的形式较为多样，前文所说通常包含“版”或“本”字样仅是版本说明的一个常见的标志，但也并非所有的出现在规定信息源上带有“版”或“本”字的信息都是版本说明。

本标准的“10.2.2.4”列举了应该作为版本说明转录的类型：

1）表示版本名称和/或版次的说明：新1版、影印版、修订本等。

2）地区版本说明：郊县版、西部版、国内版、国外版、港澳海外版等。

3）读者对象版本说明：高教版、职工版、基层版、少儿版等。

4）特殊版式或外形说明：缩印本、油印本、简体字版等。

5）语种版本说明：中文版、维吾尔文版等。

6）时间版本说明：周末版、上半月版（有独立卷期编号）等。

本标准的“10.2.2.5”规定了如下几种情况不能作为版本说明转录：

1）虽然带有“版”或“本”字样，但实际上是卷期编号或以年代卷的说明，例如18版（实为18期）、2005版（实为2005年卷），此类说明应著录在编号项。

2）没有出现在题名页上的一般资料类型或特殊资料类型说明。例如某期刊每一期都附有一张光盘，在该刊的封底有“光盘版”字样，这里的“光盘版”不是版本信息而是附件信息，应作为特定文献类型说明著录在载体形态项。

3）有规律的修订或频繁更新的说明，也可能带有“版”或“本”字样，例如“修订版，每半年修订一次”，实际是对出版频率的说明，应著录在附注项。

4）专业版本说明，例如社会科学版、自然科学版、文科版、理科班、工业版、农业版等，虽然这些说明都带有“版”或“本”字样，也符合版本说明的特征，但在中文连续性资源的出版过程中这些信息经常会发生变化，例如“社会科学版”变为“人文社会科学版”，或是“自然科学版”变为“自然科学”，没有了“版”字，等等，而且在一段时间内可能发生频繁变化，但连续性资源的内容或范围往往没有变化。因此在著录时如果将专业版本说明著录在版本项，势必造成判断资源是否需要另行著录及如何著录的困难，所以本标准规定凡是专业版本说明都不著录在版本项，而是作为从属题名著录在题名与责任说明项，在出版过程中专业版本说明的变化也是当作题名的变化来进行处理。

示例：北京师范大学学报. 社会科学

. -- 1960年起目次页题分辑题名为：社会科学版；1985, no. 1起目次页分辑题名改题：社科版；1991, no. 1起又改回：社会科学版；2000—2002年分辑题名改题：人文社会科学版，2004起又改回社会科学版

还有几种版本说明的情况本标准没有做出规定，但在实际编目工作中常会遇到：

1）当两种或多种版本交替出版，且无各自独立的编号时，交替出版的版本信息应在附注项说明，而不著录在版本项。

示例：教育與職業 / 中華職業教育社編輯

. -- 2003, no.1-21單號出版綜合版，雙號出版學生版，2003, no. 22-2004, no. 11分上半月版與下半月版交替出版，2004, no. 12起每期分為上、中、下出版。

2）表示出版、印刷地的信息，虽然带有“版”或“本”字样，但不同于地区版本说明，而只是说明连续性资源的出版发行信息，并且该连续性资源不存在其他地区版本。例如“重庆版”，只是说明该出版物在重庆出版。

3）如果连续出版物上有明确的“版”或“本”字样标识，而与以上所述各种情况都不符合，也应当作为版本说明著录。

4.2.3 版本的变化

对于连续出版物，后续卷期的版本说明发生了增、删、改等变化，原则上应在附注项注明，如果发生的变化符合新资源另行著录的原则，则需要另做新的版本著录（见本标准“8.2.2.1”和“8.3.2.1”）。

示例：短篇小说. -- 原创作品版

. -- 2005起版本说明改题：原创版

对于集成性资源，如果版本发生了主要变化，需要作为新资源另行著录（见本标准“9.2.1”）。如果发生了次要变化，应将原版本说明更新为最新的版本说明，若有必要，可在附注项说明变化的情况（见本标准“9.3”）。

4.3 版本项其他著录单元

4.3.1 并列版本说明（选用）

并列版本说明的概念：如果连续性资源上出现了一种以上语言和/或文字的版本说明，选择与正题名的语言和/或文字相同的作为版本说明著录，其他的就是并列版本说明。如果连续性资源上出现的版本说明与正题名的语言和/或文字都不相同，则选择版式突出或最先出现的作为版本说明著录，其他的作为并列版本说明。

并列版本说明可以著录在本项，之前标识空格、等号、空格（ = ），由编目机构选择使用。

示例：中华儿女

. -- 海外版 = Overseas edition

4.3.2 与版本有关的责任说明

与版本有关的责任说明可以是个人或团体、新版本的修订者、新版本中补充资料和附录等的提供者。其著录规则同本标准“10.1.6 责任说明”，取自连续性资源题名页的著录在本项；取自连续性资源其他地方的可以著录在本项，外加方括号，也可以著录在附注项；取自连续性资源以外的只能著录在附注项。

与版本有关的并列责任说明可以著录，之前标识空格、等号、空格（ = ）。

4.3.3 附加版本说明

附加版本说明是对连续性资源版本说明的补充说明。例如“第2版，修订版”、“高中版，高一版”等，无变化的印次也可以作为附加版本说明著录，例如“第2版，第3次印刷”。

附加版本说明应著录在版本说明之后，前置空格、逗号，其转录原则同版本说明（见本标准“10.2.2.2”和“10.2.2.3”）。并列附加版本说明可以著录，之前标识空格、等号、空格（ = ）。

4.3.4 附加版本说明的责任说明

附加版本说明后面的责任说明按照与版本有关的责任说明的条款转录。附加版本说明后面的并列责任说明也可以转录，之前标识空格、等号、空格（ = ）。

4.4 版本项小结

4.4.1 结构形式

1). -- 版本说明

示例1：

. -- 第2版

205 ## $a第2版

示例2：

. -- 影印本

205 ## $a影印本

2). -- 版本说明 = 并列版本说明

示例：

. -- 英文版 = English ed.

205 ## $a英文版$d= English ed.

3). -- 版本说明 / 责任说明

示例：

. -- 改订1版 / 沖中重雄编著

205 ## $a改订1版$f沖中重雄编著

4). -- 版本说明 / 责任说明 = 并列版本说明 / 并列责任说明

示例：

. -- 蒙文版 / 蒙古语言文学系编辑 = Mongolian ed. / Department of Mongolian Language and Literature

205 ## $a蒙文版$f蒙古语言文学系编辑$d= Mongolian ed.$fDepartment of Mongolian Language and Literature

5). -- 版本说明, 附加版本说明

示例：

. -- 国际版, 美洲版

200 ## $a国际版$b美洲版

6). -- 版本说明 / 责任说明, 附加版本说明 / 责任说明

示例：

. -- Rev. ed. / with revisions, an introduction, and a chapter on writing, by E. C. White, 2nd ed. / with the assistance of Eleanor Gould Packard

200 ## $aRev. ed.$fwith revisions, an introduction, and a chapter on writing, by E. C. White$b2nd ed.$fwith the assistance of Eleanor Gould Packard

4.4.2 与ISBD（CR）的比较

本项对应的是ISBD（CR）第2章，其中有些条款不适用于我国连续性资源的实际出版情况或编目工作，因此本标准未采用或做了相应的补充修改，见表15。

表15　本标准与ISBD（CR）版权项的比较

ISBD（CR）条款	GB/T 3792.3—2009	说明
2.1.2版本说明应按照其出现在连续性资源上的形式照录。如果不是出现在规定信息源上的版本说明，应著录在方括号中。可以使用标准的缩写形式。使用阿拉伯数字替代其他数字形式或者表示数词的文字。应著录版本说明后面带有识别作用的解释性短语（见2.3.3）。 如果版本说明仅由或主要由符号或其他不能转录的字符组成（见0.11），则这些字符应替换为适当的词或数字，外加方括号。可以在第7项进行说明（见7.2）。	10.2.2.2版本说明应按照其出现在连续性资源上的形式照录，但是文字或其他形式的数字应使用阿拉伯数字替代。取自规定信息源以外的版本说明，著录时应置于方括号中。	ISBD（CR）本条款中版本说明“可以使用标准的缩写形式”可适用于其他语种或文字形式的版本说明，对中文形式的版本说明不适用，其他内容在文字上做了简化。
2.1.4下列类型的说明应作为版本说明转录： …… 2.1.4.6 表示连续性资源包含插页或补编的说明。	未采用。	ISBD（CR）本条款中“表示连续性资源包含插页或补编的说明”。不适用于我国连续性资源的著录。
无	10.2.2.4以下类型的说明应作为版本说明转录： …… 10.2.2.4.6时间版本说明	本标准增加了“时间版本说明”这一类型，在我国连续性资源编目实践中比较常见，ISBD（CR）中没有相关条款。
无	10.2.2.5以下类型的说明不作为版本说明转录 …… 10.2.2.5.4专业版本说明应作为从属题名著录。	本标准增加了“专业版本说明不作为版本说明，而作为从属题名著录”这一条款，在我国连续性资源编目实践中专业版本说明情况复杂、变化频繁，不适于作为版本说明著录。

续表

ISBD（CR）条款	GB/T 3792.3—2009	说明
2.3.3与版本有关的责任说明没有列举或可识别的个人或团体名称（如2.3.2描述的），应作为版本说明的一部分著录（见2.1.2），这样的说明通常会出现说明性的短语。	未采用。	本条款不适用于我国连续性资源的著录。
2.4.1如下附加版本说明应著录： 如果连续性资源载有表明它属于一个版本或一个版本内的印次，或者属于相当于第一个命名版本的一个版本的正式说明。 或者 如果连续性资源与它所属于的更大的版本的其他印次在内容中有重要的差别。	10.2.5.1附加版本说明是对连续性资源版本说明的补充说明。	参考《中国文献编目规则》第二章2.2.4对ISBD（CR）本条款的两段文字做了简化，按其意思总结为一句话。

第五章　资源特殊细节项的著录方法

5.1　概述

资源特殊细节项是连续性资源著录的第三大项，用于著录特定资料类型或出版物类型所特有的数据，包括对于测绘制图资源数学数据的说明、对于乐谱资源的乐谱格式说明，以及对于连续出版物编号信息的说明。

需要注意的是，如果受编连续性资源是一种资料类型和出版物类型的组合，且使用了本项，那么本项应当重复，首先著录与连续性资源的主题内容相关的资源特殊细节项，然后再著录针对连续出版物的资源特殊细节（即编号信息）。

关于测绘制图资源的比例尺信息和乐谱资源的格式说明的著录方法，可参考该类型资源的专门著录规则。本章将主要说明连续出版物编号信息的著录方法。

5.2　编号

编号主要用于一种连续性资源连续各期或各部分的标识。其著录可以包括数字、字母、任何其他字符，或者是他们的组合，可以附带或不附带“卷”、“期”等词和/或日期年月标识。被本标准替代的标准GB/T 3792.3—1985中，编号项被称为卷、期、年、月或其他标识项。编号项用于著录题名与责任说明项所著录的正题名在本题名之下的第一期和/或最后一期的编号和/或日期范围。编号项不适用于集成性资源，因此集成性资源不著录本项。

编号项对于连续性资源非常重要，其著录依据是每种编号序列的起始和/或终止期，因此，在著录本项时，首先应当选择与编号序列对应的起始和/或终止期。在每种编号序列的起始和/或终止期中，本项著录的规定信息源为该期连续性资源整体，即来自于该起始和/或终止期出版物任何地方的编号信息均可著录于本项。此外，国家书目的有关信息也可作为本项著录的规定信息源而直接采用。如果著录不是依据起始和/或终止期，而是依据中间的期，那么从其他信息源获得的第一期和/或最后一期的编号信息也可以著录于本项，但应当置于方括号内；如果无法获取第一期和/或最后一期的编号信息，则省略本项。其他与本项有关，但无法著录或没有著录在本项的编号信息，如有必要，可以著录于附注项。

需要注意的是，著录于本项的日期与出版发行项著录的日期没有必然的一致关系，著录于本项的是作为编号的日期，著录于出版发行项的是出版发行日期，因此，虽然在大部分情况下著录于本项的日期与出版发行项著录的日期相同，但有时也可能不同。例如，一个起始日期编号为1985年的连续出版物，可能于1986年才印刷出版，则本项的日期编号著录为“1985—”，而出版发行项的起始出版日期须著录为“1986—”。

5.2.1 编号项著录说明

编号项在著录时应遵循如下原则：

1）编号数据应当按照出现在连续出版物期上的形式和顺序著录。

示例1： . -- 1970, no. 1-

示例2： . -- 1931, 8, 1-

2）要用阿拉伯数字代替其他形式的数字，例如，非阿拉伯数字、拼写数字和文字形式的数字等要用相应的阿拉伯数字编号来替代。

示例1： . -- 1995, no. 1- = 总1-

本刊1995-1997用春、夏、秋、冬四季作为期号标识，no.1为春季号。用阿拉伯数字及标准缩写形式代替文字形式的期号标识。

示例2： . -- 1984, no. 1 (1984, 7)-

本刊原题1984年7月，7月相当于卷期，以"no. 1"表示。

3）如果编号数据同卷期标识或相当于卷期标识的其他替代词一同出现，则在编号数据前应当首先著录该卷期标识或替代词的标准缩写形式。例如，"卷"或相当于"卷"的标识（"集"、"辑"等）采用缩写形式"vol."，"期"或相当于"期"的标识（"册"、"月"等）采用缩写形式"no."。要注意的是，当"vol."或"no."的标识位于字段之首时，第一个英文字母应大写，其余字母小写，即"Vol."或"No."。

示例1：. -- Vol. 1-

示例2：. -- No. 1-

4）对于著录信息源上不完整、不准确或拼写错误的编号数据，可通过补充、完善或更正的方式提供正确的著录形式，并置于方括号内。

示例1： . -- ［19］76-

出版物原题76年，实应为1976年，以方括号补充完整的著录形式。

5）如果出版物原题为非公历日期，则应予以客观著录，但其中的非阿拉伯数字要转换为阿拉伯数字，并将转换后的公历日期著录在其后的方括号内。

示例1：. -- 同治11年3月［1872, 4］-1949, 5

示例2：. -- Vol. 1, no. 1 (民國25年6月1日［1936, 6, 1］)-vol. 2, no. 5 (民國26年5月1日［1937, 5, 1］)

5.2.2 编号与日期

连续出版物的编号有以下三种形式：

1）仅以编号标识。对于这种情况，在著录时，应将出现在第一期和/或最后一期的编号信息著录于本项。

示例1：. -- Vol. 1-

示例2：. -- No. 1-

2）仅以日期标识。对于这种情况，在著录时，应将出现在第一期和/或最后一期的日期信息著录于本项。

示例1：. -- 1970-

示例2：. -- 2000, 11, 22-2001, 1, 2

本报以日期识别，无其他编号。

3）同时以编号和日期标识。对于这种情况，在著录时，应将出现在第一期和/或最后一期的编号和日期信息都著录于本项，编号著录在前面，日期著录在后面的圆括号中。值得注意的是，如上文所述，括号内所著应为日期标识，而不是出版日期。

示例1： . -- Vol. 1, no. 1 (1981, 3)-

如果是以年代卷，则应将年代著录在前，期号著录在后，用于识别的日期置于年代和期号之后的“()”内，年月之间用“,”相隔。如果期号与月份相同可省略日期。

示例1：. -- 1971, no. 1-

示例2：. -- 2001, no. 1 (2001, 6)-2003, no. 6 (2003, 12)

5.2.3 多个编号和/或日期标识

受编连续出版物的一种编号序列包括多个编号和/或日期标识，则著录所有的编号和/或日期，不同的编号和/或日期之间用“ = ”连接，著录顺序一般依据这些编号在规定信息源中出现的次序。在编目实践中一般优选卷期标识作为第一编号序列。

示例1：. -- Vol. 5, no. 7 (1980, 7)- = 总35-

示例2：. -- 1993, no. 1 (1993, 1, 1)- = 总4519-

两个编号标识之间有开口符号“-”,开口符号之后空两位，再按规定著录另一个编号标识。

示例3：. -- 1976, no. 1-1978, no. 2 = 总1-13

示例4：. -- No. 1 (2000, 3, 7)-no. 470 (2005, 9, 22) = 总339-808

5.2.4 后继编号序列

1）一种连续出版物的编号序列如果发生变化，新序列的编号称为后继编号序列。后继编号序列应著录于前一种编号之后，以“ ; ”隔开。若有多个后继编号序列，则按出现顺序依次著录。

示例1： . -- No. 1 (1978, 1)-no. 12 (1978, 12) ; vol. 2, no. 1 (1979, 2)-

示例2：财经理论与实践

. -- 1983, no. 1-1996, no. 6 = ［总1］-84 ; vol. 17, no. 1- = 1997, no. 1- = 总85-

2）若新序列前有说明文字，例如“新辑”、“新”等，应视为编号的一部分，著录于编号之前，并用逗号“, ”与编号相隔。

示例1： . -- Vol. 1 (1962)-vol. 6 (1967) ; 新辑, vol. 1 (1968)-

示例2：文藝生活

. -- Vol. 1, no. 1 (民國30年9月15日 ［1941, 9, 15］)-vol. 3, no. 6 (民國32年7月15日 ［1943, 7, 15］) = ［總1］-18 ; no. 1 (民國35年2月 ［1946, 2］)-no. 18 (民國37年1月 ［1948, 1］) = 總19-36 ; no. 1 (1948, 2)-no. 20 (1949, 12) = 總37-53 ; 新, no. 1 (1950, 2)-新, no. 6 (1950, 7) = 總54-59

示例3：国际经贸消息

. -- 1983, no. 1 (1983, 4, 4)-2002, no. 290 (2002, 12, 31) = 总1118-4758 ; no. 1

(2003, 1, 1)–no. 82 (2004, 10, 29) = 总4759–4941

3）需要注意的是，如果在编号序列发生变化的同时，连续出版物题名也发生变化，则需要首先根据本标准“8 连续出版物需要另行著录的原则”确定该变化属于主要变化还是次要变化，如果属于主要变化，则需要另行著录新记录，原记录的编号项按停刊处理，将新的编号序列著录于新记录的编号项；如果属于次要变化，则将新的编号序列作为后继编号序列予以著录。

5.2.5 共同题名和分辑题名的编号

当受编连续出版物的题名由共同题名和分辑题名组成，而且分辑题名有自己独立的编号标识时，编号项著录对应于分辑题名的编号标识。与共同题名相关的编号信息或与其他分辑相关的编号信息在附注项说明。

示例 1：汉中师范学院学报. 自然科学

. -- Vol. 13, no. 1 (1995, 6, 20)–vol. 22, no. 2 (2004, 12, 20) = 1995, no. 1–2004, no. 2 = 总20–39

. -- 本刊与社会科学有交替出版的年期，但同时又有各自独立的卷期、年期和总期。

示例 2：汉中师范学院学报. 社会科学

. -- Vol. 13, no. 1 (1995, 2)–vol. 22, no. 4 (2004, 12) = 1995, no. 1–2004, no. 4 = 总41–80

. -- 本刊与自然科学有交替出版的年期，但同时又有各自独立的卷期、年期和总期。

5.2.6 停刊、休刊与复刊

1）如果所著录的连续出版物已经停刊，则应当同时著录第一期和最后一期的编号和/或日期，将最后一期的编号和/或日期著录于第一期的编号和/或日期后，二者之间以“–”相隔。如第一期或最后一期的编号和/或日期不详，则按照本文5.2.9中的相关规定予以著录。

2）如果所著录的连续出版物在出版过程中有休刊，则按下述两种方式之一处理。

一是休刊后复刊，如果编号连续，则编号项保持不变，在附注项说明休刊信息。

示例：水利学报

. -- 创刊号 (1956, 12) = 1956, no. 1 (1956, 12) ; 1957, no. 1– = ［总2］–

. -- 本刊1960,no.6后休刊，于1962,no.1(1962,4)复刊；又于1966,no.2(1966,4)后再度休刊，于1980,no.1(1980,2)复刊。

二是休刊后复刊，如果编号另起，则将新的编号作为后继编号序列，按本文5.2.4的规定予以著录。

示例1：声学学报

. -- Vol. 1, no.1 (1964, 9)–vol. 3, no. 3 (1966, 9) ; 1979, no. 1 (1979, 3)–1981, no. 6 (1981, 11) ; vol. 7, no. 1 (1982, 1)– = 1982, no. 1–

示例2：騰越日報

. -- No.1 ［1937, 10, ?］–? ; 新, no. 1 ［1944, ?, ?］–?

. -- 本报曾休刊，休刊日期不详；1944年复刊，期号另起。

5.2.7 创刊与试刊

1）创刊号如在规定信息源出现，则应作为一种编号系统，在编号项著录为“创刊号”字样，并在其后的圆括号内注明日期标识。如果既有创刊号字样，同时又有对应于创刊号的编号和日期标识，则将其作为一个编号序列包含多个编号和/或日期标识，根据本文5.2.3的规定予以著录。创刊号以后的编号按后继编号序列处理。例如：

示例 1：. -- 创刊号 (1981, 3)；1982, no. 1-

示例 2：. -- 创刊号 (1993, 6)；no. 2 (1993, 8)-no. 4 (1993, 12)；1994, no. 1- = 总5-

示例 3：. -- 创刊号 (1984, 1) = vol. 1, no. 1 (1984, 1) = 总1；vol. 1, no. 2 (1984, 2)- = 总2-

示例4：. -- 创刊号 (1998, 1, 2)；no. 2 (1998, 1, 6)-no. 205 (1999, 12, 31)

2）对于出现在规定信息源的试刊，按下述两种方式之一处理。

一是试刊若与总期号相连，则将试刊作为一种编号系统予以著录。如果试刊有编号，将“试刊”作为编号序列前的说明文字，著录于编号之前，并用逗号“，”与编号相隔，试刊以后的编号作为后继编号序列，根据本文5.2.3的规定予以著录。

示例：. -- 试刊, no. 1 (1965, 2)-试刊, no. 2 (1965, 4)；1966, no. 1- = 总3-

如果试刊没有编号，编号项著录“试刊”字样，并在其后的圆括号内注明日期标识，试刊以后的编号按后继编号序列处理。

示例：. -- 试刊 (1965, 2)；1966, no. 1- = 总2-

二是试刊若未计算在总期号内，则编号项不著录试刊，而是直接著录其后正式出版的编号，在附注字段说明试刊情况。

示例：. -- Vol. 1, no. 1 (1980, 3)- = 总1-

. -- 1980年1-2月有两期试刊。

需要说明的是，如果在编连续出版物无总期标识，则按试刊未计算在总期号内处理，试刊不著录在编号项，而只在附注项说明。

示例：. -- Vol. 1, no. 1 (1989, 2)-vol. 3, no. 6 (1991, 12)

. -- 试刊, vol. 1, no. 1 (1988, 10)-vol. 1, no. 2 (1988, 12)

5.2.8 新题名下的编号和日期

如果在编连续出版物是一种或多种其他连续出版物的延续，无论编号是否延续，编号项均应著录新的正题名下第一期的编号和/或日期。

示例1： . -- Vol. 9, no. 1 (1997, 3)-

示例2： . -- No. 4 (1985, 2)-

5.2.9 几种特殊情况的处理

1）如果在编连续出版物第一期无标识，可著录为［no.1］。如果在后续期上出现了期和/或日期标识，可基于这种模式给出相应的第一期的编号，置于方括号内，并在附注项说明有关信息。

示例1：. -- ［No. 1］-

. -- 第一期无标识，第二期标识为no.2。

2）如果在编连续出版物第一期无总期标识，在出版过程中增加了总期标识，应将“总1”著录于方括号中，并在附注项说明何时出现总期标识。

示例：长白学刊

. -- 1985, no. 1- = ［总1］-

. -- 1986,no.1(总7)起有总期标识。

3）如果无法确定在编连续出版物的第一期和/或最后一期的编号信息，应尽量依据有关资料推算一个大概的编号，推算的编号后加问号“?”并置于方括号“［ ］”中，同时可在附注项说明著录依据。确实无从查证的，用“?”替代，并在附注项做说明。无法推算的第一期或最后一期可不予著录。如果确实无法获取任何有关第一期和最后一期的编号信息，编号项可以省略，在附注项做说明。

示例1：勞動青年

. -- No. 1 (1925)-?

. -- 已停刊，但停刊卷、期、年不詳

示例2：大學新聞

. -- ［No. 1 (1945, 2, ?)?］-no. 52 (1946, 3, 10)

. -- 见存最早一期为no.38(1945,10,28)，创刊日期据此推算

示例3：時事晚報

. -- No. 1［1939, 3, ?］-?

. -- 创刊日期据no.77(1939,5,18)推算，停刊期、年不详。

4）如果在编出版物的年月标识为跨年或跨月时，则应在两个年份或月份之间用“/”相隔，如果两期合刊出版，则在期号间用“/”相隔。

示例1：. -- Vol. 1, no. 1 (1985, 1/2)-

示例2：. -- Vol. 1, no. 3/4 (1988, 7/8)-

5）如果在编连续出版物是摹真复制品或其他照相复制品时，编号项应当著录原版连续出版物的编号和/或日期。

例如，在编连续出版物为影印本《大公报》，由人民出版社1982-1983年根据天津大公報館1902-1949年发行的《大公报》(天津版) 影印。编号项应当著录为：

. -- No. 1 (1902, 6, 17)-no. 16246 (1949, 1, 15)

5.2.10 编号项小结

5.2.10.1 结构形式

关于编号项的著录规则、著录中应注意的特殊情况上文都已经做了详细的说明，现将编号项可能出现的结构形式总结如下。为便于指导实践，采用卡片格式与CNMARC格式对照的形式举例说明。

1）. -- 第一期的日期-最后一期的日期

示例：

. -- 1938, 12, 1-1952, 8, 4

207 #0 $a1938, 12, 1-1952, 8, 4

2）. -- 第一期的日期-

示例：

. -- 1987-

207 #0 $a1987-

3）. -- -最后一期的日期

示例：

. -- -1892, 3, 26

207 #0 $a -1892, 3, 26

4）. -- 第一期的编号-最后一期的编号

示例：

. -- 1986, no. 1-1994, no. 6

207 #0 $a1986, no. 1-1994, no. 6

5）. -- 第一期的编号-

示例：

. -- Vol. 1-

207 #0 $aVol. 1-

6）. -- -最后一期的编号

示例：

. -- -1997, no. 6

207 #0 $a -1997, no. 6

7）. -- 第一期的编号 (第一期的日期) -最后一期的编号 (最后一期的日期)

示例1：

. -- Vol. 1, no. 1 (1955, 10)-vol. 5, no. 1 (1959, 6)

207 #0 $a Vol. 1, no. 1 (1955, 10)-vol. 5, no. 1 (1959, 6)

示例2：

. -- No. 1 (2008, 7, 15)-no. 32 (2008, 8, 25)

207 #0 $aNo. 1 (2008, 7, 15)-no. 32 (2008, 8, 25)

8）. -- 第一期的编号 (第一期的日期) -

示例1：

. -- 1997, no. 1 (1997, 2)-

207 #0 $a1997, no. 1 (1997, 2)-

示例2：

. -- Vol. 1, no. 1 (1981, 3)-

207 #0 $a Vol. 1, no. 1 (1981, 3)-

9）. -- -最后一期的编号 (最后一期的日期)

示例：

. -- -vol. 4, no. 5(1950, 5)

207 #0 $a -vol. 4, no. 5(1950, 5)

10）. -- 第一期的编号-最后一期的编号 = 第一期的其他编号-最后一期的其他编号

示例1：

. -- 1981，no. 5–2000，no. 6 = 总58–173

207 #0 $a1981，no. 5–2000，no. 6 = 总58–173

示例2：

. -- Vol. 23，no. 1 (1991，2)–vol. 28，no. 6 (1996，12) = 1991，no. 1–1996，no. 6 = 总108–[143]

207 #0 $aVol. 23，no. 1 (1991，2)–vol. 28，no. 6 (1996，12) = 1991，no. 1–1996，no. 6 = 总108–[143]

11）. -- 第一期的编号–最后一期的编号 ；新编号序列的第一期的编号–最后一期的编号

示例1：

. -- Vol. 1，no. 1 (1955，10)–vol. 5，no. 1 (1959，6) ；1980，no. 1–1981，no. 1

207 #0 $aVol. 1，no. 1 (1955，10)–vol. 5，no. 1 (1959，6)$a1980 ,no. 1–1981，no. 1

示例2：

. -- 1981，no. 5–2000，no. 6 = 总58–173 ；vol. 46，no. 1 (2001，1)– = 2001，no. 1– = 总174–

207 #0 $a1981，no. 5–2000，no. 6 = 总58–173$avol. 46，no. 1 (2001，1)– = 2001，no. 1– = 总174–

12）. -- 第一期的编号–最后一期的编号 ；新编号序列的说明，第一期的编号–最后一期的编号

示例：

. -- Vol. 1 (1962)–vol. 6 (1967) ；新辑，vol. 1 (1968)– vol. 8 (1975)

207 #0 $a Vol. 1 (1962)–vol. 6 (1967)$a新辑，vol. 1 (1968)– vol. 8 (1975)

5.2.10.2　与ISBD（CR）的比较

本项对应的是ISBD（CR）第3章，其中有些条款根据我国连续性资源的出版与编目实践，进行了相应的调整。

表16　本标准与ISBD（CR）编号项的比较

ISBD（CR）条款	GB/T 3792.3—2009	说明
3.1.5： 如果在期或部分上有多于一种语言和/或文字的标识，则在第3项著录用正题名所用语言和/或文字表示的标识。如果这个规定不适用，则在本项著录第一个出现的标识。并列标识也可以著录在空格、等号、空格后。	无相应规定	ISBD（CR）本条款所规定的现象在中文连续性资源中很少出现。
	10.3.4.13创刊号/试刊	ISBD（CR）中无相应内容，根据我国连续性资源编目实际补充
	10.3.4.14休刊/复刊	ISBD（CR）中无相应内容，根据我国连续性资源编目实际补充

5.3 乐谱格式说明

如果在编连续性资源为连续性乐谱时，应当首先在资源特殊细节项著录其乐谱格式，然后重复本项著录其编号信息。

示例：　　. -- 总谱和分谱. -- No. 1-

5.4 数学数据（测绘资料）

如果在编连续性资源为连续性测绘制图资源时，应当首先在资源特殊细节项按照《测绘制图资料著录规则》（GB/T 3792.6）的要求，著录其比例尺、投影、坐标和二分点信息，然后重复本项著录其编号信息。

示例：. — 比例尺1:650,000(W 94° 3′ –W 88° 49′ /N 33° 1′ –N 28° 55′). — 1981–

第六章　出版发行项的著录方法

6.1　概述

出版发行项是连续性资源著录的第四大项，用于著录负责连续性资源的物理生产、发行等的个人或团体及相关日期的信息。本项的规定信息源为连续性资源整体。

需要注意的是，如果在编连续出版物为摹真复制品或其他照相、缩微或数字形式的复制品，与编号项不同，本项著录所编复制品的出版信息，原始版本的出版信息可以在附注项予以说明。对于集成性资源，第一次和/或最后一次更新的日期著录于本项，其他日期可以在附注项说明。

6.2　出版发行地的著录

6.2.1　著录说明

出版发行地是与连续性资源的出版者或发行者相关的地名，一般著录出版者或发行者所在的城市名称，既有出版地又有发行地时，只著录出版地，不著录发行地。对于连续性资源，出版发行地的著录依据为第一期或所见最早一期；对于集成性资源，出版发行地的著录依据为当前更新后的整体。

出版发行地的著录应遵循如下原则：

1）按照在连续性资源上出现的出版发行地形式著录。如果确知该出版发行地信息有谬误，也应当先按其出现的形式照录，然后将正确的信息著录在其后的方括号中，或者在附注项中予以说明。

示例：. -- 伦敦

. -- 出版于阿根（Agen）。

2）如果规定信息源上出现的是地名的简称形式，应当先予以照录，然后在其后的方括号内著录全称。

示例：. -- 穗［广州］

6.2.2　多个出版发行地

如果规定信息源上题有多个出版发行地，则按下述方法处理：

1）有多个出版发行地对应同一个出版发行者时，优先著录版式上最显著的地名、题在首位的地名，以及目录使用者认为最重要的地名。然后著录第二个或后续的地名，各地名间以“；”相隔。

示例：. -- 北京 ; 香港 : 人民美术出版社

也可以省略第二个或后续的地名，此时应在第一个地名后加“［等］”表示省略。

示例：. -- 北京［等］: 知识出版社

2）有多个出版发行地，且每个出版发行地都对应于一个出版发行者时，应将每个出版发行地都著录于相应的出版发行者之前。

示例：. -- 贵阳 : 贵州人民出版社 ; 成都 : 四川人民出版社

也可以省略第二个或后续的出版发行地，这时对应的出版发行者也应一并省略，在第一个出版发行地和出版发行者后加“［等］”表示省略。

示例：. -- 昆明［等］: 云南人民出版社［等］

6.2.3 多语种地名

如果连续性资源上出现一种以上语言和/或文字的出版发行地，则应著录与正题名的语言或文字相同的出版发行地。如果此规定不适用，则按照规定信息源所载版式或顺序著录最显著的或第一个出版发行地。如果著录其他语言和/或文字的出版发行地，则前置空格、等号、空格（ = ）。如果不予著录，则不需对该省略进行说明。

示例：. -- 北京 = Beijing

6.2.4 出版发行地不详

1）如果连续性资源上没有出现出版发行地，可以将经考查得出的出版发行地著录于此，但要置于方括号中。对于不能确定的地名，可在地名后附加问号，一并置于方括号中。

例1：. -- ［成都］

例2：. -- ［西安?］

2）如果规定信息源上没有确切的出版发行地名，可以著录出现在规定信息源上的省（自治区）乃至国家名称。如果不适应，可以按上述1）的规定，著录考查所得的省（自治区）或国家名称。

例1：. -- 加拿大

出现在规定信息源上的国家名称。

例2：. -- ［四川］

出现在规定信息源以外的省份名称。

例3：. -- ［湖北?］

出现在规定信息源以外，且不确定的省份名称。

3）如果规定信息源上没有出版发行地，也无法由考查或推测获得，则应在方括号内著录“出版地不详”字样。

示例：. -- ［出版地不详］

6.2.5 出版发行地变化

1）对于连续性资源，出版发行地的著录依据为第一期或所见最早一期，如果后续期的出版发行地有变化，本项不做改动，而应将变化情况著录于附注项。

示例：. -- 南京 : 中华自然科学社, 1932–1950

. -- 本刊于1938年迁至重庆出版，1941年又迁至成都出版。

2）对于集成性资源，出版发行地的著录依据为当前更新后的整体。如果更新时出版发行地有了变化，应将变化的地名著录于本项。如果有必要，可将原出版发行地著录于附注项。

6.2.6 几种特殊情况的处理

1）如果出版发行地不知名，恐难以识别，可在其后附加其所属省份或国别作为限定信息。如果该限定信息取自规定信息源，则置于圆括号中，否则应置于方括号中。

示例：. -- 棉兰 (印度尼西亚)

2）如果出版发行地容易混淆，为避免重名，也可在其后附加其所属省份或国别作为限定信息。如果该限定信息取自规定信息源，则置于圆括号中，否则应置于方括号中。

示例：. -- 通州 (江苏)

3）如果一个出版发行地同时对应于多个出版发行者，则不需要重复著录出版发行地。

示例：. -- 北京 : 中国医学科学院心血管病研究所 : 中国医学科学院阜外医院

6.3 出版发行者的著录

6.3.1 著录说明

出版发行者是与连续性资源的出版或发行相关的个人或团体。既有出版者又有发行者时，只著录出版者，不著录发行者。对于连续性资源，出版发行者的著录依据为第一期或所见最早一期；对于集成性资源，出版发行者的著录依据为当前更新后的整体。

出版发行者的著录应遵循如下原则：

1）一般情况下，应当按照在连续性资源上出现的出版发行者形式著录。但中文期刊中经常会出现“本刊编辑部”字样的出版发行者，著录时应当将刊名展开，若有上级机构，前面应当冠以上级机构名称。

示例：. -- 广州 : 《逻辑学研究》编辑部

说明：连续性资源上题出版者为“本刊编辑部”，著录时应当将刊名展开。

2）已经出现在题名与责任说明项的出版发行者，本项还应按照规定信息源所载形式重复著录。

示例：. -- 北京农业大学学报

. -- 北京 : 北京农业大学, 1955-1995

6.3.2 多个出版发行者

如果规定信息源上题有多个出版发行者，则按下述方法处理：

1）多个出版发行者对应于一个出版发行地时，优先著录版式上最显著的出版发行者、题在首位的出版发行者，以及目录使用者认为最重要的出版发行者。然后著录第二个或后续的出版发行者，各出版发行者名称间以“ : ”相隔（参见6.3.1）。

也可以省略第二个或后续的出版发行者，此时应在第一个出版发行者后加“［等］”表示省略。

示例：. -- 昆明 : 云南人民出版社 ［等］

2）有多个出版发行者，且每个出版发行者都对应于一个出版发行地时，应将每个出版发行者都著录于相应的出版发行地之后。如果出版发行地省略，相应的出版发行者也应省略（参见本文6.3.1）。

6.3.3 多语种出版发行者

如果连续性资源上出现一种以上语言和/或文字的出版发行者，则应著录与正题名的语言或文字相同的出版发行者。如果此规定不适用，则按照规定信息源所载版式或顺序著录最显著的或第一个出版发行者。如果著录其他语言和/或文字的出版发行者，则前置空格、等号、空格（ = ）。如果不予著录，则不需对该省略进行说明。

示例：. -- 伦敦 : 牛津大学出版社

6.3.4 出版发行者不详

如果在编连续性资源上无出版发行者，经考查得出的出版发行者应著录于方括号中。如果无法经考查得出出版发行者，则应在方括号中著录“出版者不详”字样。

示例：. -- 上海市: ［出版者不详］

需要注意的是，如果根据本文6.2.4 中3）的规定，出版地也无法著录时，应在同一个方括号内同时著录“出版地不详和出版者不详”字样。

示例：. -- ［出版地不详 : 出版者不详］

6.3.5 出版发行者变化

1）对于连续性资源，出版发行者的著录依据为第一期或所见最早一期，如果后续期的出版发行者有变化，本项不做改动，而应将重要变化情况著录于附注项。

示例：. -- 济南 : 《山东师大学报》编委会, 1981-

. -- 1986年起出版者改题《山东师大学报》编辑部。

2）对于集成性资源，出版发行者的著录依据为当前更新后的整体。如果更新时出版发行地有了变化，应将变化的出版发行者著录于本项。如果有必要，可将原出版发行者著录于附注项。

6.3.6 出版者与发行者

1）既有出版者，又有发行者时，仅著录出版者。如果没有出版者，但是有发行者信息，应著录发行者信息。

2）著录发行者时，应完整转录规定信息源上的发行者及其职能的说明，若规定信息源未明确表述发行者职能，可在发行者名称后的方括号内著录“发行”字样。

示例：. -- 北平 : 天明出版社 ［發行］

6.4 出版发行日期的著录

6.4.1 著录说明

出版发行日期是与连续性资源的出版历史有关的日期，应著录连续性资源的起始出版年和终止出版年。对于连续性资源，出版发行日期的著录依据为起始和/或终止期；对于集成性资源，出版发行日期的著录依据为起始和/或最后更新后的整体。

出版发行日期的著录应遵循如下原则：

1）对于连续出版物，出版日期著录第一期和最后一期的出版年。已经停止出版的连续出版物，应著录第一期和最后一期的出版年，中间以连字符相连。

示例：. -- 1982–1993

尚在出版的连续出版物，应著录第一期的出版年，其后置一个连字符，表示该出版物尚在出版过程中。

示例：. -- 1982–

需要说明的是，本项著录的年份与编号项著录的日期标识的年份可能相同，也可能不同。比较典型的例子是年鉴，一般年鉴编号项中的日期标识表示的是该年鉴内容所覆盖的年份，而其出版一般会滞后。例如，1999年的年鉴可能会在2000年才出版。

示例：中等职业技术教育

. -- 1986, no. 1–1994, no. 6

. -- 北京 ：中国人民大学书报资料中心，1986–1995

2）对于集成性资源，起始出版年即已知的该资源最早可获得的年份，终止出版年即已知的该资源终结的年份。

3）对于更新活页/散页文献，起始出版年即该版本第一次出版的年份，如果已经停止更新，则应当按出现在规定信息源上的终止日期著录终止出版年。如果能够获知最后一次更新的日期，则也应当予以著录。

示例： ，1990–1995 ［1999最近一次更新］

6.4.2 纪年的著录

1）公元纪年以阿拉伯数字著录，非公元纪年按规定信息源所题的形式著录，相应的公元纪年著录于其后的方括号中。

常见的非公元纪年与公元纪年的换算方法如下：

民国年+1911=公元纪年	康德年+1933=公元纪年	大正年+1911=公元纪年
宣统年+1908=公元纪年	昭和年+1925=公元纪年	平成年+1988=公元纪年

示例：，民國三十一–三十四年 ［1942–1945］

2）如果连续性资源上题有多个不同历法的纪年，应全部予以著录，每个历法的纪年间以空格、等号、空格分隔。

示例：, an Ⅲ-an Ⅳ = 1795-1796

6.4.3 出版发行日期不确定

1）如果连续性资源已经停止出版，且已知终止年信息，却无法获得起始年信息，此时起始年可不著录，而仅著录连字符与终止年。

示例：, -1896

2）如果著录依据的是中间的期，无法获得任何有关第一期和/或最后一期的出版日期，本项可以省略。有关出版发行日期方面的信息可以著录于附注项（参见本文9.6）。

示例：. -- 出版发行日期不详

3）如果出版发行日期无法获得，可以著录在出版发行日期所在位置出现的版权日期或印制日期，相应的日期类型著录在年份后面的圆括号中。

示例1： , 1960 (印刷)-

示例2： , 1970 (版权)-

示例3： , 1985 (录音)-

4）如果出版发行日期、版权日期或印制日期都无法获得时，可以著录推测的大致出版日期，并置于方括号中。

示例1： , [1969?] -

表示可能的日期

示例2： , [196-] -

表示误差日期在十年内

示例3： , [约1835] -

表示大约的日期

示例4： , [19--?]

表示误差日期可能在百年内

6.4.4 几种特殊情况的处理

1）如果规定信息源所题出版发行日期有误，应按照规定信息源上所题形式转录，然后将正确的出版发行日期著录于其后的方括号内。

示例：, 1905 [即1950] -1970

2）如果有必要，可以在出版发行日期后附加版权日期，以逗号相隔。

示例：, 1988, 1963 (版权)

3）连续性资源的出版日期如不规则，可在附注项说明。

6.5 印制地、印制者和印制日期的著录

1）如果无法获得连续性资源的出版发行地和出版发行者，而资源上题有印制地和印制者时，可以将印制地和印制者著录于出版发行日期之后，并置于圆括号内。如果某个信息单元取自资源以外，则该信息单元应首先置于圆括号内，而后与其他信息单元一同置于方括号中。

示例1：　，1974- (北京 ：光明印刷厂)

示例2：　. -- ［出版地不详 ：出版者不详］，1963- (［东京］ ：鹿岛研究所出版会)

2）著录多个印制地和多个印制者时，著录用标识符与多个出版发行地和多个出版发行者相同（参见本文6.2.2和6.3.2）。

3）如果印制地和印制者在出版过程中发生变化，应遵循6.2.5中关于出版发行地变化的规定，以及本文6.3.5中关于出版发行者变化的规定。

4）如果印制日期已经代替出版发行日期著录（参见本文6.4.3），则此处不再重复著录。

5）如果印制日期与已经著录的出版发行日期或版权日期不同时，也可以著录印制日期。印制日期既可以著录于印制者后，也可以单独著录。单独著录时应在日期后附加"印刷"字样。

示例：　. -- 兰州 ：甘肃人民出版社，1972 (1973印刷) -

6.6 出版发行项小结

6.6.1 方括号的特殊用法

如果出版地、出版者、出版日期中有连续两个或两个以上著录单元按上述规定需置于方括号中时，应将这些著录单元置于同一组方括号中。

示例：. -- ［北京 ：中国科学技术情报所］

6.6.2 结构形式

关于出版发行项的著录规则、著录中应注意的特殊情况上文都已经做了详细的说明，现将出版发行项可能出现的结构形式总结如下。为便于指导实践，采用卡片格式与CNMARC格式对照的形式举例说明。

1）. -- 出版发行地 ：出版发行者，出版发行日期

示例：

. -- 北京 ：中国自然辩证法研究会，1985-

210 ## $a北京$c中国自然辩证法研究会$d1985-

2）. -- 出版发行地 ；出版发行地 ：出版发行者，出版发行日期

示例：

. -- 北京 ；香港 ：人民美术出版社，1963-

210 ## $a北京$a香港$c人民美术出版社$d1963-

3）. -- 出版发行地 ：出版发行者 ：出版发行者，出版发行日期

示例：

. -- 北京 ：中国医学科学院心血管病研究所 ：中国医学科学院阜外医院，1986-

210 ## $a北京$c中国医学科学院心血管病研究所$c中国医学科学院阜外医院$d1986-

4）. -- 出版发行地 ：出版发行者 ；出版发行地 ：出版发行者，出版发行日期

示例：

. -- 贵阳 : 贵州人民出版社 ; 成都 : 四川人民出版社, 1996-

210 ## $a贵阳$c贵州人民出版社$a成都$c四川人民出版社$d1996-

5）. -- 出版发行地 : 出版发行者, 出版发行日期 (印制地 : 印制者)

示例：

. -- ［出版地不详 : 出版者不详］, 1977- (济南 : 济南新华印刷厂)

210 ## $a［出版地不详$c出版者不详］$d1977- $e济南$g济南新华印刷厂

6）. -- 出版发行地 = 出版发行地并列说明 : 出版发行者, 出版发行日期

示例：

. -- 北京 = Beijing : 《数字图书馆论坛》编辑部, 2005-

210 ## $a北京$a= Beijing$c《数字图书馆论坛》编辑部$d2005-

7）. -- 出版发行地 : 出版发行者 = 出版发行地并列说明 : 出版发行者并列说明, 出版发行日期

示例：

. -- 北京 : 《数字图书馆论坛》编辑部 = Beijing : Digital Library Forum editorial office, 2005-

210 ## $a北京$c《数字图书馆论坛》编辑部$a= Beijing$cDigital Library Forum editorial office$d2005-

8）. -- 发行地 : 发行者名称, 发行日期 (印制地 : 印制者, 印制日期)

示例：

. -- 布达佩斯 : 匈牙利科学院出版社, 1977- (德布勒森 : 奥尔弗尔迪出版社, 1978-)

210 ## $a布达佩斯$c匈牙利科学院出版社$d1977-$e德布勒森$g奥尔弗尔迪出版社$h1978-

6.6.3 与ISBD（CR）的比较

本项对应的是ISBD（CR）第4项，其中有些条款根据我国连续性资源的出版与编目实践，进行了相应的调整。主要区别如下：

表17 本标准与ISBD（CR）出版发行项的比较

ISBD（CR）条款	GB/T 3792.3—2009	说明
4.1.7如果既著录出版者又著录发行者，则若发行地与出版地不同，也要著录发行地。	10.4.3.7既有出版地，又有发行地，著录时可省略发行地。只有发行地而没有出版地，应著录发行地以代替出版地，或者著录经考查所得的出版地名。	国标10.4.4.4中规定既有出版者，又有发行者时，可省略发行者。故关于出版地的著录也做了相应的规定。
4.1.9如果认为对于识别有必要，出版者或发行者的完整地址应附加在地名后，并置于圆括号中。	无相应规定	出版者或发行者地址一般在采购数据中会予以著录，如果还需要在编目数据中著录，可以在出版发行项附注中著录。

续表

ISBD（CR）条款	GB/T 3792.3—2009	说明
4.2.4如果出版者或发行者的名称都出现在规定信息源上，可以著录发行者名称。如果发行者的名称出现在其他信息源上，可以著录在附注项。如果只有发行者信息，则应著录发行者信息。	10.4.4.4　既有出版者，又有发行者，著录时可省略发行者，若无出版者信息，但是有发行者信息，应著录发行者信息。	参照了《中国文献编目规则》的有关规定，并考虑了我国连续性资源编目的实践。
4.2.5出版者或发行者的名称可以用缩略形式著录，但是要保证可以理解并且识别不产生歧义。	10.4.4.5　出版发行者在不产生歧义的前提下，按原题转录。原题为“本刊编辑部”时应将刊名展开，若有上级机构，前冠上级机构名称。	该规定不符合中文连续性资源的实际情况，故参照《中国文献编目规则》的有关规定做了调整。另考虑到我国连续性资源的实际情况，“本刊编辑部”较常见，该名称不具备识别意义，故做此规定。
4.2.6如果出版者或发行者的名称完整出现在第1项，可以在第4项重复完整形式，也可以在那里著录缩略形式或可识别的短语。无论替代完整形式的缩略形式是否出现在规定信息源上，都不需要著录在方括号中。	10.4.4.6　出版发行者出现在题名与责任说明项时，应在本项重复著录。	本规定不适于用中文连续性资源，故仅保留了关于重复著录的规定。
4.2.9印刷者的名称不得替代未知出版者或发行者著录。然而，如果一个个人或团体结合了印刷或制作以及出版或发行的活动，或者如果责任方式不确定，则印刷者也可被假定为也是出版者。	10.4.6.1　当连续性资源的出版发行地和出版发行者无从查考，而资源上出现印制地和印制者时，应将印制地和印制者著录于本项的出版发行日期之后的圆括号内。	国标中无相应明确规定，但根据10.4.6.1的规定，即使出版发行者无从查考，印刷者也只能作为印刷者著录。印刷者如果同时也兼有出版者职责，则当然适用于关于出版者著录的相关条款。

第七章　载体形态项的著录方法

7.1　概述

载体形态项是连续性资源著录的第五大项，包含文献形态特征方面的信息。本项的规定信息源为连续性资源整体。

需要注意的是，无论所著录的文献在出版发行后是否被修改（例如装订或裁切），本项著录的信息是针对出版时资源的状况，有关修改的信息应作为与在编文献相关的信息在附注项说明。

7.2　数量和特定文献类型标识的著录

7.2.1　著录说明

1）数量和特定文献类型标识是载体形态项的第一个著录单元，用于著录构成资源的物理单位的名称和数量，以及其他附加数量。

2）特定文献类型标识表示连续性资源所属的特定资料类型，以书目机构所选择的语言著录，并使用标准的缩略形式。中文连续性资源较常用的特定文献类型标识主要有："vol."（卷）、"no."（期）。

7.2.2　不同资源的著录方法

1）对于还在出版发行中的连续性资源，不著录数量，只著录文献类型标识，待该连续性资源停止出版后再按以下2）的规定补充具体的数量。

示例1：　. -- vol.

示例2：　. -- no.

2）对于已经停止出版的连续性资源，应在特定文献类型标识前著录书目单位的数量，用阿拉伯数字表示。如果资源已经停止出版但不能确定其数量的，只著录特定文献类型标识。

示例1：　. -- 90vol.

示例2：　. -- 120no.

3）对于仍在不断更新的活页/散页文献，应著录为：

. -- vol. (散页)

4）已经不再更新的散页文献根据具体情况添加数量信息。

示例1：　. -- 3vol. (散页)

示例2：　. -- 2vol. (盲文散页)

5）非印刷型连续性资源参照GB/T 3792相关部分的规定进行著录，例如，连续性录音资料参照GB/T 3792.4 非书资料著录规则的相关规定。

示例1：　. -- 33盘缩微卷片

示例2：　. -- 5幻灯卷片

示例3：　. -- 录音带

示例4：　. -- 缩微平片

7.2.3　文献数量著录的几种情况

1）已经停止出版的连续出版物，如果既有总卷数，又有总期数，可以只著录总卷数；只有总卷数或只有总期数，则著录总卷数或总期数。

示例1：. -- Vol. 1, no. 1–vol. 3, no. 6 = 总1–18期

. -- 3vol.

某刊既有总卷数，又有总期数，只著录总卷数。

示例2：. -- No. 1 (1993, 4, 16)–no. 388 (2000, 9, 28)

. -- 388no.

某报采用期号标识，则著录总期数。

2）以年代卷的连续出版物，以一年为一卷计算总卷数。

示例 1：. -- 16vol.

某年刊，1950年–1965年出版发行，共出了16年，合计16卷。

示例2：. -- 同治11年3月［1872年4月］–1949年5月

. -- 23vol.

7.3　其他载体形态细节的著录

7.3.1　著录说明

其他载体形态细节是载体形态项的第二个著录单元，用于表示资源其他物理特征的说明，例如与资源所构成材料相关的说明，与是否有插图有关的说明，与是否有颜色相关的说明，与是否有声音相关的说明，以及其他技术说明等。

7.3.2　著录方法

其他载体形态细节的著录，应遵循GB/T 3469 文献类型与文献载体代码中有关文献类型的相关规定。

示例1：　. -- 缩微卷片 : 图

示例2：　. -- vol. : 图, 地图

示例3：　. -- 15vol. : 图

示例4：　. -- 盒式录音带（60 min）: 金属, 立体声, 杜比

7.4 尺寸的著录

7.4.1 著录说明

尺寸是载体形态项的第三个著录单元，是关于资源尺寸的说明，尺寸采用阿拉伯数字。

7.4.2 著录方法

尺寸的著录应参照GB/T 3792 相关部分的规定，例如，连续性录音资料参照GB/T 3792.4 非书资料著录规则的相关规定。

示例1：　. -- no. ; 29cm

示例2：　. -- vol. : 图，地图 ; 18cm

7.4.3 几种特殊情况的处理

1）如果连续性资源在出版发行的过程中尺寸有变化，可在本项著录较小或最小的尺寸和较大或最大的尺寸，二者之间用连字符分隔。也可以在附注项说明相关期或更新部分的尺寸变化。

示例：　. -- vol. ; 26–29cm

2）如果连续性资源的尺寸或形状非常规，例如高度与宽度相等或宽度大于高度，可以在高度后同时补充著录其他尺寸。

示例1：　; 21x30cm

宽度大于高度，著录为高度x宽度。

示例2：　; 38cm，折叠为10cm

7.5 附件

7.5.1 著录说明

附件是载体形态项的第四个著录单元，表示分离于连续性资源主体部分并与其结合使用的任何物理上独立的部分。这种部分可能形成两个或多个相互独立的系统（例如一种期刊的每一册都与一张光盘结合在一起），或者可以是资源的一个次要组成部分（例如数据库所附的解释性小册子）。

附件资料除可以在本项著录外，还可以采用其他交替著录方式，包括独立著录，在附注项说明，或通过多层次著录的方法来描述（见本标准附录A）。

对于连续性资源来说，只有那些有规律地出版发行的附件才著录于本项，否则应著录于附注项。

7.5.2 著录方法

1）附件说明可以按所著录资源中出现的术语著录，用词或短语表示附件的性质；也可以用一个适当的特定资料标识来著录。

2）应参照GB/T 3792 相关部分的规定著录不同载体附件，例如，连续性录音资料参照GB/T 3792.4非书资料著录规则的相关规定。

示例1：　. -- vol. : 图 ; 31cm + 每周价格列表

示例2：　. -- vol. : 图 ; 28cm + 光盘

示例3：　. -- 47vol. : 图, 地图 ; 27cm + 114张缩微平片 (11 × 15 cm)

3）关于附件资料的题名和责任说明或其他特性可以著录在附注项，例如一个插页的题名和责任说明可以著录在附注项。

7.6 载体形态项小结

7.6.1 结构形式

一般说来，载体形态项的主要结构形式包括如下几种：

1）. -- 数量和特定文献类型标识

示例1：

. -- 21vol.

215 ## $a21vol.

示例2：

. -- no.

215 ## $a no.

2）. -- 数量和特定文献类型标识 : 其他形态说明 ; 尺寸

示例1：

. -- vol. : 图 ; 26-29cm

215 ## $a vol.$c图$d26-29cm

示例2：

. -- 2盘缩微卷片 : 负像, 1:19,1B ; 16mm

215 ## $a2盘缩微卷片$c负像, 1:19,1B$d16mm

3）. -- 数量和特定文献类型标识 : 其他形态细节说明 ; 尺寸 + 附件 (附件数量 : 附件的其他形态细节 ; 附件尺寸)

示例：

. -- vol. : 图 ; 28cm + 光盘 (张 : 有声 ; 9cm)

215 ## $a vol.$c图$d28cm$e光盘 (张 : 有声 ; 9cm)

7.6.2 与ISBD（CR）的比较

表18 本标准与ISBD（CR）载体形态项的比较

ISBD（CR）条款	GB/T 3792.3—2009	说明
无相应规定。	10.5.4.3 如果连续性资源的尺寸或形状非常规，例如高度与宽度相等或宽度大于高度，可以在高度后同时著录其他尺寸。	参照ISBD统一版的有关规定增加。

第八章　从编项的著录方法

8.1　概述

从编是指一组相互关联而又各自独立的资源，每种资源除了有自身的正题名外，还有一个适用于整组的总题名，即从编正题名。各独立资源可能有编号，也可能没有编号。从编内的独立资源可以是专著，也可以是连续性资源。

什么情况下著录从编项？根据本标准10.6.1的规定，只有当一种连续性资源的全部期或部分期都在（或计划在）同一种从编或分从编中出版时，著录从编或分从编的信息，也就是说不是偶尔一两期或几期题有从编信息就著录从编项。

从编项的规定信息源依次为：从编题名页、分析题名页、封面、卷端、标头、编辑说明页、书末出版说明、连续性资源的其余部分；著录时应根据规定信息源的先后顺序进行选择。

与从编著录有关的术语：从编、从编正题名、从编其他题名信息、从编并列题名、从编责任说明、从编编号、分从编、分从编正题名、分从编标识、分从编责任说明、分从编编号。

从编的著录依据规定信息源的信息，选取与转录方法参照第三章“题名与责任说明项的著录方法”。

8.2　从编著录的几种情况

1）规定信息源中只有从编题名，著录形式为：. -- (从编题名)

示例：. -- (花城年选系列)

2）规定信息源中既有主从编题名，又有分从编题名，著录形式为：. -- (主从编题名. 分从编题名)

示例：. -- (英语学习系列读物. 面向职场的全新英语丛书)

如果分从编题名可独立识别，从编项可以只著录分从编题名，主从编题名在附注中说明。

示例：. -- (经济信息绿皮书)

附注：主从编题名：皮书系列

如果分从编题名离开主从编题名后没有可识别意义，则应与主从编题名一起著录于从编项。

示例：. -- (朗朗书房. 犀锐系列)

3）规定信息源中有从编正题名，同时还有从编ISSN和从编编号时，著录形式为：. --

(丛编正题名, ISSN ；丛编编号)

示例：. -- (科学与工业新闻, ISSN 0365-6861 ；vol. 1)

如果知道丛编的ISSN号应将其著录于对应的丛编题名后。

4）规定信息中有主丛编题名和丛编编号时，著录形式为：. -- (丛编正题名 ；丛编编号)

示例：. -- (复印报刊资料 ；G53)

5）规定信息源中有丛编题名、分丛编标识和/或分丛编题名、分丛编编号时，著录形式分别为：. -- (丛编题名. 分丛编标识, 分丛编题名 ；分丛编编号)和. -- (丛编题名. 分丛编题名 ；分丛编编号)或. -- (丛编题名. 分丛编标识 ；分丛编编号)

示例1：. -- (从过去走向未来丛刊. 16, 史学论丛 ；2)

示例2：. -- (大学艺术设计专业基础教学丛书. 广州美术学院设计学院教学实录 ；2)

示例3：. -- (中央研究院民族學研究所專刊. 乙種 ；10)

6）规定信息源中的丛编或分丛编题名以一种以上语言或文字出现时，如果认为对使用者有意义，可以在丛编项著录并列题名，著录形式为：. -- (丛编或分丛编正题名 = 丛编或分丛编并列题名)

示例：. -- (广州蓝皮书 = Blue book of Guangzhou)

7）规定信息源中的丛编或分丛编题名有其他题名信息，如果认为这些信息对使用者有意义，可以著录在丛编项，著录形式为：. -- (丛编或分丛编正题名 : 丛编或分丛编其他题名信息)

示例：. -- (人間思想與創作叢刊 : 增刊版)

与丛编或分丛编有关的版本说明，作为其他题名信息著录。

8）如果著录的丛编或分丛编正题名为通用术语时，同时应该著录第一责任说明，如果正题名不是通用术语，但是认为责任说明对于识别有意义或对使用者是重要的，也可以著录，著录形式为：. -- (丛编或分丛编正题名 / 丛编或分丛编责任说明)

示例1：. -- (通讯 / 自然与森林研究所)

示例2：. -- (通讯 / 土地与水资源研究所)

9）当一种连续性资源同时属于两种或多种丛编时，这些丛编都要著录，著录形式为：. -- (第一丛编) (第二丛编) (……)

示例：. -- (聯合文叢 ；241) (聯合文學 ；269)

8.3 丛编或分丛编编号的著录

1）丛编或分丛编编号采用阿拉伯数字的形式著录，同时要与卷、期等标识一同著录，如：第1期、第2卷等。

2）如果规定信息源中既有主丛编编号，又有分丛编编号，在丛编项中只著录分丛编编号，主丛编编号在附注中说明。

示例1：. -- (香港亞太研究所・研究叢刊 ；第78號)

示例2：. -- (北大学术演讲丛书. 汤用彤学术讲座 ；4)

附注：主丛编编号为18

8.4 丛编项小结

连续性资源中有丛编的情况不像普通图书那样多，形式也相对来说比较简单，我们列出的这些形式有些在著录时可能很少见到，下面采用卡片格式和CNMARC格式两种形式，结合示例对丛编的各种结构形式进行说明。

8.4.1 结构形式

1）. -- (第一丛编) (第二丛编)

示例：

. -- (聯合文叢 ; 241) (聯合文學 ; 269)

225 2# $a聯合文叢$v241

225 2# $a聯合文學$v269

2）. -- （丛编正题名 : 丛编其他题名信息“ / ”丛编责任说明 ; 丛编编号）

示例：

. -- (七彩人生 : 案例式大学生心理发展丛书 / 主编樊富珉, 岳晓东 ; 1)

225 2# $a七彩人生$e案例式大学生心理发展丛书$f主编樊富珉, 岳晓东$v1

3）. -- （丛编正题名, ISSN ; 丛编编号）

示例：

. -- (文史叢刊, ISSN 1682-8461 ; 136)

225 2# $a文史叢刊$x1682-8461$v136

4）. -- (分丛编正题名 = 分丛编并列题名, 分丛编ISSN ; 分丛编编号.)

示例1：

. -- (气候变化绿皮书 = Green book of climate change)

225 2# $a气候变化绿皮书$d= Green book of climate change

示例2：

. -- (地磁丛书 = Série géomagnétique, ISSN 0704-3015 ; no. 20)

225 2# $a地磁丛书$d= Série géomagnétique$x0704-3015$vno. 20

5）. -- (丛编题名. 分丛编题名 ; 分丛编编号)

示例：

. -- (宏典文化. 國際貿易系列 ; 14)

225 2# $a宏典文化$i國際貿易系列$v14

6）. -- (丛编题名. 分丛编标识, 分丛编题名)

示例：

. -- (中国现代文学史资料汇编. 乙种, 中国现代作家作品研究资料丛书)

225 2# $a中国现代文学史资料汇编$h乙种$i中国现代作家作品研究资料丛书

7）. -- (丛编题名. 分丛编标识, 分丛编题名, 分丛编ISSN ; 分丛编编号)

示例：

. -- (相约榕树下. 第二辑, 网络最动人的爱情故事, ISSN XXXX-XXXX ; 1)

225 2# $a相约榕树下$h第二辑$i网络最动人的爱情故事$xXXXX-XXXX$v1

由于目前国内出版的丛编还没有分配ISSN号,所以在本例中用XXXX-XXXX表示。

8）. -- (丛编题名. 分丛编题名 / 分丛编责任说明, 分丛编ISSN ; 分丛编编号)

示例:

. -- (弗罗茨瓦夫大学学报. 数学 物理 天文学 / 弗罗茨瓦夫大学理学院主办, ISSN 0084-2966 ; 39)

附注：主丛编ISSN为：0239-6661

225 2# $a弗罗茨互夫大学学报$i数学 物理 天文学$f弗罗茨瓦夫大学理学院主办$x0084-2966$v39

308 ## $a主丛编ISSN为：0239-6661

如果主丛编与不具有独立识别意义的分丛编同时著录在丛编项，则主丛编的ISSN号在附注项说明。

8.4.2 著录中容易混淆的地方

8.4.2.1 丛编编号与分丛编标识

由于出现的可能都是编号的形式，如第二辑等，如何判断就要看这个编号下对应是单个书目还是多个书目，如果对应的是多个书目，就应该是分丛编标识，如果对应的是单一书目，就应该是丛编编号。

分丛编标识著录时应按照出版物上的形式客观照录（包括数字），而丛编和分丛编编号中的数字应该转换成阿拉伯数字。

8.4.2.2 主丛编中的分丛编与同时从属于两种丛编

如果连续性资源中同时题有两个丛编题名，需要判断两者的关系是属于层次关系还是并列的关系，如果是层次关系就属于主丛编和分丛编，如果是并列关系就是第一丛编和第二丛编。

8.4.3 与ISBD（CR）的比较

本项依据的是ISBD（CR）第6章，其中有些条款根据我国编目实践和连续性资源的具体情况做了适当增删和修改，见表19。

表19 本标准与ISBD（CR）丛编项的比较

ISBD（CR）	GB/T 3792.3—2009	说明
6丛编项的介绍性说明中的第三段：“丛编与分丛编的正题名相当于将其作为连续性资源著录时的正题名，见题名与责任说明项中关于正题名的规定（参见0.3.3.1）”	10.6.3.2丛编与分丛编正题名的选取与转录，按题名与责任说明相关条款的规定处理。	与ISBD(CR)6.1.2“丛编或分丛编正题名的选取和转录，按照第一项的规定处理”部分重复，改在本标准10.6.3.2中说明。
6 标识符 规定信息源	未采用	相关内容在“5 著录用标识符”和“7.4 规定信息源”中都有详细说明，此处不再重复。

续表

ISBD（CR）	GB/T 3792.3—2009	说明
6结构形式 . -- (第一分丛编) (第二分丛编) (丛编正题名 / 丛编责任说明 ; 丛编内部编号) . — (丛编正题名, 丛编ISSN ; 丛编内部编号 = 并列丛编内部编号) . — (丛编正题名, 丛编ISSN ; 丛编内部编号 = 并列丛编正题名, 丛编ISSN ; 并列丛编内部编号)	未采用	在连续性资源著录中基本上不会遇到这几种形式。
无	10.6.2增加了两种结构形式 . -- (丛编题名. 分丛编标识, 分丛编题名) . -- (丛编题名. 分丛编标识, 分丛编题名, 分丛编ISSN ; 分丛编编号)	增加的内容来自《中国文献编目规则》（第二版）。
6 使用术语“丛编内部编号”和“分丛编内部编号”	10.6用术语“丛编编号”和“分丛编编号”	目的是比较符合中文的习惯，便于理解。
	10.6.3.1下面的 a)分丛编具有可独立识别的题名时，将其单独著录于丛编项，主丛编题名在附注项说明。 b)分丛编题名不具有独立识别意义时，应与其从属的主丛编一起著录在本项。主丛编题名不在附注项中重复。	ISBD（CR）中是举例说明的，没有列出条目，根据ISBD统一版（英文版）6.1.3和6.1.4的条目增加此内容。 distinctive title 这个英文词汇在此处被翻译为“可独立识别题名”，主要是便于国内编目人员理解。
6.6丛编或分丛编内部编号 6.6.1如果连续性资源的各卷期或各部分有相同的丛编或分丛编内部编号时，在丛编说明中与卷期或部分的标识一起著录。 丛编或分丛编内部编号，按其在出版物上出现的形式转录，使用阿拉伯数字代替其他数字或文字拼写的数字。 如果分丛编题名是从属的，丛编的编号可以省略，在附注项中用一个适当的附注说明主丛编编号与分丛编编号之间的相互关系。（见.7.6.3） 6.6.2丛编或分丛编内部编号在出版过程中发生变化时，在附注项说明。（见7.6.3） 6.6.3如果编号有多种语言时，选择与正题名和并列题名对应的语言的编号。 6.6.4当存在多种编号系统时，所有的编号应该著录。（见3.1.6）	丛编或分丛编编号 10.6.8.1丛编或分丛编编号采用阿拉伯数字形式著录于相应的丛编或分丛编著录项之后，前置空格、分号、空格（ ; ）。若连续性资源各期均有丛编或分丛编的同一个编号，该编号应与卷期标识（vol.，no.等）一起著录于本项。若既有主丛编编号，又有分丛编编号时，主丛编编号应予省略。 10.6.8.2丛编或分丛编编号在出版过程中如有变化，可在附注项说明。	在我国的编目实践中没有这么复杂的内容，因此对内容做了合并与精减。

第九章　附注项的著录方法

9.1　概述

1）附注是对连续性资源著录信息的补充、解释和说明，根据连续性资源出版或更新的特点，其著录信息一般不可能一次完成，需要经常维护和修改，因此附注在连续性资源著录中使用是较多的。按照标准10.7.1.1的规定“附注限定并补充著录信息，可以处理连续性资源的各个方面，凡是没有在著录项中描述但是又被认为是重要的信息，都可以在此说明”。除了关于各著录项目的附注外，还有一些附注不对应任何著录项目，如：关于连续性资源的性质、范围等的附注。除了说明是必备的附注，一般情况下附注及其形式是可选的，编目机构可以选择附注的形式，可以逐一内容进行附注，也可以几个内容组合进行附注，对某些附注内容可以使用本标准所规定的标识符时，推荐使用标识符。

示例1：. -- 译自：World health forum = ISSN 0251-2432

示例2：. -- 影印自：上海 : 現代書局［發行者］. -- 月刊

2）可以用附注说明一种连续性资源与其他连续性资源或者一种专著丛编的关系，这是连续性资源附注中使用比较多又容易出错的地方。按照标准10.7.1.3的规定，在用附注表示这种关系时，被连接的其他连续性资源的题名形式应该优先选择识别题名与ISSN，由于我们在实际工作中可能无法获得识别题名的信息，如果书目记录中有统一题名，可选择统一题名，否则应选择正题名；如果连接的是专著丛编，应该著录专著丛编的正题名，如果同时还有责任说明也应一起著录；具体的著录方法将在本文9.4.2中说明。

3）关于附注的顺序，标准中没有明确规定，一般可按照标准中附注的顺序，如：1.频率说明；2.题名与责任说明项附注；3.版本项与连续性资源书目沿革附注；4.编号项附注；5.出版发行项附注；6.载体形态项附注；7.丛编项附注；8.内容附注；9.标准编号与获得方式附注；10.文献性质、范围附注；11.著录依据附注；12.其他附注。

4）按照本标准对著录对象的规定，连续出版物的复制品的著录也适用于本标准，在对连续出版物的复制品进行著录时，应注意各种信息的选取与正在出版的连续出版物有些不同，主要是第三项编号的著录应该依据原版的信息著录，并且著录时要在附注中说明原版的相关信息，详见本文9.4.2.1中的实例和说明。

5）附注项的信息源为任何来源，包括了连续性资源的全部和资源以外的信息；以下9.2-9.7分别用卡片格式和CNMARC格式对不同类型附注的使用进行详细的说明。

9.2　频率说明

频率是连续性资源的重要信息，但是在著录项中没有包含这个内容，因此要用附注来说明连续出版物的出版频率或集成性资源的更新频率；在绝大多数情况下频率说明附注是必备的，只有当频率出现在连续性资源的题名与责任说明项中，并且始终没有发生变化时，本项内容可以省略；频率的变化也要在附注中说明。

示例1：月刊 (7–8月合刊)

326 ## $a月刊 (7–8月合刊)

示例2：每年更新 (1997–2002)；半年更新 (1989–1996)

326 ## $a每年更新$b1997–2002

326 ## $a半年更新$b1989–1996

示例3：月刊 (1965，7–2001为双月刊)

（正题名：史学月刊）

326 ## $a月刊$b2002–

326 ## $a双月刊$b1965,7–2001

326 ## $a月刊$b1957–1965,6

示例4：半月刊 (2004–)；出版频率多次变化 (1950–2003)

326 ## $a半月刊$b2004–

326 ## $a出版频率多次变化$b1950–2003

当频率变化比较频繁时，也可只著录最新的频率和对应的时间范围，同时用概括性的文字说明频率多次变化和时间范围。

9.3 题名与责任说明项附注

这部分内容是对标准10.1题名与责任说明项相关信息的补充、解释和说明，包括题名和责任说明两部分内容，由于连续性资源自身的特点,著录时依据的那一期或那一页的题名与责任说明会在以后的出版过程中发生变化，这些变化的信息是整个连续性资源书目信息的一部分，因此要在附注中反映，下面我们分别进行说明。

9.3.1 关于题名的附注

题名包括正题名、并列题名和其他题名信息，在标准10.1.2–10.1.5中对各种题名如何选取与著录都做了详细的规定，那么什么情况需要附注来说明呢？下面分几种情况来说明。

1）对于印刷型连续性资源，正题名如果取自代题名页时，必须在附注中说明；如果题名页上的题名信息出现印刷错误，在题名与责任说明项应著录修正过来的正确信息，将错误的情况在附注中说明。

示例1：. -- 题名取自封面

304 ## $a题名取自封面

示例2：. -- 题名取自报头

304 ## $a题名取自报头

示例3：. -- 题名取自主页（2002年12月2日更新）

304 ## $a题名取自主页（2002年12月2日更新）

2）与正题名形式不同的封面题名、卷端题名、书脊题名、逐页题名、附加题名页题名、展开题名等，如有必要，可在附注中说明；出现在规定信息源之外的并列题名或其他题名信息等，也可在附注中说明；此处由编目人员自己判断，根据需要进行选择。

示例1：. -- 封面题名：东疆学刊

312 ## $a封面题名：东疆学刊

（正题名：延边大学东疆学刊）

示例2：. -- 书脊题名：电脑：音响改装

312 ## $a书脊题名：电脑：音响改装

（正题名：音响改装技术）

示例3：. -- 逐页题名：地質學會會刊

312 ## $a逐页题名：地質學會會刊

（正题名：國立北京大學地質學會會刊）

示例4：. -- 展开题名为：中国高等教育文献保障系统简报

312 ## $a展开题名为：中国高等教育文献保障系统简报

（正题名：CALIS简报）

如果正题名由一组首字母缩略词组成或包含有首字母缩略词，可以将展开形式在附注中说明。

示例5：. -- 卷端题英文并列题名：Jorunal of systems science;英文目次页题英文题名：Jorunal of systems science：journal of Chinese Institute of the Systems Sciences;书末出版说明英文并列题名为：Chinese journal of systems science; journal of Chinese Institute of the Systems Sciences

312 ## $a卷端题英文并列题名：Jorunal of systems science;英文目次页题英文题名：Jorunal of systems science：journal of Chinese Institute of the Systems Sciences;书末出版说明英文并列题名为：Chinese journal of systems science; journal of Chinese Institute of the Systems Sciences

其他信息源的并列题名同题名与责任说明项著录的并列题名不同，必要时可在附注中说明。

示例6：. -- 封面题其他题名信息：青岛大学学报

312 ## $a封面题其他题名信息：青岛大学学报

3）当连续出版物的正题名发生次要变化时，如有必要，可在附注中说明（此处的含义为可以选择），如果变化较为频繁也可使用“题名多次变化”等一般性附注说明；如果出版过程中并列题名与其他题名信息发生变化，如有必要可在附注中说明。当集成性资源的题名被更新后，较早的题名应在附注中说明（此处的含义为必须这样做）；对于电子连续出版物视同集成性资源；另外任何与题名有关并且没有在题名与责任说明项著录的信息，都可以在此说明。

示例1：. -- 1986-2000年分辑题名改题：社会科学版；2001起又改题：人文社会科学版；2002年起共同题名中团体名称改为全称，正题名为：山东师范大学学报. 人文社会科学版。

312 ## $a1986-2000年分辑题名改题：社会科学版；2001起又改题：人文社会科学版；2002年起共同题名中团体名称改为全称，正题名为：山东师范大学学报. 人文社会科学版

（正题名：山东师大学报. 哲学社会科学版）

示例2：. -- 2000年5月至2004年7月题名为：joyo卓越

304 ## $a2000年5月至2004年7月题名为：joyo卓越

（2004年8月起更新后的正题名为：joyo卓越amazon.cn）

示例3：. -- 2000年正题名为：戏曲、戏剧研究

312 ## $a2000年正题名为：戏曲、戏剧研究

（正题名：戏剧、戏曲研究）

示例4：. -- 1990年起目次页题其他题名信息:广州外国语学院学报;1996年起改题:广东外语外贸大学学报;1997,no.4起又改题:语言学与应用语言学

312 ## $a 1990年起目次页题其他题名信息:广州外国语学院学报;1996年起改题:广东外语外贸大学学报;1997,no.4起又改题:语言学与应用语言学

示例5：. -- 2006, 1, 9起并列题名改为: China hightech

312 ## $a2006, 1, 9起并列题名改为: China hightech

4）在规定信息源中出现但是没有被著录的信息，可以在附注中说明。

示例1：. -- 还有蒙文并列题名

304 ## #a还有蒙文并列题名

示例2：. -- 还有德、法、俄、日文并列题名

304 ## $a还有德、法、俄、日文并列题名

在题名与责任说明项只著录了英文并列题名。

9.3.2 关于责任说明的附注

标准10.1.6.2中规定了连续性资源的责任说明著录时所包含的实体的信息，责任说明包括了个人和团体两种形式，选择哪种形式进行著录可由编目机构决定，一般来说，连续出版物多选择团体作为责任说明，对于集成性资源如果有必要可著录个人责任者。

1）在题名与责任说明项未被著录的责任说明的信息可以在附注中说明。如：出现在题名页之外的其他信息源上的责任说明；或者在连续性资源上没有出现过但是从其他地方获知的责任说明的信息；或是个人或团体名称的变异形式、展开形式等；或者是语言上同题名与责任说明项所著录的题名与并列题名都不对应的责任说明信息等。

示例1：. -- 责任者全称为：中国科学技术情报研究所重庆分所

314 ## $a责任者全称为：中国科学技术情报研究所重庆分所

题名页上只有责任者的简称形式，在题名与责任说明项照录，如果认为有必要可在附注中说明全称形式。

示例2：. -- 编译机构还有 ：中国科学技术情报研究所, 建筑工程部水泥工业设计院, 建筑工程部玻璃陶瓷研究所, 建筑工程玻璃陶瓷工业设计院

304 ## $a编译机构还有 ：中国科学技术情报研究所, 建筑工程部水泥工业设计院, 建筑工程部玻璃陶瓷研究所, 建筑工程玻璃陶瓷工业设计院

责任说明一般只著录三个，多于三个时可只著录第一个，被省略的责任说明可在附注中说明。

示例3：. -- 书末出版说明题编辑：中国人民大学书报资料中心；主办：中国人民大学

314 ## $a书末出版说明题编辑：中国人民大学书报资料中心；主办：中国人民大学

责任者没有出现在题名页，在题名与责任说明项不著录，可在附注说明；如果要著录在题名与责任说明项，须加方括号，并在附注中说明信息的来源。

示例4：. -- 本刊由北京大学主办

314 ## $a本刊由北京大学主办

连续性资源上没有出现责任者信息，但从其他地方获得了该信息，应在附注中说明，不能著录在题名与责任说明项。

2）责任说明的变化可在附注中说明，对于连续出版物来说，在第一期或所见最早一期之后责任者改名、更换等情况，如有必要可以在附注中说明；对于集成性资源，如有必要可在附注中说明先前出现过的责任说明和与当前更新后形式不同的责任说明。

示例1：. -- 1959, no. 2-1962年编辑者为：地质科学编辑委员会；1963年-vol. 34 (1999)编辑者为：中国科学院地质研究所；vol. 35 (2000)起改名为：中国科学院地质与地球物理研究所。

314 ## $a1959, no. 2-1962年编辑者为：地质科学编辑委员会；1963年-vol. 34 (1999)编辑者为：中国科学院地质研究所；vol. 35 (2000)起改名为：中国科学院地质与地球物理研究所。

示例2：. -- 编辑者多次变化

314 ## $a编辑者多次变化

9.4 版本项与连续性资源书目沿革附注

本部分是连续性资源附注中内容最多的，包括了版本项的附注和书目的相关关系的附注，由于连续性资源经常会发生一些变化，这些变化都要在附注反映，这样的书目才是连续性资源的完整的形式，下面分几个方面详细说明。

9.4.1 版本的变化与书目沿革

有关版本的附注包括这样一些内容：版本说明的来源或性质、来自资源以外的与版本有关的责任说明、版本的变化等。

示例1：. -- 影印版

305 ## $a影印版

版本说明没有出现在连续性资源上，但确实为影印版，可在附注中说明。

示例2：. -- 版本说明取自编辑说明

305 ## $a版本说明取自编辑说明

(版本项著录为：. -- ［中学版］)

出现在规定信息源之外的版本说明如果著录在版本项，应加方括号并在附注中说明版本的来源。

示例3：. -- 2005, no. 12起版本说明改题：中学版，初中教师

305 ## $a2005, no. 12起版本说明改题：中学版，初中教师

（版本项著录为：. -- 初中版，教师）

示例4：. -- 先前版本为：XXXX

集成性资源的版本说明发生次要变化时，应将最后的版本说明著录在版本项，如有必要，其先前的版本在附注中说明。

9.4.2 与其他连续性资源的关系

与其他连续性的关系是书目信息的重要组成部分，这部分内容在其他著录项目中是没有的，只有通过附注反映；每一条连续性资源的书目都可能与其他连续性资源存在各种关系，这种关系包括平行关系（比如同一资源的不同版本等）、时间关系（先前与后续关系）、层次关系（正刊、正编与副刊、补编）等，所有的连接关系都不是单向的，而是相互连接，在一条书目中著录了与其他连续性资源的关系，在被连接书目的著录中也要有相应的著录信息。

9.4.2.1 不同版本

同一资源的不同版本包括同一资源的不同语言或文字的译本、同一资源的复制品、同时存在的不同语言或文字版本、不同载体的版本。

这里需要特别引起注意的是要正确区分翻译本与同时存在的不同语言和/或文字的版本，如果是翻译本，原著版本一定是先于翻译本存在；而同一语言和 / 或文字的多种版本一般是同时存在，单独出版，内容上可能不完全相同。

示例1：. -- 译自：World health forum = ISSN 0251-2432

305 ## $a译自：World health forum = ISSN 0251-2432

表示连接关系时首先选择识别题名和ISSN号，在CNMARC格式中如果不使用连接字段，有关翻译版本的附注要在305字段（版本与书目沿革附注）中说明；如果使用连接字段，相关附注在311字段（连接字段附注）,在后面的例子中全部使用311字段和相关4XX连接字段进行说明，即：

311 ## $a译自：World health forum = ISSN 0251-2432

454 #0 $15300#$a World health forum$1011##$a0251-2432

在CNMARC格式中454字段连接的是原版本的信息。

示例2：. -- 本刊同时还出版英文版：Reader’s digest (U.S. edition) = ISSN 0034-0375

311 ## $a本刊同时还出版英文版：Reader’s digest (U.S. edition) = ISSN 0034-0375

451 #0 $15301#$aReader’s digest (U.S. edition)$1011##$a0034-0375

这里著录的是《读者文摘》的中文版，此处虽然是不同文种的版本，出版时间也有先后之分，但是中文版不是译自英文版，而是独立编辑出版，内容上也不完全与英文版相同；在CNMARC格式中用451字段连接同时存在的、同一载体的不同版本。

示例3：. -- 1997年起同时出版网络版

311 ## $a1997年起同时出版网络版

452 #0 $12001#$a化学通报

在CNMARC格式中用452字段连接不同载体的其他版本。

示例4：. -- 影印自：上海 ：［中國青年社］，民國十二年［1923］-1927 . -- 半月刊(1926,3-1927)；周刊(1923-1926,2)

311 ## $a影印自：上海 ：［中國青年社］，民國十二年［1923］-1927 . -- 半月刊(1926,3-1927)；周刊(1923-1926,2)

455 #0 $12001#$a中國青年

连续性资源的复制品在著录时，题名与责任说明项、版本项、出版发行项著录复制品的信息，编号项要著录原版的信息，在附注中要著录原版的相关信息，如：出版发行、频率说明等，如果复制品的题名与原版的题名不同，还要在附注中说明原版的题名；附注中推荐使用本标准的标识符；在CNMARC格式中用455字段连接原版的信息，如果不使用连接字段，附注信息著录在324字段（原作版本附注）。

示例5：影印版连续出版物的完整实例

中國邊疆民族學雜誌 / 邊政公論社主辦. -- ［影印版］. -- 創刊號 (民國30年8月10日［1941, 8, 10］) = vol. 1, no. 1 (民國30年8月10日［1941, 8, 10］)；vol. 1, no. 2 (民國30年9月10日［1941, 9, 10］)-vol. 7, no. 4 (民國37年12月［1948, 12］). -- 臺北: 大通書局, 民國73年［1984］

影印自：邊政公論 . -- 巴縣［四川］：邊政公論社［發行者］，民國三十-三十七年［1941-1948］. -- 季刊 (1947-1948)；半年刊 (1946)；月刊 (1941-1945)

200 1# $a中國邊疆民族學雜誌$f邊政公論社主辦

205 ## $a［影印版］

207 #0 $a創刊號 (民國30年8月10日［1941, 8, 10］) = vol. 1, no. 1 (民國30年8月10日［1941, 8, 10］)$avol. 1, no. 2 (民國30年9月10日［1941, 9, 10］)-vol. 7, no. 4 (民國37年12月［1948, 12］)

210 ## $a臺北$c大通書局$d民國73年［1984］

305 ## $a版本信息取自编辑说明

311 ## $a影印自：邊政公論 . -- 巴縣［四川］：邊政公論社［發行者］，民國三十-三十七年［1941-1948］. -- 季刊 (1947-1948)；半年刊 (1946)；月刊 (1941-1945)

455 #0 $12001#$a邊政公論

9.4.2.2 先前后续关系

按照标准的规定，连续性资源的先前与后续关系是必须要在附注中说明的，由于标准中已对各种关系的含义做了明确的规定，此处不再重复，这里以卡片格式和CNMARC格式两种形式，结合实例进行说明，在CNMARC格式中有些关系可以不必使用附注字段，直接使用4XX连接字段通过选择第2指示符的值来实现；也可以只使用附注字段说明不做连接，这时选择的附注字段应该是305字段（版本与书目沿革附注）。在下面的示例中我们全部采用在311连接字段著录并用连接字段连接的方法，在实际编目工作中选择哪种方式可根据相关编目机构的规定。

9.4.2.2.1 继承与改为

这是一组相对的概念，在一条书目中存在继承关系，在与之连接的书目中就应该存在改为的关系。

示例1：浙江大学学报. 理学版

附注：继承: 杭州大学学报. 自然科学版 = ISSN 0253-3628

200 1# $a浙江大学学报$i理学版

311 ## $a继承: 杭州大学学报. 自然科学版 = ISSN 0253-3628

430 #0 $1011##$a 0253-3628$15300#$a杭州大学学报. 自然科学版

示例2：杭州大学学报. 自然科学版

附注：改为：浙江大学学报. 理学版 = ISSN 1008-9497

200 1# $a杭州大学学报. 自然科学版

311 ## $a改为：浙江大学学报. 理学版 = ISSN 1008-9497

440 #0 $1011##$a1008-9497$15300#$a浙江大学学报. 理学版

示例3：中国能源报

附注：继承：市场报

200 1# $a中国能源报

311 ## $a继承：市场报

430 #0 $12001#$a市场报

示例4：市场报

附注：改为：中国能源报

200 1# $a市场报

311 ## $a改为：中国能源报

440 #0 $12001#$a中国能源报

在附注中记录相关连续性资源的信息时，应该优先选用识别题名和ISSN号，如果无识别题名，则著录正题名。

9.4.2.2.2 合并

与合并有关的附注包括“由: ……; 与: …… 合并而成”和“与: …… 合并; 成为:”，从以上附注导语可以看出，我们所著录的连续性资源必须与两个或两个以上的连续性资源具有相关关系，在被连接的连续性资源的书目记录中，也要做相应的连接。

示例1：清华北大理工学报

附注：本刊由：清华大学学报，与：北京大学学报. 自然科学 合并而成

200 1# $a清华北大理工学报

311 ## $a本刊由：清华大学学报，与：北京大学学报. 自然科学 合并而成

436 #0 $12001#$a清华大学学报

436 #0 $12001#$a北京大学学报$i自然科学

在CNMARC中除使用相应的连接字段说明外，建议使用311连接字段附注进行说明。

示例2：中国农业大学学报

附注：本刊由：北京农业大学学报 = ISSN 0479-8007，与：北京农业工程大学学报 = ISSN 1000-1514 合并而成

200 1# $a中国农业大学学报

311 ## $a本刊由：北京农业大学学报 = ISSN 0479-8007，与：北京农业工程大学学报 = ISSN 1000-1514 合并而成

436 #0 $1011##$a0479-8007$15300#$a北京农业大学学报

436 #0 $1011##$a1000-1514$15300#$a北京农业工程大学学报

示例3：MARC21书目数据格式

附注：由：USMARC书目数据格式，与：加拿大MARC书目数据通讯格式 合并而成

200 1# $a MARC21书目数据格式

311 ## $a由：USMARC书目数据格式，与：加拿大MARC书目数据通讯格式 合并而成

436 #0 $12001#$a USMARC书目数据格式

436 #0 $12001#$a加拿大MARC书目数据通讯格式

示例4：商业和住宅物业法规

附注：由：商业财产条例，与：住宅物业条例 合并而成

200 1# $a商业和住宅物业法规

311 ## $a由：商业财产条例，与：住宅物业条例 合并而成

436 #0 $12001#$a商业财产条例

436 #0 $12001#$a住宅物业条例

示例5：北京农业大学学报

附注：与：北京农业工程大学学报 = ISSN 1000-1514 合并，成为：中国农业大学学报 = ISSN 1007-4333

200 1# $a北京农业大学学报

311 ## $a与：北京农业工程大学学报 = ISSN 1000-1514 合并，成为：中国农业大学学报 = ISSN 1007-4333

447 #0 $1011##$a1000-1514$15300#$a北京农业工程大学学报

447 #0 $1011##$a1007-4333$15300#$a中国农业大学学报

在用CNMARC格式编制这条书目时，447字段的顺序一定不能错误，第一个447是与所著录的连续性资源合并的另一连续性资源，最后一个447连接的一定是合并后形成的新的连续性资源的书目，当被连接的记录中有识别题名时，优先连接识别题名。

示例6：大公報. -- 上海版

附注：與：進步日報 合并，成為：大公報

200 1# $a大公報

205 ## $a上海版

311 ## $a與：進步日報 合并，成為：大公報

447 #0 $12001#$a進步日報

447 #0 150010a大公報$k(1953-1966)

示例7：商业财产条例

附注：与：住宅物业条例 合并，改为：商业和住宅物业法规 = ISSN 1234-5678

200 1# $a商业财产条例

311 ## $a与：住宅物业条例 合并，改为：商业和住宅物业法规 = ISSN 1234-5678

447 #0 $12001#$a住宅物业条例

447 #0 $1011##$a1234-5678$15300#$a商业和住宅物业法规

9.4.2.2.3　分成与分出

这部分的内容包括“部分继承”、“分成: ……; 和: ……”和“分自”，从附注导语可看出附注中相关的连续性资源与所著录的连续性资源有部分关系。

示例1：中国会计报

附注：部分继承：中国财经报

200 1# $a中国会计报

311 ## $a部分继承：中国财经报

431 #0 $12001#$a中国财经报

示例2：中国科学. A辑, 数学 物理学 天文学

附注：部分继承：中国科学. A辑, 数学 物理学 天文学 技术科学 = ISSN 1000-3126

200 1# $a中国科学$h A辑$i数学 物理学 天文学

311 ## $a部分继承: 中国科学. A辑, 数学 物理学 天文学 技术科学 = ISSN 1000-3126

431 #0 $1011##$a1000-3126$15300#$a中国科学 A辑 数学 物理学 天文学 技术科学

示例3：民国档案

附注：分自：历史档案 = ISSN 1001-7755

200 1# $a民国档案

311 ## $a分自：历史档案 = ISSN 1001-7755

437 #0 $1011##$a1001-7755$15300#$a历史档案

在CNMARC格式中“分自”使用的是437字段。

示例4：中国古代史. 二, 宋辽金元明清

附注：1996年起分成：宋辽金元史 = ISSN 1007-0605，和：明清史 = ISSN 1007-0583

200 1# $a中国古代史$h二$i宋辽金元明清

311 ## $a1996年起分成：宋辽金元史 = ISSN 1007-0605，和：明清史 = ISSN 1007-0583

446 #0 $1011##$a1007-0605$15300#$a宋辽金元史

446 #0 $a011##$a1007-0583$15300#$a明清史

示例5：宋辽金元史

附注：部分继承：中国古代史. 二, 宋辽金元明清 = ISSN 1005-4219

200 1# $a宋辽金元史

311 ## $a部分继承：中国古代史. 二, 宋辽金元明清 = ISSN 1005-4219

431 #0 $1011##$a1005-4219$15300#$a中国古代史. 二, 宋辽金元明清

示例6：语言文字报

附注：2001年起分成：语言文字报. -- 小学中高年级版，和：语言文字报. -- 小学低年级版

200 1# $a 语言文字报

311 ## $a2001年起分成：语言文字报. -- 小学中高年级版，和：语言文字报. -- 小学低年级版

446 #0 $12001#$a语言文字报$1205##$a小学中高年级版

446 #0 $12001#$a语言文字报$1205##$a小学低年级版

9.4.2.2.4 吸收与并入

吸收与并入也是两个相对的概念，在所著录的连续性资源的书目中如果有吸收，则其连接的另外一条连续性资源的记录中就应该有并入。

示例1：社会科学

附注：吸收：上海社会科学院学术季刊 = ISSN 1009-2226

200 1# $a社会科学

311 ## $a吸收：上海社会科学院学术季刊 = ISSN 1009-2226

434 #0 $1011##$a1009-2226$15300#$a上海社会科学院学术季刊

示例2：中国社会报

附注：吸收：殡改导报

200 1# $a中国社会报

311 ## $a吸收：殡改导报

434 #0 $12001#$a殡改导报

示例3：上海社会科学院学术季刊

附注：并入：社会科学 = ISSN 0257-5833

200 1# $a上海社会科学院学术季刊

311 ## $a并入：社会科学 = ISSN 0257-5833

444 #0 $1011##$a0257-5833$15300#$a社会科学

示例4：殡改导报

附注：并入：中国社会报

200 1# $a殡改导报

311 ## $a并入：中国社会报

444 #0 $12001#$a中国社会报

9.4.2.3 补编（副刊、增刊）等和其他关系

1）当所著录的连续性资源与其他连续性资源存在层次关系（如有副刊、增刊、补编等）时，可以用附注说明，如果补编（副刊、增刊等）很多，也可以用一概括性附注说明。

在正编（正刊）中用附注说明补编（副刊、增刊）的情况，在补编（副刊、增刊）中说明正编（正刊）的情况。

示例1：南方日报

附注：副刊：南方周末

200 1# $a南方日报

311 ## $a副刊：南方周末

421 #0 $12001#$a南方周末

示例2：编译参考

附注：副刊：国外思潮

附注：副刊：国外作品选译

200 1# $a编译参考

311 ## $a有副刊：国外思潮 和 国外作品选译

421 #0 $12001#$a国外思潮

421 #0 $12001#$a国外作品选译

示例3：南方周末

附注：正刊：南方日报

200 1# $a南方周末

311 ## $a正刊：南方日报

422 #0 $12001#$a南方日报

示例4：国外思潮

附注：正刊：编译参考 = ISSN 1008-0325

200 1# $a国外思潮

311 ## $a正刊：编译参考 = ISSN 1008-0325

422 #0 $1011##$a1008-0325$15300#$a编译参考

示例5：国外作品选译

附注：正刊：编译参考 = ISSN 1008-0325

200 1# $a国外作品选译

311 ## $a正刊：编译参考 = ISSN 1008-0325

422 #0 $1011##$a1008-0325$15300#$a编译参考

2）当丛编作为连续出版物集中著录，并且该丛编还有可独立识别题名的分丛编，分丛编与丛编的关系也相当于补编（副刊、增刊）与正编（正刊）的关系。

示例：皮书系列

附注：分丛编：经济信息绿皮书

200 1# $a皮书系列

311 ## $a分丛编：经济信息绿皮书

421 #1 $12001#$a经济信息绿皮书

如果著录的连续出版物是分丛编，主丛编题名应著录在丛编项。

示例：经济信息绿皮书

丛编项：皮书系列

200 1# $a经济信息绿皮书

225 2# $a皮书系列

3）除9.4.2.1-9.4.2.3.2的各种关系外，我们所著录的连续性资源可能还与其他连续性资源之间存在关系，如两种连续性资源合订在一起出版，但是采取分别著录的方式；或者一种连续性资源与其他连续性资源有关系，但是又不属于前边所定义的那些专指的关系,也可以在附注中说明。

示例1：对联

附注：本刊与：民间对联故事 合订

200 1# $a对联

311 ## $a本刊与：民间对联故事 合订

423 #0 $12001#$a民间对联故事

在用CNMARC格式编制书目时，除用表示相关关系的字段连接外，建议用311附注字段进行说明。

示例2：民间对联故事

附注：本刊与：对联 合订

200 1# $a民间对联故事

311 ## $a本刊与：对联 合订

423 #0 $12001#$a对联

示例3：少年中國

附注：本刊為：少年世界 姊妹刊

200 1# $a少年中國

311 ## $a本刊為：少年世界 姊妹刊

488 #0 $12001#$a少年世界

由于这种连接关系不属于专指，所以在用CNMARC格式进行表示时，应使用311附注字段说明相关关系。

9.5 编号项附注

本标准中编号项只适用于连续出版物的著录，编号项附注包括著录时省略的编号的细节或复杂的、无规律的编号信息，如休刊、复刊的情况，特殊编号的说明，编号短时间内改变后又改回等。

示例1：编号项：Vol. 1, no. 1 (1980, 3)- = 总1-

附注：1980年1-2月有两期试刊

207 #0 $a Vol. 1, no. 1 (1980, 3)- = 总1-

315 ## $a1980年1-2月有两期试刊

编号项省略的信息可以在附注中说明，根据本标准10.3.4.13.2的规定，凡是不与总期相连的试刊，在编号项不著录，可在附注中说明。

示例2：编号项：Vol. 1, no. 1 (1958, 3)-

附注：休刊：: 1966-1967

207 #0 $aVol. 1, no. 1 (1958, 3)-

315 ## $a休刊：1966-1967

注：休刊后复刊如果编号没有变化，在编号项连续著录，休刊的情况在附注中说明。

示例3：编号项：Vol. 1, no. 1 (1950, 5)-vol. 3, no. 10 (1952, 10) ; 1953, no. 1-1965, no. 12 ; vol. 17, no. 1 (1966,1)-

附注：1960年8-9月休刊；vol. 17, no. 12 (1966, 6)后再度休刊，于vol. 18, no. 1 (1973, 7)复刊。

207 #0 $a Vol. 1, no. 1 (1950, 5)-vol. 3, no. 10 (1952, 10)$a1953, no. 1-1965, no. 12$avol. 17, no. 1 (1966,1)-

315 ## $a1960年8-9月休刊；vol. 17, no. 12 (1966, 6)后再度休刊，于vol. 18, no. 1 (1973, 7)复刊

编号序列发生变化，在编号项应分段著录，但是两次休刊、复刊时编号均未变化，所以要在附注中说明休刊、复刊的情况。

示例4：编号项：1995,,no.1– = 总1–

附注：本刊1995–1997用春、夏、秋、冬四季作为期号标识，第1期为春季号

207 #0 $a1995,,no.1– = 总1–

315 ## $a1995–1997年用春、夏、秋、冬四季作为期号标识，第1期为春季号

有一段时间以特殊的形式作为编号标识，可以在附注中说明，编号项可转录为正常的编号形式。

示例5：编号项：［1995］，no. 1 (1995，1，5)–

附注：每年从第1期开始编号

207 0# $a［1995］，no. 1 (1995，1，5)–

315 ## $a每年从第1期开始编号

编号标识每年从头开始，在编号项著录时应在方括号中加上起始的年代，并在附注中说明这种特殊的形式。

示例6：编号项：1991，no. 1– = ［总1］–

附注：1992，no. 1 (总7)起有总期标识

207 #0 $a1991，no. 1– = ［总1］–

315 ## $a1992，no. 1 (总7)起有总期标识

总期标识没有出现在规定信息源，著录时加方括号，在附注中说明出现的卷期。

示例7：编号项：No. 1 (1949，9，1)–

附注：1967–1968年间编号标识曾经几次变化，后改回原编号

在具体的编号变化情况不清楚时，编号项可以不著录，但要在附注项说明变化的情况。

如果著录时依据的是中间的期，并且连续出版物的起始编号不确定，在编号项可以著录推算的编号，并在附注中说明；如果连续出版物已经停止出版，但是无法获得最后一期的信息，也可在附注中说明；如果起始与终止编号信息均不详，编号项可省略，相关信息在附注中说明；如果著录的是某一连续出版物的补编（副刊、增刊），可在附注中说明主要连续出版物的编号信息。

示例1：附注：創刊與停刊編號信息不詳，見存最早一期為vol. 4，no. 1 (1932，5)，最後一期為vol. 4，no. 7 (1932，12)

确定已经停止出版，但是创刊与停刊的编号信息均不详，可省略编号项，在附注中说明确切能够查到的编号信息。

示例2：［1995，no. 1］–? = ［总1–?］

附注：已经停刊，停刊编号信息不详，见存最后一期为1996，no. 4

207 #0 $a［1995，no. 1］–? = ［总1–?］

315 ## $a已经停刊，停刊编号信息不详，见存最后一期为1996，no. 4

如果确定已经停刊，但不能肯定停刊的编号信息，在编号项可以用“？”表示已经停刊，并在附注中说明能够见到的最后的编号信息。

示例3：编号项：No. 1 (1989，4，15)–no. 20 (1998，12，15)

正题名：癌症. 化学治疗专辑

附注：副刊no. 1 (1989, 4, 15)为正刊的vol. 8, no. 2 (1989, 4, 15)，副刊no. 20 (1998, 12, 15)为正刊的vol. 18, no. 6 (1998, 12, 15)

副刊单独著录时，可在附注中说明对应的正刊的编号信息。

9.6 出版发行项附注

本附注是对第四著录项出版发行项的说明，内容包括在出版发行项被省略的信息、不规律出版的信息、出版发行项的变化等。

示例1：昆明［等］：云南人民出版社［等］，1988-1999

附注：出版地还有：贵阳、成都和重庆；出版者还有：贵州人民出版社、四川人民出版社和重庆出版社

210 ## $a昆明［等］$c云南人民出版社［等］$d1988-1999

306 ## $a出版地还有：贵阳、成都和重庆；出版者还有：贵州人民出版社、四川人民出版社和重庆出版社

出版发行项省略的信息要在附注中说明。

示例2：. -- 内部发行

306 ## $a内部发行

示例3：. -- 第4卷出版于1939年,第5卷出版于1946年

306 ## $a第4卷出版于1939年,第5卷出版于1946年

不规律的出版情况可在附注中说明。

示例 4：兰州：甘肃人民出版社，1981-

附注：Vol. 4, no. 1 (1984)起出版者改为：科学出版社，出版地改为：北京

210 ## $a兰州$c甘肃人民出版社$d1981-

306 ## $a Vol. 4, no. 1 (1984)起出版者改为：科学出版社，出版地改为：北京

连续出版物出版地与出版者的变化可在附注中说明，如果是集成性资源出版发行项变化时，将最新的信息著录于出版发行项，先前的出版发行信息如有必要在附注中说明。

示例 5：. -- 出版发行者多次变化，2007年起出版者为《科学》杂志编辑部。

306 ## $a出版发行者多次变化，2007年起出版者为《科学》杂志编辑部。

如果出版发行者变化较多，可用一般性的附注说明。

9.7 其他附注

9.7.1 载体形态项与丛编项附注

载体形态附注是对著录内容的补充和特定载体特征的说明。

示例 1：. -- 尺寸在20-30cm之间变化

307 ## $a尺寸在20-30cm之间变化

如果尺寸变化较多，可以用概括性的语言说明变化的范围。

示例2：. -- 1998年起不定期出版光盘

307 ## $a1998年起不定期出版光盘

不定期出版的光盘不必著录在载体形态项，可在附注中说明。

示例3：. -- 每卷中各期页码连续编号

307 ## $a每卷中各期页码连续编号

示例4：. -- 1999年起为双向倒转印刷形式

310 ## $a1999年起为双向倒转印刷形式

从编附注是对丛编项著录的补充，未被著录的与丛编有关的信息也可以在此说明。

示例1：丛编项：经济管理绿皮书

. -- 主丛编题名：皮书系列

225 2# $a经济管理绿皮书

308 ## $a主丛编题名：皮书系列

既有主丛编又有分丛编时，如果分丛编题名可独立识别，在丛编项可只著录分丛编信息，主丛编的信息在附注中说明。

示例2：. -- 1986, no. 1–1987, no. 3丛编名改为: 报刊资料选汇

308 ## $a1986, no. 1–1987, no. 3丛编名改为: 报刊资料选汇

如果丛编题名短时间变化后，又改回原题名，不作为新的丛编著录，可在附注中说明变化的情况。

示例3：. -- 2000年丛编卷册标识改为: V6

308 ## $a2000年丛编卷册标识改为: V6

丛编编号的变化可在附注中说明。

示例4：丛编项：京师刑事法文库. 刑事诉讼制度改革系列 ; 1

. -- 主丛编编号为30

225 2# $a京师刑事法文库$i刑事诉讼制度改革系列$v1

308 ## $a主丛编编号为30

9.7.2 内容、标准编号与获得方式等附注

内容附注包括连续性资源的栏目、索引、书目等信息。

示例1：. -- 每卷最后一期附该卷总目录

320 ## $a每卷最后一期附该卷总目录

示例2：. -- 每期包含有经济学参考书目

320 ## $a每期包含有经济学参考书目

示例3：. -- 哲学 ; 经济学 ; 文学 ; 语言学 ; 历史学 ; 社会学 ; 法学 ; 民族学 ; 国际问题.

327 0# $a哲学 ; $a经济学 ; $a文学 ; $a语言学 ; $a历史学 ; $a社会学 ; $a法学 ; $a民族学 ; $a国际问题.

如果连续性资源上的标准编号出现错误，必须将其记录在附注项。

示例：. -- ISSN 0275–0173 (错误的)

011 ## $z0275–0173

连续性资源性质、范围、文学艺术或物理形式等，可以用附注说明。

9.7.3 著录依据附注

如果著录的是连续出版物，并且著录时依据的不是本题名下的第一期，必须在附注中说明著录所依据卷期的编号和日期，同时著录的形式也要与编号项中著录的形式一致。

示例1：编号项：［1984, no. 1 (1984, 3)］-

附注：据1987, no. 1 (1987, 3)著录

207 #0 $a［1984, no. 1 (1984, 3)］-

303 ## $a据1987, no. 1 (1987, 3)著录

示例2：编号项：［Vol. 1, no. 1 (1985, 1/2)］- =［总1］-

附注：据vol. 2, no. 1 (1986, 1/2)(总7)著录

207 #0 $a［Vol. 1, no. 1 (1985, 1/2)］- =［总1］-

303 ## $a据vol. 2, no. 1 (1986, 1/2)(总7)著录

示例3：编号项：［創刊號 (民國30年8月10日［1941, 8, 10］) = vol. 1, no. 1 (民國30年8月10日［1941, 8, 10］)］；［$avol. 1, no. 2 (民國30年9月10日［1941, 9, 10］)］-vol. 7, no. 4 (民國37年12月［1948, 12］)

附注：據vol. 1, no. 11/12 (民國31年7月10日［1942, 7, 10］)著錄

207 #0 $a創刊號 (民國30年8月10日［1941, 8, 10］) = vol. 1, no. 1 (民國30年8月10日［1941, 8, 10］)$avol. 1, no. 2 (民國30年9月10日［1941, 9, 10］)-vol. 7, no. 4 (民國37年12月［1948, 12］)

303 ## $a據vol. 1, no. 11/12 (民國31年7月10日［1942, 7, 10］)著錄

在标准10.7.13.1.2中还规定了在四种情况下可以用附注对所参考的最后一期的信息做说明。

示例1：. -- 参考的最后一期为：no. 43 (2000, 8)

303 ## $a参考的最后一期为：no. 43 (2000, 8)

第一种情况是：确切地知道所著录的连续出版物已经停止出版，但是无法获得最后一期的信息，可以在附注中说明所见到的最后一期卷期编号；第二种情况是：不能肯定是否已经停止出版，但是又找不到比手头这一期更晚出版的连续出版物，可以在附注中说明见到的最后一期的信息。

示例2：. -- 据vol. 4, no. 1 (1988, 3)著录，参考的最后一期为：vol. 15, no. 5 (1999, 10)

303 ## $a据vol. 4, no. 1 (1988, 3)著录，参考的最后一期为：vol. 15, no. 5 (1999, 10)

对连续出版物的著录信息进行了维护，可以在附注中说明参考的最后一期的信息。

如果无编号的专著丛编集中著录，应在附注中说明所参考的最早的分析单元的出版发行等日期，如果也参考了其他的分析单元，并且能够识别最后的分析单元，还应给出最后的分析单元及其出版日期。

示例1：. -- 著录依据：探险与世界 / 于有彬编著 . -- 成都: 四川人民出版社, 1983.

303 ## $a著录依据：探险与世界 / 于有彬编著 . -- 成都: 四川人民出版社, 1983

示例2：. -- 参考的最后一卷：科学家在社会中的角色 / (以色列) 本-戴维 (Ben-David, J.) 著 ; 赵佳苓译 . -- 成都: 四川人民出版社, 1988

303 ## $a参考的最后一卷：科学家在社会中的角色 / (以色列) 本-戴维 (Ben-David, J.) 著 ; 赵佳苓译 . -- 成都: 四川人民出版社, 1988

如果著录的是集成性资源并且依据的不是第一次的更新，应该在附注中说明所依据的最后一次更新。

示例：. -- 著录依据1994年版第10次更新

303 ## $a著录依据1994年版第10次更新

如果著录的是远程访问的电子资源，用附注说明著录时该资源被浏览的日期。

示例. -- 著录依据2005年4月22日的浏览，最后一次更新的浏览日期为2008年8月15日

303 ## $a著录依据2005年4月22日的浏览，最后一次更新的浏览日期为2008年8月15日

9.7.4 其他附注

除以上专指的附注外，其他任何关于连续性资源的信息，如果认为有必要都可以在附注中说明。

示例：. -- 本刊为中国物理学会会刊

300 ## $a本刊为中国物理学会会刊

在使用CNMARC格式表示这些信息时，可使用300字段。

9.8 附注项小结

9.8.1 结构形式

附注著录的形式一般分为两种，一种是连续著录，在每一种附注信息中间用. -- 分隔；另一种著录形式为每一种附注另起一行分段著录；附注中的文字表述，一般可以自由行文，但是在适当的情况下，推荐使用本标准规定的标识符形式。

1）连续著录：附注 . -- 附注 . -- 附注

示例：

季刊(平均每年出4期). -- 译自：World health forum = ISSN 0251-2432. -- 本刊为国际卫生发展杂志

326 ## $a季刊(平均每年出4期)

305 ## $a译自：World health forum = ISSN 0251-2432

300 ## $a本刊为国际卫生发展杂志

2）分段著录：附注

附注

示例1：

日报 (1993-) ; 每周三期 (1987-1992) ; 每周二期 (1983-1986).

题名取自报头

1983,3,3-1983,6,2出版了14期试刊

326 ## $a日报$b1993-

326 ## $a每周三期$b1987-1992

326 ## $a每周二期$b1983-1986

304 ## $a题名取自报头

315 ## $a1983,3,3-1983,6,2出版了14期试刊

示例2：

出版频率不确定

影印自：上海 ：中國古泉學會 ［發行者］，民國二十五-二十六年［1936-1937］. -- 季刊

326 ## $a出版频率不确定

324 ## $a影印自：上海 ：中國古泉學會 ［發行者］，民國二十五-二十六年［1936-1937］. -- 季刊

9.8.2 与ISBD（CR）的比较

本项对应于ISBD（CR）的第7章，其中有些条款根据我国编目实践和连续性资源的具体情况做了适当增删与修改，见下表。

表20 本标准与ISBD（CR）附注项的比较

ISBD（CR）	GB/T 3792.3—2009	说明
7 附注项 介绍性说明第三段 可以使用附注将一个连续性资源与其他连续性资源的著录或者一种单行资源的著录联系起来，在用附注表示与其他连续性资源的关系时，我们优先的和推荐的引用相关的其他连续性资源题名的形式应该是识别题名与ISSN；如果它们无法获知，则引用其他连续性资源的正题名，在例外的情况下，采用与ISBD（CR）记录制作时所对应的适合的形式（例如，图书馆目录中所出现的连续性资源的标目与题名）；如果连接的是单行资源，则单行资源应引用正题名与责任说明，如果有的话。	附注项 10.7.1.3可以使用附注将一个连续性资源与其他连续性资源的著录或者一种专著丛编的著录联系起来，在用附注表示这种关系时，相关的其他连续性资源题名的形式宜优先选用识别题名(如果无识别题名但是有统一题名时,可用统一题名)与ISSN；如果它们无法获知，则选用正题名，在例外的情况下，采用与GB/T 3792的本部分记录制作时所对应的适合的形式（例如，图书馆目录中所出现的连续性资源的标目与题名）；如果连接的是专著丛编，则应著录专著丛编的正题名，如果有责任说明也要同时著录。	增加了“(如果无识别题名但是有统一题名时,可用统一题名)”是考虑到我国编目机构目前无法获得识别题名的信息，为了便于区分题名相同的连续性资源所以增加了“统一题名”。
无	结构形式 附注. -- 附注. -- 附注 或 附注 附注	ISBD（CR）中没有，但是标准中其他各项都有此内容，国标在编写时，规定每一项均有此内容。为了保持格式上的一致加上此内容。

ISBD（CR）	GB/T 3792.3—2009	说明
7.1.1.4如果正题名仅由一个团体名称组成，取自连续性资源以外的描述性信息可以在附注中给出。	未采用	在中文编目实践中极少遇到。
无	10.7.4.1.3题名页的题名有误，应予说明。	与10.1.2.5.3 的规定呼应。
无	10.7.4.3出现在连续性资源上，但是没有出现在题名页上的并列题名与其他题名信息可以著录在附注项。	内容来自ISBD统一版（7.1.3）
7.1.4.1 责任说明附注可以包括以下内容 …… …… …… ——关于与先前版本相联系但是不与手头版本相联系的个人或团体的附注；	10.7.4.5.1 未采用	从原文与例子中均不能确定所指的情况是什么，在编目实践中也没有遇到过这种情况，因此取消此内容。
7.1.4.4 责任说明的变化 连续出版物…… 团体名称形式的次要变化例如以下的情况： 冠词、介词和连词被替换、增加或删除说 不同的书写方法或标点的变化没有影响名称的意义 词形的变化,如单数变为复数等. 名称中组成部分的顺序的变化	10.7.4.5..5 未采用	此处所列情况基本不适用于中文，并且在大多数情况下，团体名称发生主要变化时也应附注说明，加上这一段容易产生误解。
7.2.4 与其他连续性资源的关系 有关连续性资源与其他连续性资源的关系和与连续性资源其他版本（包括先前出版的重印或再次发行）的关系的细节按照如下规定著录。	10.7.1.4与其他连续性资源的关系和与其他版本（包括复制品或再次发行）的关系的细节按照10.7.5.4的规定著录。	有关附注使用的说明全部集中在10.7.1中。
7.2.4.1 翻译 如果已知所著录的连续性资源是翻译自另外一种连续性资源，并且在这种连续性资源之后出现，则附注项的第1个附注（必备）应该是原连续性资源的题名（如果适当的话，优先选用识别题名与ISSN），附注形式如下：	10.7.5.4.1 翻译 已知所著录的连续性资源译自先前出版的一种连续性资源，应使用附注（必备）说明原版题名。同时以不同语言出版的连续性资源的不同版本见10.7.5.4.3。	本标准不强调翻译附注为附注项第1个附注，在ISBD（CR）附录C的实例中也没有将其放在附注的第一位，附注的顺序在标准中并没有规定，按照编目实践一般是按照标准所列顺序做附注。

续表

ISBD（CR）	GB/T 3792.3—2009	说明
	10.7.5.4 与其他连续性资源的关系 每一种关系中都去掉了这句话“（如果适当的话，优先选用识别题名与ISSN）”。	在10.7.1 中已有总的说明，在各条款中不再重复。
7.3.1没有在第3项著录的编号项的细节可以在此附注，或者说明这些细节在第3项省略的原因 7.3.4附注还应包括没有著录在编号项的任何复杂的或不规则的编号，或者任何被认为对于目录的使用者是重要的编号的特性。	10.7.6.1用于说明未被著录于编号项的编号细节或被省略的原因，该附注也包括那些未被著录在编号项的复杂的、无规律的编号或对目录使用者重要的编号。	将两条内容合并为一条。
7.6.2当所著录的连续性资源是在一个有区别性题名的分丛编中出版，分丛编说明应著录于丛编项，用一个附注说明主丛编的题名和ISSN。 当所著录的连续性资源是在一个有从属分丛编题名的主丛编中出版，在丛编项中著录了适当的分丛编说明，可以用附注来说明主丛编的ISSN。	10.7.9.2如果主丛编题名或ISSN未包含在丛编项中，则可在附注项说明。（见10.6.3.1）	第二段所讲的情况在我国编目实践中很少遇到。

第十章　标准编号与获得方式项的著录方法

10.1　概述

本部分是八大著录项目的最后一项，规定信息源为任何来源，内容包括：ISSN或其他标准编号、识别题名、获得方式和/或价格、限定说明。

10.2　ISSN和识别题名

10.2.1　ISSN和识别题名的概念

ISSN是International Standard Serial Number的英文缩写，中文名称是国际标准连续出版物号，由字母“ISSN”和其后的8位数字（包括一位校验码）组成。ISSN与识别题名一起唯一标识了一种特定的连续出版物或集成性资源。ISSN遵循ISO 3297，由ISSN网络中心分配。

识别题名是由ISSN网络中心分配给连续性资源的唯一性标识题名，必须与其ISSN共同使用。识别题名可能和资源的正题名相同，或者通过附加的或限制的元素（例如出版发行机构、出版地或版本说明）以实现其唯一性。

10.2.2　ISSN与识别题名的由来和作用

ISSN是为注册登记的各种内容类型和载体类型的连续出版物（例如报纸、期刊、年鉴等）所分配的具有唯一识别性的代码，是一种用于信息控制、数据交换和检索的国际标准。分配ISSN的权威机构是ISSN国际中心、国家中心和地区中心。ISSN中国国家中心于1985年建立，目前设在国家图书馆。ISSN中国国家中心负责我国经国家新闻出版总署正式批准出版的连续出版物的注册、ISSN的分配与管理、ISSN的使用、对ISSN的各种咨询以及中国连续出版物书目数据送交ISSN国际中心数据库等项工作。

每一个ISSN与它所对应的连续出版物的标识题名连接，这个标识题名就是我们所说的“识别题名”（Key Title），当出版物题名有重复现象时，追加题名的限制信息以区分其他类似的题名。

10.2.3　ISSN的结构

ISSN由分成两部分的8位数字组成，每部分4位数，并以短横 (hyphen) 相连，末位数字为校验码。校验码除了数字，有时也会出现大写英文字母“X”，而其他位的数字只允许从0到9。

ISSN除了设计为上述两个部分，在印刷显示时，数字前还冠有“ISSN”字样，“ISSN”

和8位数字之间空1位。例如：ISSN 1002–1027。

校验码的目的是为了防止ISSN在转录时引起的误差。采用模数11与加权函数（从8到2）来计算校验码的数字是否正确。计算校验码的方法见下表：

		前四位数字				后三位数字			校验码
1	取ISSN的前7位数字	1	0	0	2	1	0	2	?
2	取与权重函数有关的每一个数字	8	7	6	5	4	3	2	--
3	第1项中的每一个数字与第2项的权重函数依次相乘	8	0	0	10	4	0	4	--
4	将乘积相加	8＋0＋0+10＋4＋0＋4＝26							
5	将所得总数除以模数11，得出余数	26 ÷ 11＝2余4							
6	将模数11减去余数，所得差即为校验码	11－4＝7							
7	所得正确的ISSN的8位数字	1002－1027							

如果余数是10，校验位用大写“X”替代最后一位的校验码，如果没有余数，最后一位是“0”。例如：ISSN 0001–429X，ISSN 1560–1560。

10.2.4　著录形式说明

当所著录的连续性资源有ISSN时，著录形式为：. --　ISSN，如果既有ISSN又有识别题名时，著录形式为：. --　ISSN = 识别题名

示例1：. --　ISSN 0075–2362

示例2：. --　ISSN 1008–9063 = 中国烟草 (北京)

示例3：. --　ISSN 1000–7881 = 中国人口科学

当连续性资源上的ISSN号出现印刷错误时，如果能够得到正确的ISSN号应将其著录在本项，并在其后的圆括号内加注“纠正的”或类似术语，错误的ISSN应在附注中说明。

示例：. --　ISSN 1000–0003 (纠正的) = 西藏研究

附注：ISSN 1002–946X (错误的)

10.3　其他标准编号

除ISSN号外在连续性资源中还会出现其他编号，如：国际标准书号(ISBN)、CODEN号、统一刊号等。

10.3.1　国际标准书号（ISBN）

ISBN标识特定出版社发行的一种作品的一个发行批次，它对于该发行批次是唯一的。它由国家ISBN机构分配，基于国际标准ISO 2108。

按照标准10.8.2.1的规定，只有当一种连续性资源每期都使用同一个ISBN号时，才著录该信息，如果每期使用不同的ISBN则不必著录。

示例：. -- ISBN 962-7711-74-8

10.3.2 CODEN号

CODEN（Code Number）为国际CODEN组织分配给连续出版物的一种唯一的没有二义性的号码，系美国ASTM（American Society for Testing and Materials, 美国试验材料学会）制定的科技期刊代码系统。它是国际公认的代码，CODEN由6位字符组成, 前4位为基本码（取值范围A—Z），为期刊的刊名缩写，取英文期刊名称每个实词词头，中文期刊则采用汉语拼音，按其汉语拼音刊名给出码，不足4个实词时，用其他词补充。第5位为查重区分码，第六位为校验码。CODEN一般印在期刊封面右上角，ISSN之上。

示例：. -- CODEN BNDXEM

10.3.3 统一刊号

统一刊号是由新闻出版总署分配给国内连续出版物的刊号。是国家标准的一种，其结构形式为：CN报刊登记号／分类号（CNXX（由2位数字组成的地区号）-XXXX（4位数字）/X（大写英文字母））。例：CN11-5640/N，CN为中国国别代码，11为地区号，5640为该地区连续出版物的序号，N为分类号。目前国内的大多数连续出版物都有统一刊号，也称为CN号，著录时不必著录斜线和其后的分类号。

示例：. -- CN 11-5640

10.4 获得方式、价格与限定说明

这几个项目按照国家标准的规定为可选项，各编目机构可自行规定是否著录。如果选择著录这些项目，可选择如下方法：获得方式可使用一个术语来说明，如：非卖品、赠予等；如果一种连续性资源每一期都是固定的价格可以著录，价格以阿拉伯数字著录，前置官方标准货币符号，符号代码见国家标准《GB/T 12406 表示货币和资金的代码》；在必要时，可在编号后的圆括号内附加限定信息。

示例1：: 非卖品

示例2：: 每期价格：CNY10.00

示例3：. -- CN 62-1007 (1999,no.2前,2000起) . -- CN 62-1006 (1999,no.2-6)

10.5 标准编号与获得方式项小结

本项对应于ISBD（CR）的第8章，这部分内容与ISBD（CR）是完全一致的。

理论上讲每一种连续出版物都应该有一个能够识别该出版物的唯一的ISSN号和与之对应的识别题名，但是现实中的情况并不是这样的，国内有相当数量的连续出版物没有ISSN号，比如所有的国内出版的报纸都没有ISSN号，还有一些期刊改名后没有申请新的ISSN号、期刊的不同版本合用同一个ISSN号等，造成了ISSN号的重复；另外有些连续出版物没有申请ISSN号，而是以ISBN号出版。下面采用卡片格式和CNMARC格式两种形式，结合示例对标准编号和获得方式项的结构形式进行说明。

10.5.1 结构形式

（1）. -- ISSN = 识别题名

示例：. -- ISSN 1007-4333 = 中国农业大学学报

011 ## $a1007-4333

530 0# $a中国农业大学学报

（2）. -- 价格

示例：. -- 每期价格 ：CNY10.00

011 ## $d每期价格 ：CNY10.00

（3）. -- ISSN = 识别题名 ：价格

示例：. -- ISSN 0001-5334 = 实验生物学报 ：每年价格 ：CNY150.00

011 ## $a0001-5334$d 每年价格 ：CNY150.00

530 0# $a实验生物学报

（4）. -- ISSN (限定) = 识别题名 ：获得方式 ：价格 (限定)

示例：. -- ISSN 1000-7954 (纠正的) = 文博 ：订阅 ：每年价格 ：CNY48.00 (全年订阅价 ：CNY42.00)

011 ## $a1000-7954 (纠正的) $d订阅 : 每年价格 : CNY48.00 (全年订阅价 : CNY42.00)

（5）. -- ISSN = 识别题名 ：价格 (限定)

示例：. -- ISSN 1008-9063 = 中国烟草 (北京) ：每期价格 ：CNY10.00 (订阅价)

011 ## $a1008-9063$d每期价格 : CNY10.00 (订阅价)

530 1# $a中国烟草 (北京)

（6）. -- ISBN (限定)

示例：. -- ISBN 0-86325-016-5（活页）

010 ## $a 0-86325-016-5$b活页

（7）. -- ISBN ：获得方式 ：价格

示例：. -- ISBN 7-218-01962-5 ：订阅 ：CNY60.00

010 ## $a7-218-01962-5$d订阅 ：CNY60.00

（8）. -- ISBN (限定) ：价格

示例：. -- ISBN 978-7-5095-0462-8 (精装) ：CNY 980.00

010 ## $a978-7-5095-0462-8 $b精装$d CNY 980.00

10.5.2 著录时需要注意的问题

本著录项中只有ISSN或其他标准编号和识别题名是必须著录的项目，其他为可选项，是否著录遵循相关编目机构的规定；在著录识别题名时应特别注意，虽然大多数连续出版物的识别题名与正题名完全相同，但是我们不能将正题名著录为识别题名，识别题名不是自己可以随意指定的，它是由ISSN中心分配的，只有在出版物上明确说明其为识别题名时才能著录，目前中国内地出版的连续出版物还没有见到过印有识别题名的情况，标准中与本指南中出现的都是示例的形式，是为了说明如何著录。

第十一章 单层次著录与多层次著录

11.1 概述

连续性资源的著录主要有两种方式，一种是单层次著录，另一种是多层次著录。

所谓单层次著录，是指对著录对象不区分层次，而将与著录对象有关的相关信息都集中在一条书目记录中。

所谓多层次著录，是指对著录对象区分为两个或更多的层次，每个层次著录与该层次的著录对象相关的信息。

11.2 单层次著录

单层次著录是资源著录的方式之一，可以在著录时通过如下方式表现整体与部分之间的关系：

（1）如果连续性资源各部分既有共同题名，也有物理上独立的各部分的题名时，可将连续性资源的所有组成部分均作为一个整体，进行整体（套）著录。此时，应将各部分的共同题名作为正题名，同时将各部分的题名著录于附注项中。其结构形式如下：

正题名［一般文献类型标识］= 并列题名 : 其他题名 / 第一责任说明 ; 其他责任说明. -- 版本说明 / 与本版有关的责任说明. -- 资源特殊细节. -- 出版发行地 : 出版发行者, 出版发行日期 (印制地 : 印制者, 印制日期)

数量及特定文献类型标识 : 其他形态细节 ; 尺寸 + 附件

附注

子目:

编次, 题名 / 责任说明

编次, 题名 / 责任说明

编次, 题名 / 责任说明

……

标准编号（限定说明）: 获得方式

采用这种方式时应注意，除子目部分外，其他著录项目均以整套文献为著录对象，例如出版发行日期应当著录该套文献的起讫出版发行年；数量及特定文献类型标识项中的数量应当以合适的方式填写整套文献的数量，如果该套文献中的各部分尺寸不同，应当著录最小到最大尺寸；标准编号应当优先著录整套文献的标准编号，然后再依次著录各组成部分的标准编号。

示例:

数学科学文化理念传播丛书. -- 01 (2008)- . -- 大连 (辽宁) : 大连理工大学出版社, 2008-

no. : 图 ; 21cm

题名取自封面

子目:

01, 数学的本性 = Memorabilia mathematica / (美) 莫里兹编著 ; 朱剑英编译

02, 无穷的玩艺 : 数学的探索与旅行 = Playing with infinity : mathematical explorations and excursions / (匈) 路沙·彼得著 ; 朱梧槚, 袁相碗, 郑毓信译

03, 康托的无穷的数学和哲学 = Georg Cantor : his mathematics and philosophy of the infinite / (美) 周·道本著 ; 郑毓信, 刘晓力编译

……

（2）对于丛编而言，可对丛编内各自独立的资源分别予以著录，同时不再为整个丛编作记录。也就是说，这种著录方法是以丛编各部分的题名作为正题名，而将丛编题名著录于丛编项。在这种情况下，丛编有几个可独立的组成部分，就有几条记录，这些记录之间没有层次关系。其结构形式如下：

正题名［一般文献类型标识］= 并列题名 : 其他题名 / 第一责任说明 ; 其他责任说明. -- 版本说明 / 与本版有关的责任说明. -- 资源特殊细节. -- 出版发行地 : 出版发行者, 出版发行日期 (印制地 : 印制者, 印制日期)

数量及特定文献类型标识 : 其他形态细节 ; 尺寸 + 附件. -- (丛编正题名 : 丛编其他题名信息 / 丛编责任说明 ; 丛编编号)

附注

标准编号（限定说明）: 获得方式

示例:

十字街頭. -- 影印本. -- No. 1 (1931, 12, 11) - no. 3 (1932, 1, 5). -- 上海市 : 上海文艺出版社, 1956

1冊 ; 38cm. -- (中國現代文學史資料叢書 ; 乙種)

出版频率不确定

（3）当连续性资源的正题名由共同题名和从属题名共同组成时，记录的正题名应由各分辑的共同题名和在编分辑的题名共同组成。其结构形式如下：

共同题名. 从属题名标识, 从属题名［一般文献类型标识］= 并列共同题名. 并列从属题名标识, 并列从属题名 / 第一责任说明 ; 其他责任说明. -- 版本说明 / 与本版有关的责任说明. -- 资源特殊细节. -- 出版发行地 : 出版发行者, 出版发行日期 (印刷地 : 印刷者, 印制日期)

数量及特定文献类型标识 : 其他形态细节 ; 尺寸 + 附件

附注

标准编号（限定说明）: 获得方式

示例:

中国科学. E辑 = Science in China. Series E, 技术科学 / 中国科学院. -- Vol. 26, no. 1

(1996, 2)-vol. 34, no. 3 (2004, 3). -- 北京 : 中国科学杂志社, 1996-2004

9vol. ; 26cm

月刊(2003-2004) ; 双月刊(1996-2002) . -- 题名取自封面. -- Vol. 34(2004)起有英文并列分辑题名：Technological sciences. -- 每卷最后一期附该卷总目录

部分继承：中国科学. A辑, 数学 物理学 天文学 技术科学 = ISSN 1000-3126. -- 改为：中国科学. E辑, ISSN 1006-9275

ISSN 1006-9275 = 中国科学. E辑, 技术科学. -- CN 11-3757

11.3 多层次著录

多层次著录的第一层次著录整个资源或主要资源的共同信息，又称为基本著录，第二层次及其余各层次分别著录与单一的可独立的卷或其他单元有关的信息。为完全著录资源及其组成部分，可以根据文献的实际情况，需要多少层次，就著录多少层次。

每一层次中，各著录单元的著录顺序和标识符均与资源作为整体著录时相同。有些单元可能会被多个层次著录。其结构形式如下：

正题名 ［一般文献类型标识］ = 并列题名 : 其他题名 / 第一责任说明 ; 其他责任说明. -- 版本说明 / 与本版有关的责任说明. -- 资源特殊细节. -- 出版发行地 : 出版发行者, 出版发行日期 (印制地 : 印制者, 印制日期)

数量及特定文献类型标识 : 其他形态细节 ; 尺寸 + 附件. -- (丛编正题名 : 丛编其他题名信息 / 丛编责任说明 ; 丛编编号)

附注

标准编号（限定说明） : 获得方式

在连续性资源中，多层次著录主要可用于如下三种情况：

（1）多卷集（多部分）连续性资源物理上独立的单元的著录。

如果连续性资源由物理上独立的多个单元组成，则首先著录各组成部分的共同信息，其次著录各物理单元的信息。

示例：

Bibliographie de la France Biblio : journal officiel du livre francais paraissant tous les mercredis. -- Paris : Cercle de la librairie. -- 23 cm.

Split into two distinct serials in 1975.

1 è re partie: Bibliographie officielle ［Printed text］ : publications recues par le Service du d é pôt l é gal / notices é tablies par la Biblioth è que nationale. -- 1975, no. 1- . -- 1975- (Nancy : Berger-Levrault).

On the title page of this section: Bibliographie de la France. 1 è re partie. -- Includes: Num é ro hebdomadaire, Livres, and 4 suppl.: 1, Publications en s é rie; 2, Publications officielles; 3, Musique; 4, Atlas, cartes et plans.

ISSN 0335-5667 = Bibliographie de la France. 1 è re partie. Bibliographie officielle : France and French-speaking countries FF 500 p.a. (Foreign countries FF 550 p.a.)

（2）作为另一种资源补编（副刊、增刊）或附件的物理上独立的单元的著录。

如果在编连续出版物具有在物理上独立的另外一种或多种副刊、增刊、附件，则首先著录正刊，其次著录其副刊、增刊和附件。

示例：

编译参考 / 外文出版局研究室编辑组编辑. -- 1978, no. 1-2003, no. 12 = 总1-312. -- 北京 : ［《编译参考》编辑部］, 1978-2003 . -- 312no. ; 26cm. -- 有副刊: 国外 思潮和国外作品选译

副刊一：国外思潮 / 外文出版局研究室. -- No. 1 (1978, 12)-no. 4 (1980, 6). -- 北京 : 外文出版局, 1978-1980. -- 4no. ; 19cm. -- 正刊: 编译参考

副刊二：国外作品选译 / 外文出版局研究室. -- 1978, no. 1 (1978, 10)-1978, no. 2 (1978, 12) ; no. 3 (1979, 3)-no. 12 (1979, 12). -- 北京 : 外文出版局, 1978-1979. -- 12no. ; 19cm. -- 正刊：编译参考

第一层次著录了正刊的基本信息，第二层次分别著录了两个副刊的有关信息。

（3）在基本著录的基础上，对整体文献的某一部分单独析出进行著录。

这种方法也叫单篇著作分析著录，将整部文献及其特定部位作为被析出部分的“出处”。此种方法适合于突出连续性资源中的重要单篇著作。析出著录的结构形式为：

析出题名［一般文献类型标识］/ 责任说明

//整套（本）文献题名［一般文献类型标识］/ 责任说明. -- 版本. -- 出版发行地 : 出版发行者, 出版发行年. -- XX-XX页或卷（册）

附注

示例：

中华读书报［报纸］ = China reading weekly. -- No.1 (1994,7,6). -- 北京 : 中华读书报社, 1994- . -- vol. ; 55cm. -- 周报. -- 本报由光明日报社（后改名为：光明日报报业集团）和中国出版工作者协会主办. -- 1994,5,11和1994,6,1出版试刊2期

本例为基本著录，著录了《中华读书报》的基本信息。

《2005年社会蓝皮书》显示：多数青年对传统文化充满信心 / 赵敏

// 中华读书报. -- 北京 : 中华读书报社 . -- 2004, 12, 22第1版面

本例为分析著录，所析出部分为《中华读书报》2004年12月12日第1版上刊登的一篇文章。

附录1：著录样例

期刊

示例1. 题名发生次要变化

说明：连续出版物题名发生次要变化时，不需要另行著录，可将变化的情况在附注项说明。在CNMARC记录中使用312字段（相关题名附注）说明题名的变化情况，如果变化的题名有检索意义，还需要在517字段（其他题名）提供检索点。

卡片格式：

山东师大学报. 哲学社会科学版. -- 1981, no. 5-2000, no. 6 = 总58-173; vol. 46, no. 1 (2001) - = 2001, no. 1- = 总174-. -- 济南 : 《山东师大学报》编委会, 1981-

- vol. ; 26-29cm

双月刊. -- 1986年起有英文目次页；2000年起有英文文摘. -- 1986年起出版者改题：《山东师大学报》编辑部. -- 2000, no. 2起尺寸改为29cm

1986-2000年分辑题名改题：社会科学版；2001年起又改题：人文社会科学版；2002年起共同题名中团体名称改为全称，正题名为：山东师范大学学报. 人文社会科学版

1996-1997封面题英文并列题名：Journal of social science of Shandong Teachers' University；书末出版说明题为：Journal of Shandong Teachers' University；2001起题英文并列分辑题名：social science edition；2002起英文并列题名改题：Humanities and social sciences

1988年起题：山东师范大学主办. -- 1986年起每卷最后一期附该卷总目录

继承：山东师院学报. 社会科学版

ISSN 1001-5973 = 山东师大学报. 哲学社会科学版. -- CN 37-1066

CNMARC格式：

记录头标		nas
控制号	001	[记录控制号]
处理时间	005	20081223170344.5
ISSN	011	$a1001-5973
统一书刊号	091	$a37-1066
一般处理数据	100	$a19971225a19819999ekmy0chiy0121 ea
文献语种	101 0	$achi
出版国	102	aCNb370000
编码/文字特征	106	$ar
编码/连续出版物	110	$aagazz 0zd0

题名与责任说明	200	1	$a山东师大学报$i哲学社会科学版
连续出版物编号	207	0	$a1981, no. 5–2000, no. 6 = 总58–173$avol. 46, no. 1 (2001)– = 2001, no. 1– = 总174–
出版发行等	210		$a济南$c《山东师大学报》编委会$d1981–
载体形态项	215		$a vol.$d26–29cm
出版频率附注	326		$a双月刊
编码信息附注	302		$a1986年起有英文目次页；2000年起有英文文摘
出版发行附注	306		$a1986年起出版者改题：《山东师大学报》编辑部
载体形态附注	307		$a2000, no. 2起尺寸改为29cm
相关题名附注	312		$a1986–2000年分辑题名改题：社会科学版；2001年起又改题：人文社会科学版；2002年起共同题名中团体名称改为全称，正题名为：山东师范大学学报. 人文社会科学版
相关题名附注	312		$a1996–1997封面题英文并列题名：Journal of social science of Shandong Teachers' University；书末出版说明题为：Journal of Shandong Teachers' University；2001起题英文并列分辑题名：social science edition; 2002起英文并列题名改题：Humanities and social sciences
知识责任附注	314		$a1988年起题：山东师范大学主办
书目／索引附注	320		$a1986年起每卷最后一期附该卷总目录
继承	430	1	$1001［记录控制号］$12001#$a山东师院学报$i社会科学版$k1976–1981
并列正题名	510	1	$aJournal of social science of Shandong Teachers' University$zeng
并列正题名	510	1	$aJournal of Shandong Teachers' University$iHumanities and social sciences$zeng
并列正题名	510	1	$aJournal of Shandong Teachers' University$iSocial science edition$zeng
其他题名	517	1	$a山东师大学报. 社会科学版
其他题名	517	1	$a山东师大学报. 人文社会科学版
其他题名	517	1	$a山东师范大学学报. 人文社会科学版
论题主题	606	0	$a社会科学$j期刊
中图分类号	690		$aC55$v4
团体名称/等同	711	02	$a山东师范大学$4主办
记录来源	801	0	aCNbBNU$c19971225
ISSN中心	802		$a22

示例2. 责任说明发生变化

说明：连续出版物的责任说明发生变化，且正题名不是通用术语，不需要另行著录，可将责任说明变化的情况在附注项说明。在CNMARC记录中使用314字段（知识责任附注）说明责任说明变化的情况，对有检索意义的责任者还需要在7XX字段提供规范检索点。

卡片格式：

电脑编程技巧与维护 = Computer programming skills & maintenance. -- 1994, no. 1 (1994, 7)- . -- 北京 : 电脑编程技巧与维护杂志社, 1994-

– vol. ; 26 – 29cm

月刊. -- 题名取自封面. -- 2003起尺寸改为29cm

本刊原由中国信息产业商会与中国软件行业协会主办; 2003起主办机构只有: 中国信息产业商会

编辑部地址：北京市海淀区长春桥路5号6号楼1209室(邮编100089)；电话：(010)82561037；E-mail：editor@publica.bj.oninfo.net

主页访问方式：World Wide Web. URL:http://www.comprg.com.cn

ISSN 1006-4052 = 电脑编程技巧与维护. -- CN 11-3411

CNMARC格式：

记录头标			nas0
控制号	001		［记录控制号］
处理时间	005		20080407095541.4
ISSN	011		$a1006-4052
统一书刊号	091		$a11-3411
一般处理数据	100		$a19941008a19949999mk y0chiy0120 ea
文献语种	101	0	$achi
出版国	102		aCNb110000
编码/文字特征	106		$ar
编码/连续出版物	110		$aafaz 0yy0
题名与责任说明	200	1	$a电脑编程技巧与维护$d= Computer programming skills & maintenance$zeng
连续出版物编号	207	0	$a1994, no. 1 (1994, 7)-
出版发行等	210		$a北京$c电脑编程技巧与维护杂志社$d1994-
载体形态项	215		$a vol.$d26-29cm
出版频率附注	326		$a月刊
题名著录项附注	304		$a题名取自封面
载体形态附注	307		$a2003起尺寸改为29cm
知识责任附注	314		$a本刊原由中国信息产业商会与中国软件行业协会主办；2003起主办机构只有：中国信息产业商会
采访信息附注	345		$a编辑部地址：北京市海淀区长春桥路5号6

			号楼1209室(邮编：100089)；电话：(010)82561037；E-mail：editor@publica.bj.oninfo.net
并列正题名	510	1	$aComputer pragramming skills & maintenance$zeng
论题主题	606	0	$a程序设计$j期刊
中图分类号	690		$aTP311-55$v4
团体名称/等同	711	02	$a中国软件行业协会$4主办
团体名称/等同	711	02	$a中国信息产业商会$4主办
ISSN中心	802		$a22
电子资源定位	856	4	$uhttp://www.comprg.com.cn$2电脑编程技巧与维护（主页）

示例3. 责任说明发生变化

卡片格式：

地质矿产研究 / 地质科学研究院地质矿产所. -- 1974, no. 1-1978, no. 6 = 总1-20. -- 北京 : 地质科学研究院地质矿产所, 1974-1978

20no. ; 26cm.

不定期. -- 有增刊. -- 内部刊物. -- 1976, no. 3起责任者改为：中国地质科学院地质矿产所

CNMARC格式：

记录头标			nas0
控制号	001		［记录控制号］
处理时间	005		20081010083931.9
一般处理数据	100		$a19971024b19741978k y0chiy0121 ea
文献语种	101	0	$achi
出版国	102		aCNb110000
编码/文字特征	106		$ar
编码/连续出版物	110		$aayyz 0zy0
题名与责任说明	200	1	$a地质矿产研究$f地质科学研究院地质矿产所
连续出版物编号	207	0	$a1974, no. 1-1978, no. 6 = 总1-20
出版发行等	210		$a北京$c地质科学研究院地质矿产所$d1974-1978
载体形态项	215		$a20no.$d26cm.
出版频率附注	326		$a不定期
出版发行附注	306		$a内部刊物
知识责任附注	314		$a1976, no. 3起责任者改为: 中国地质科学院地质矿产所
资源特殊细节附注	315		$a有增刊
论题主题	606	0	$a地质学$j期刊
中图分类号	690		$aP5-55$v4
团体名称/等同	711	02	$a中国地质科学院$b地质矿产所$4主办
团体名称/等同	711	02	$a地质科学研究院$b地质矿产所$4主办

记录来源	801	0	aCNbPUL$c19971024

示例4. 共同题名和从属题名

卡片格式：

电工文摘. 第三分册，电气化、电机与电器 / 全苏科学技术情报研究所文摘编辑委员会编 ；中国科学技术情报研究所译. -- 1960, no. 1 (1960, 7)-1963, no. 12. -- 北京 ：中国科学技术情报研究所，1960-1963

4vol. ; 26cm

月刊（1962-1963）; 半月刊 (1960-1961)

译自：Академия Наук СССР Институт научной информацни реферативнфй журиал элекротехниуки

1964年起分为《电工文摘. 第五分册，电机和电器》、《电工文摘. 第六分册，电力拖动和电工艺》、《电工文摘. 第七分册，运输业电气设备和农业电气化》

1962, no. 10起取消分辑题名

本刊由中国国外科学技术文献编译委员会主办. -- 1962, no. 10起编辑出版者改为：中国科学技术情报研究所重庆分所；出版地改为重庆

CNMARC格式：

记录头标			nas
控制号	001		［记录控制号］
处理时间	005		20080619114545.8
一般处理数据	100		$a19970905b19601963k y0chiy0121 ea
文献语种	101	0	$achi
出版国	102		aCNb110000
编码/文字特征	106		$ar
编码/连续出版物	110		$aafadd 0yy0
题名与责任说明	200	1	$a电工文摘$h第三分册$i电气化、电机与电器$f全苏科学技术情报研究所文摘编辑委员会编$g中国科学技术情报研究所译
连续出版物编号	207	0	$a1960, no. 1 (1960, 7)-1963, no. 12
出版发行等	210		$a北京$c中国科学技术情报研究所$d1960-1963
载体形态项	215		$a4vol.$d26cm
出版频率附注	326		$a月刊$b1962-1963
出版频率附注	326		$a半月刊$b1960-1961
版本附注	305		$a译自：Академия Наук СССР Институт научной информацни реферативнфй журиал элекротехниуки
出版发行附注	306		$a1962, no. 10起出版地改为重庆

连接字段附注	311		$a1964年起分为《电工文摘. 第五分册, 电机和电器》、《电工文摘. 第六分册, 电力拖动和电工艺》、《电工文摘. 第七分册, 运输业电气设备和农业电气化》
相关题名附注	312		$a1962, no. 10起取消分辑题名
知识责任附注	314		$a本刊由中国国外科学技术文献编译委员会主办; 1962, no. 10起编辑出版者改为: 中国科学技术情报研究所重庆分所
分成...和...	446	0	$1001［记录控制号］$12001#$a电工文摘$h第七分册$i运输业电气设备和农业电气化$1210##$d1964-1966
分成...和...	446	0	$1001［记录控制号］$12001#$a电工文摘$h第六分册$i电力拖动和电工艺$1210##$d1964-1966
分成...和...	446	0	$1001［记录控制号］$12001#$a电工文摘$h第五分册$i电机和电器$1210##$d1964-1966
并列正题名	510	1	$aАкадемия Наук СССР Институт научной информацни рефератив нфйжуриал элек ротехниуки$zrus
其他题名	517	1	$a电工文摘. 第三分册
论题主题	606	0	$a电工技术$j文摘$j期刊
中图分类号	690		$aZ88:TM-55$v4
团体名称/等同	711	02	$a全苏科学技术情报研究所$b文摘编辑委员会$4编辑
团体名称/等同	711	02	$a中国科学技术情报研究所$b重庆分所$4编辑
团体名称/次要	712	02	$a中国国外科学技术文献编译委员会$4主办
团体名称/次要	712	02	$a中国科学技术情报研究所$4译
记录来源	801	0	aCNbPUL$c19970905

示例5. 正文为繁体字

说明：连续性资源正文为繁体字时，著录用文字应与正文一致使用繁体字。

卡片格式：

安徽教育公報. -- No. 1 (民國十二年四月 ［1923, 4］)-no. 77 (民國十五年十一月［1926, 11］). -- ［安慶 (安徽)］: 安徽教育廳［發行］, 民國十二-十五年［1923-1926］

77no. ; 23cm

不定期. -- 題名取自封面

北洋軍閥政府安徽省教育廳機關刊物。主要刊布有關教育的法規、命令 (包括中央、本省及本廳) 以及公文 (包括呈文、批示、公函) 等材料。還刊登教育論著

逐页题名：教育公報

CNMARC格式：

记录头标			nas0
控制号	001		［记录控制号］
处理时间	005		20060901153343.5
一般处理数据	100		$a19930805b19231926ekmy0chiy0121　ea
文献语种	101	0	$achi
出版国	102		aCNb340000
编码/文字特征	106		$ar
编码/连续出版物	110		$aayyzz 0yy0
题名与责任说明	200	1	$a安徽教育公報
连续出版物编号	207	0	$aNo. 1 (民國十二年四月 ［1923, 4］)–no. 77 (民國十五年十一月 ［1926, 11］)
出版发行等	210		$a［安慶 (安徽)］$c安徽教育廳 ［發行］$d民國十二–十五年［1923–1926］
载体形态项	215		$a77no.$d23cm
出版频率附注	326		$a不定期
题名著录项附注	304		$a题名取自封面
提要附注	330		$a北洋政府安徽省教育廳機關刊物。主要刊布有關教育的法規、命令 (包括中央、本省及本廳)以及公文 (包括呈文、批示、公函) 等材料。還刊登教育論著
逐页题名	515	1	$a教育公報
论题主题	606	0	$a地方教育$x教育管理$x史料$y安徽省$z民国$j期刊
中图分类号	690		$aG527.54–55$v4
中图分类号	690		$aG529.6–55$v4
团体名称/等同	711	01	$a安徽省 (民國, 1912–1928)$b教育廳$4主办
记录来源	801	0	aCNbBNU$c20060901

示例6. 正刊（正编）

说明：在编连续性资源有增刊（补编、副刊）时，使用附注说明增刊（补编、副刊）的题名。在CNMARC记录中，使用421字段（补编、增刊）连接增刊（补编、副刊）记录，421字段第2指示符为“1”时，系统可自动生成附注“补编、增刊：……”。

卡片格式：

家庭医药 = Home medicine / 广西壮族自治区科学技术协会主办. -- 2002, no.1 (2002, 1)– . -- 南宁 : 家庭医药杂志社, 2002-

– vol. ; 26cm

月刊. -- 杂志社地址：广西南宁市古城路31号（邮编：530022）

增刊：家庭医药增刊. 用药宝典 = ISSN 1671–4954

ISSN 1671–4954 = 家庭医药. -- CN 45–1301

CNMARC格式：

记录头标　　nas0

控制号	001		［记录控制号］
处理时间	005		20050928154224.4
ISSN	011		$a1671-4954
统一书刊号	091		$a45-1301
一般处理数据	100		$a20021230a20029999ekmy0chiy0121 ea
文献语种	101	0	$achi
出版国	102		aCNb450000
编码/文字特征	106		$ar
编码/连续出版物	110		$aafaz 0zy0
题名与责任说明	200	1	$a家庭医药$d= Home medicine$f广西壮族自治区科学技术协会主办$zeng
连续出版物编号	207	0	$a2002, no. 1 (2002, 1)-
出版发行等	210		$a南宁$c家庭医药杂志社$d2002-
载体形态项	215		$a vol.$d26cm
出版频率附注	326		$a月刊
采访信息附注	345		$a杂志社地址：广西南宁市古城路31号（邮编：530022）
补编、增刊	421	1	$1001［记录控制号］$1011##$a1671-4954$12001#$a家庭医药增刊$i用药宝典$1210##$d2007-
并列正题名	510	1	$aHome medicine$zeng
论题主题	606	0	$a医学$j期刊
中图分类号	690		$aR-55$v4
团体名称/等同	711	02	$a广西壮族自治区科学技术协会$4主办
记录来源	801	0	aCNbWUL$c20020108
ISSN中心	802		$a22

示例7. 增刊（补编、副刊）

说明：在编连续性资源是另一连续性资源的增刊（补编、副刊）时，使用附注说明正刊（正编）的题名。在CNMARC记录中，使用422字段（正编、正刊）连接正刊（正编）记录，422字段第2指示符为“1”时，系统可自动生成附注“正编、正刊：……”。

卡片格式：

家庭医药增刊 = Home medicine. 用药宝典. -- No. 1- . -- 南宁 ：家庭医药杂志社, 2007-

- vol. ; 26cm

年刊. -- 主办者：广西壮族自治区科学技术协会. -- 杂志社地址: 南宁市古城路31号（邮编530022）

正刊：家庭医药 = ISSN 1671-4954

ISSN 1671-4954 = 家庭医药增刊. 用药宝典. -- CODEN JTYYZK. -- CN 45-1301

CNMARC格式：

记录头标			nas
控制号	001		［记录控制号］
处理时间	005		20080304162039.9
ISSN	011		$a1671-4954
CODEN标识	040		$aJTYYZK
统一书刊号	091		$a45-1301
一般处理数据	100		$a20080303a20079999ekmy0chiy50 ea
文献语种	101	0	$achi
出版国	102		aCNb450000
编码/文字特征	106		$ar
编码/连续出版物	110		$aakazz 0zu0
题名与责任说明	200	1	$a家庭医药增刊$d= Home medicine$i用药宝典$zeng
连续出版物编号	207	0	$aNo. 1-
出版发行等	210		$a南宁$c家庭医药杂志社$d2007-
载体形态项	215		$a vol.$d26cm
出版频率附注	326		$a年刊
知识责任附注	314		$a主办者: 广西壮族自治区科学技术协会
采访信息附注	345		$a杂志社地址: 南宁市古城路31号（邮编530022）
正编、正刊	422	1	$1001［记录控制号］$1011##$a1671-4954$12001#$a家庭医药$1210##$d2002-
并列正题名	510	1	$aHome medicine$zeng
其它题名	517	1	$a用药宝典
论题主题	606	0	$a医药学$j期刊
中图分类号	690		$aR-55$v4
团体名称/等同	711	02	$a广西壮族自治区科学技术协会$4主办
记录来源	801	0	aCNbECN$c20080303
ISSN中心	802		$a22

示例8. 继承关系

说明：在编连续性资源被后续出版的另外一种连续性资源完全继承，在附注项说明后续资源的题名。在CNMARC记录中用440字段（由…继承）连接后续资源记录，440字段第2指示符为“1”时，系统可自动生成附注“改为：……”。

卡片格式：

大连轻工业学院学报. -- ［1981, no. 1 (1981)-1988, no. 4 (1988, ?)］ = 总［1-115］；vol. 8, no. 1/2 (1989, 6)-vol. 26, no. 4 (2007) = 1989, no. 1/2 (1989)-2007, no. 4 (2007). -- 大连 : 大连轻工业学院, ［1981］-2007

27vol. ; 26-30cm

季刊 (1987-2007). -- 不定期 (1981-1986)

自1989, no. 1/2起有英文目次及文摘，vol. 13 (1994)起有英文文摘, 版权页汉英对照. --

有并列题名: Journal of Dalian Institute of Light Industry

内部刊物，自1987年11月起正式出版发行. -- Vol. 19 (2000) 起尺寸改为30cm

与《大连轻工业学院学报. 社会科学版》交替出版，总期连续

改为：大连工业大学学报 = ISSN 1005-4014

ISSN 1005-4014. -- CODEN DQXUFL. -- CN 21-1266

CNMARC格式：

记录头标			nas0
控制号	001		［记录控制号］
处理时间	005		20100603091848.4
ISSN	011		$a1005-4014
CODEN标识	040		$aDQXUFL
统一书刊号	091		$a21-1266
一般处理数据	100		$a19970401b19812007km y0chia0120 ea
文献语种	101	0	$achi$deng$eeng
出版国	102		aCNb210000
编码/文字特征	106		$ar
编码/连续出版物	110		$aahazz 0zy0
题名与责任说明	200	1	$a大连轻工业学院学报
连续出版物编号	207	0	$a［1981, no. 1 (1981)-1988, no. 4 (1988, ?)］=［总1-115］$avol. 8, no. 1/2 (1989, 6)-vol. 26, no. 4 (2007) = 1989, no. 1/2 (1989)-2007, no. 4 (2007)
出版发行等	210		$a大连$c大连轻工业学院$d［1981］-2007
载体形态项	215		$a27vol.$d26-30cm
出版频率附注	326		$a季刊$b1987-2007
出版频率附注	326		$a不定期$b1981-1986
编码信息附注	302		$a自1989, no. 1/2起有英文目次及文摘； vol. 13 (1994) 起有英文文摘，版权页汉英对照
出版发行附注	306		$a内部刊物，自1987年11月起正式出版发行
载体形态附注	307		$aVol. 19 (2000) 起尺寸改为30cm
相关题名附注	312		$a有并列题名: Journal of Dalian Institute of Light Industry
资源特殊细节附注	315		$a与《大连轻工业学院学报. 社会科学版》交替出版，总期连续
由...继承	440	1	$1001［记录控制号］$1011##$a1005-4014$12001#$a大连工业大学学报$1210##$d2008-
并列正题名	510	1	$aJournal of Dalian Institute of Light Industry$zeng
论题主题	606	0	$a自然科学$j期刊
中图分类号	690		$aTS-55$v4
团体名称/等同	711	02	$a大连轻工业学院$4主办
ISSN中心	802		$a22

记录来源	801	0	aCNbPUL$c19970401

示例9. 继承关系

说明：在编连续性资源完全继承了一种先前出版的连续性资源，在附注项说明先前资源的题名。在CNMARC记录中用430字段（继承）连接先前资源记录，430字段第2指示符为“1”时，系统可自动生成附注“继承：……”。

卡片格式：

大连工业大学学报 = Journal of Dalian Polytechnic University / 主办大连工业大学. -- Vol. 27, no. 1 (2008, 3)- = 总95- . -- 大连 : 大连工业大学, 2008-

- vol. ; 29cm

季刊. -- 有英文目次及文摘. -- 编辑部地址：大连市甘井子区轻工苑1号 (邮编：116034)

继承：大连轻工业学院学报 (1981-2007) = ISSN 1005-4014

ISSN 1674-1404 = 大连工业大学学报. -- CN 21-1560

CNMARC格式：

记录头标			nas0
控制号	001		［记录控制号］
处理时间	005		20080529145303.0
ISSN	011		$a1674-1404
统一书刊号	091		$a21-1560
一般处理数据	100		$a20070326a20089999ekmy0chiy50 ea
文献语种	101	0	$achi$deng$eeng
出版国	102		aCNb210000
编码/文字特征	106		$ar
编码/连续出版物	110		$aahazz 0zy0
题名与责任说明	200	1	$a大连工业大学学报$d= Journal of Dalian Polytechnic University$f主办大连工业大学$zeng
连续出版物编号	207	0	$aVol. 27, no. 1 (2008, 3)- = 总95-
出版发行等	210		$a大连$c大连工业大学$d2008-
载体形态项	215		$a vol.$d29cm
出版频率附注	326		$a季刊
编码信息附注	302		$a有英文目次及文摘
采访信息附注	345		$a大连市甘井子区轻工苑1号 (邮编：116034)
继承	430	1	$1001［记录控制号］$1011##$a1005-4014$12001#$a大连轻工业学院学报$1210##$d1981-2007
并列正题名	510	1	$aJournal of Dalian Polytechnic University$zeng
论题主题	606	0	$a工业技术$j期刊
中图分类号	690		$aT-55$v4
团体名称/等同	711	02	$a大连工业大学$4主办
记录来源	801	0	aCNbPUL$c20080521

ISSN中心　802　$a22

示例10. 部分继承

说明：在编连续性资源是由一种连续性资源分为两种或多种连续性资源后形成的新资源，用附注说明被分解的先前连续性资源的题名。在CNMARC记录中用431字段（部分继承）连接先前资源记录，431字段第2指示符为“1”时，系统可自动生成附注“部分继承：……”。

卡片格式：

贵州大学学报. 哲学社会科学版. -- ［1984, no. 1 (1984, 12)］-1999, no. 6 (1999, 11, 25) = ［总3］-67 ; vol. 18, no. 1 (2000, 1, 25)- = 2000, no. 1- = 总68- . -- 贵阳 : ［贵州大学学报编辑委员会］, 1984-

- vol. ; 26cm

双月刊 (1998-) ; 季刊 (1984-1997). -- 据1985, no. 1 (总4) 著录

1990, no. 1 (总24) 起题出版者: 贵州大学学报编辑部

1985年起分辑题名改题：社会科学版；1988-1990, no. 1封面题分辑题名为: 社会科学. -- 1989年起封面题英文并列题名: Journal of Guizhou University. Social science

1990, no. 1起题：贵州大学主办

1984年只出版了一期

1985-1991, 1993-1994, 1996每年最后一期附当年总目录

部分继承: 贵州大学学报 (1974-1975)

ISSN 1000-5099 = 贵州大学学报. 哲学社会科学版. -- CN 52-1012

CNMARC格式：

记录头标			nas
控制号	001		［记录控制号］
处理时间	005		20100603101425.9
ISSN	011		$a1000-5099
统一书刊号	091		$a52-1012
一般处理数据	100		$a19990614a19849999ekmy0chiy0121 ea
文献语种	101	0	$achi$eeng
出版国	102		aCNb520000
编码/文字特征	106		$ar
编码/连续出版物	110		$aagazz 0zy0
题名与责任说明	200	1	$a贵州大学学报$i哲学社会科学版
连续出版物编号	207	0	$a［1984, no. 1 (1984, 12)］-1999, no. 6 (1999, 11, 25) = ［总3］-67$avol. 18, no. 1 (2000, 1, 25)- = 2000, no. 1- = 总68-
出版发行等	210		$a贵阳$c［贵州大学学报编辑委员会］$d1984-
载体形态项	215		$a vol.$d26cm

出版频率附注	326		$a双月刊$b1998-
出版频率附注	326		$a季刊$b1984-1997
著录信息附注	303		$a据1985，no. 1 (总4) 著录
出版发行附注	306		$a1990，no. 1 (总24) 起题出版者：贵州大学学报编辑部
相关题名附注	312		$a1985年起分辑题名改题：社会科学版；1988-1990，no. 1封面题分辑题名为：社会科学
相关题名附注	312		$a1989年起封面题英文并列题名：Journal of Guizhou University. Social science
知识责任附注	314		$a1990，no. 1起题：贵州大学主办
资源特殊细节附注	315		$a1984年只出版了一期
书目／索引附注	320		$a1985-1991，1993-1994，1996每年最后一期附当年总目录
部分继承	431	1	$1001［记录控制号］$12001#$a贵州大学学报$1210##$d1974-1975
其他题名	517	1	$a贵州大学学报. 社会科学版
其他题名	517	1	$a贵州大学学报. 社会科学
并列正题名	510	1	$aJournal of Guizhou University$iSocial science$zeng
论题主题	606	0	$a社会科学$j期刊
中图分类号	690		$aC55$v4
团体名称/等同	711	02	$a贵州大学$4主办
记录来源	801	0	aCNbBNU$c19990614
ISSN中心	802		$a22

示例11. 分成……和……

说明：在连续性资源分成两种或多种连续性资源时，用附注说明后续的连续性资源题名。在CNMARC记录中，用311字段（连接字段附注）附注说明资源的连接关系，用446字段（分成…，…和…）连接后续资源记录，446字段第2指示符为“0”，系统不自动生成附注。

卡片格式：

贵州大学学报. -- 1974，no. 1 (1974，12)-1975，no. 2 (1975，12). -- 贵阳 ：贵州大学学报编辑委员会，1974-1975

2vol. ；26cm

半年刊. -- 1975分别出版一期社会科学版和一期自然科学版

1984年复刊时分成：贵州大学学报. 自然科学版 = ISSN 1000-5269；和：贵州大学学报. 哲学社会科学版 = ISSN 1000-5099

CNMARC格式：

记录头标		nas0
控制号	001	［记录控制号］
处理时间	005	20060725145503.1

一般处理数据	100		$a19941214b19741975ekmy0chiy0121 ea
文献语种	101	0	$achi
出版国	102		aCNb520000
编码/文字特征	106		$ar
编码/连续出版物	110		$aajazz 0yy0
题名与责任说明	200	1	$a贵州大学学报
连续出版物编号	207	0	$a1974, no. 1 (1974, 12)-1975, no. 2 (1975, 12)
出版发行等	210		$a贵阳$c贵州大学学报编辑委员会$d1974-1975
载体形态项	215		$a2vol.$d26cm
出版频率附注	326		$a半年刊
连接字段附注	311		$a1984年复刊时分成《贵州大学学报.自然科学版》与《贵州大学学报.哲学社会科学版》
资源特殊细节附注	315		$a1975年分别出版一期社会科学版和一期自然科学版
分成...和...	446	0	$1001［记录控制号］$1011##$a1000-5269$12001#$a贵州大学学报$i自然科学版$1210##$d1985-
分成...和...	446	0	$1001［记录控制号］$1011##$a1000-5099$12001#$a贵州大学学报$i哲学社会科学版$1210##$d1984-
论题主题	606	0	$a自然科学$j期刊
论题主题	606	0	$a社会科学$j期刊
中图分类号	690		$aN55$v4
中图分类号	690		$aC55$v4
记录来源	801	0	aCNbSHL$c19941214

示例12. 分自

说明：在编连续性资源是从另外一种连续性资源中分出时，用附注说明分出前的连续性资源的题名。在CNMARC记录中用437字段（分自）连接先前资源记录，437字段第2指示符为“1”时，系统可自动生成附注“分自：……”。

卡片格式：

民国档案 / 中国第二历史档案馆主办. -- 创刊号 (1985, 8) = 1985, no. 1 (1985, 8) = 总1 ; 1985, no. 2- = 总2- . -- 南京 :《民国春秋》编辑部, 1985-

– vol. ; d26cm

季刊. -- 1985-1989年英文目次页题英文并列题名：Republican archives；1990年起封面题英文并列题名：Archives of the Republic of China；1997年起封面并列题名与目次页相同

1991, no. 2起出版者改题：《民国档案》杂志社

1986, no. 4附1985-1986年总目录；1987起每年最后一期附该年总目录

编辑部地址：南京市中山东路309号 (邮编：210016)

分自：历史档案 = ISSN 1001-7755

ISSN 1000-4491 = 民国档案. -- CN 32-1012

CNMARC格式：

记录头标			nas0
控制号	001		［记录控制号］
处理时间	005		20080314162932.5
ISSN	011		$a1000-4491
统一书刊号	091		$a32-1012
一般处理数据	100		$a20010915a19859999ekmy0chiy0120 ea
文献语种	101	0	$achi$eeng
出版国	102		aCNb320000
编码/文字特征	106		$ar
编码/连续出版物	110		$aahazz 0yd1
题名与责任说明	200	1	$a民国档案$f中国第二历史档案馆主办
连续出版物编号	207	0	$a创刊号 (1985, 8) = 1985, no. 1 (1985, 8) = 总1$a1985, no. 2- = 总2-
出版发行等	210		$a南京$c《民国春秋》编辑部$d1985-
载体形态项	215		$a vol.$d26cm
出版频率附注	326		$a季刊
相关题名附注	312		$a1985-1989年英文目次页题英文并列题名：Republican archives；1990年起封面题英文并列题名：Archives of the Republic of China；1997年起封面并列题名与目次页相同
出版发行附注	306		$a1991, no. 2起出版者改题:《民国档案》杂志社
书目／索引附注	320		$a1986, no. 4附1985-1986年总目录；1987起每年最后一期附该年总目录
采访信息附注	345		$a编辑部地址：南京市中山东路309号 (邮编：210016)
分自	437	1	$1001［记录控制号］$1011##$a1001-7755$12001#$a历史档案$1210##$d1981-
并列正题名	510	1	$aRepublican archives$zeng
并列正题名	510	1	$aArchives of the Republic of China$zeng
论题主题	606	0	$a历史$y中国$z民国$j期刊
论题主题	606	0	$a档案资料$x历史$y中国$z民国$j期刊
中图分类号	690		$aK258-55$v4
团体名称/等同	711	02	$a中国第二历史档案馆$4主办
记录来源	801	0	aCNbBNU$c20000911
ISSN中心	802		$a22

示例13. 吸收

说明：在编连续性资源吸收了其他连续性资源，并且没有改变题名，用附注说明被吸收的连续性资源的题名，吸收的日期也可在附注中说明。在CNMARC记录中用434字段（吸收）连接被吸收的资源记录，可用311字段附注说明连接关系，434字段第2指示符取值为“0”。

卡片格式：

长沙大学学报 = Journal of Changsha University / 长沙大学主办. -- ［1987, no. 1 (1987, 10)-1991, no. 2 (1991, 12)］ = ［总1-7］；［vol. 6, no. 1 (1992, 6)］- = ［总8］-. -- 长沙 ：长沙大学学报编辑部, 1987-

- vol. ; 26-29cm

双月刊 (2005-)；出版频率多次变化 (1987-2004). -- 自然科学内容有英文文摘；vol. 13 (1999) 起全部有英文文摘

据vol. 10, no. 3 (总29) (1996, 10, 20) 著录. -- Vol. 13 (1999) 起尺寸改为29cm

Vol. 10, no. 3 (1996) 起分哲学社会科学与自然科学交替出版；第3期为自然科学，第4期为哲学社会科学；自vol. 11 (1997) 起第1、3期为哲学社会科学内容；第2、4期为自然科学内容

每卷最后一期附当年总目录. -- 编辑部地址：湖南省长沙市洪山庙 (邮编：410003)

1990-1996年吸收：长沙职业技术师专学报

ISSN 1008-4681 = 长沙大学学报. -- CN 43-1276

CNMARC格式：

记录头标			nas0
控制号	001		［记录控制号］
处理时间	005		20061222102427.1
ISSN	011		$a1008-4681
统一书刊号	091		$a43-1276
一般处理数据	100		$a19991124a19879999ekmy0chiy0121 ea
文献语种	101	0	$achi$eeng
出版国	102		aCNb430000
编码/文字特征	106		$ar
编码/连续出版物	110		$aagazz 0yd0
题名与责任说明	200	1	$a长沙大学学报$d= Journal of Changsha University$f长沙大学主办$zeng
连续出版物编号	207	0	$a［1987, no. 1 (1987, 10)-1991, no. 2 (1991, 12)］ = ［总1-7］$a［vol. 6, no. 1 (1992, 6)］- = ［总8］-
出版发行等	210		$a长沙$c长沙大学学报编辑部$d1987-
载体形态项	215		$a vol.$d26-29cm
出版频率附注	326		$a双月刊$b2005-
出版频率附注	326		$a出版频率多次变化$b1987-2004
编码信息附注	302		$a自然科学内容有英文文摘；vol. 13 (1999) 起全部有英文文摘
著录信息附注	303		$a据vol. 10, no. 3 (总29) (1996, 10, 20) 著录
载体形态附注	307		$aVol. 13 (1999) 起尺寸改为29cm
连接字段附注	311		$a1990-1996年吸收：长沙职业技术师专学报
资源特殊细节附注	315		$aVol. 10, no. 3 (1996) 起分哲学社会科学与自然科学

			交替出版；第3期为自然科学，第4期为哲学社会科学；自vol. 11 (1997) 起第1、3期为哲学社会科学内容；第2、4期为自然科学内容
书目／索引附注	320		$a每卷最后一期附当年总目录
采访信息附注	345		$a编辑部地址: 湖南省长沙市洪山庙 (邮编：410003)
吸收	434	0	$12001#$a长沙职业技术师专学报$1210##$d1990-1996
并列正题名	510	1	$aJournal of Changsha University$zeng
论题主题	606	0	$a自然科学$j期刊
论题主题	606	0	$a社会科学$j期刊
中图分类号	690		$aN55$v4
科图分类号	692		$aC55$v4
团体名称/等同	711	02	$a长沙大学$4主办
记录来源	801	0	aCNbBNU$c19991124
ISSN中心	802		$a22

示例14. 部分吸收

说明：在编连续性资源吸收了其他连续性资源的一部分，并且没有改变题名，用附注说明被吸收的连续性资源的题名，吸收的日期也可在附注中说明。在CNMARC记录中用435字段（部分吸收）连接被部分吸收的资源记录，当435字段第2指示符取值为“1”时，系统自动生成附注“部分吸收：……”。

卡片格式：

延边大学学报. 哲学社会科学版. -- 1957, no. 1-1999, no. 4 (1999, 11) = ［总1］-112 ; vol. 33, no. 1 (2000, 2, 20)- = 总113- . -- 延边［吉林］：延边大学, 1957-

– vol. ; 26cm

双月刊 (2007-) ; 季刊 (1957-2006) . -- 2000年起有ISSN. -- 19??-1973年休刊

1981年起有朝鲜文并列题名. -- 1975年起题名改题：延边大学. 哲学社会科学版；1979年起题名改题：延边大学学报. 哲学社会科学版；1981年起分辑题名改题：社会科学版；1991年起分辑题名改回：哲学社会科学版；2000年起分辑题名又改回：社会科学版. -- 1997, no. 1正题名为: 延边大学社会科学学报

1992起每年最后一期附当年总目录；1995、1998年的总目录附在下一年度第一期上；2000年起每卷最后一期附该卷总目录

部分吸收: 东疆学刊. 哲学社会科学版 = ISSN 1002-2007

ISSN 1009-3311 = 延边大学学报. 哲学社会科学版. -- CN 22-1025

CNMARC格式：

记录头标		nas
控制号	001	［记录控制号］
处理时间	005	20100603035713.3
ISSN	011	$a1009-3311
统一书刊号	091	$a22-1025

一般处理数据	100		$a20060110a19579999em y0chiy0120 ea
文献语种	101	0	$achi
出版国	102		aCNb220000
编码/文字特征	106		$ar
编码/连续出版物	110		$aagazz 0yd0
题名与责任说明	200	1	$a延边大学学报$i哲学社会科学版
连续出版物编号	207	0	$a1957, no. 1-1999, no. 4 (1999, 11) = ［总1］-112$avol. 33, no. 1 (2000, 2, 20)- = 总113-
出版发行等	210		$a延边［吉林］$c延边大学$d1957-
载体形态项	215		$a vol.$d26cm
出版频率附注	326		$a双月刊$b2007-
出版频率附注	326		$a季刊$b1957-2006
标识号附注	301		$a2000年起有ISSN
相关题名附注	312		$a1981年起有朝鲜文并列题名
相关题名附注	312		$a1975年起题名改题：延边大学. 哲学社会科学版；1979年起题名改题：延边大学学报. 哲学社会科学版；1981年起分辑题名改题：社会科学版；1991年起分辑题名改回：哲学社会科学版；2000年起分辑题名又改回：社会科学版
相关题名附注	312		$a1997, no. 1正题名为: 延边大学社会科学学报
资源特殊细节附注	315		$a19??-1973年休刊
书目／索引附注	320		$a1992起每年最后一期附当年总目录；1995、1998年的总目录附在下一年度第一期上；2000年起每卷最后一期附该卷总目录
部分吸收	435	1	$1001［记录控制号］$1011##$a1002-2007$12001#$a东疆学刊$i哲学社会科学版$1210##$d1984-1996
其他题名	517	1	$a延边大学社会科学学报
其他题名	517	1	$a延边大学. 哲学社会科学版
其他题名	517	1	$a延边大学学报. 社会科学版
论题主题	606	0	$a社会科学$j期刊
中图分类号	690		$aC55$v4
团体名称/等同	711	02	$a延边大学$4主办
记录来源	801	0	aCNbPUL$c20060910
ISSN中心	802		$a22

示例15. 并入

说明：在编连续性资源并入到另外一种连续性资源，用附注说明接受并入的连续性资源的题名，并入日期也可在附注说明。在CNMARC记录中用444字段（并入）连接接受并入的记录，可用311字段附注说明连接关系，444字段第2指示符取值为“0”。

卡片格式：

财会通讯. 理财 = Communication of finance and accounting. Financing. -- ［2006, no. 1］-2008, no. 12. -- 武汉 ：财会通讯杂志社，2006-2008

3vol. ；28cm

月刊. -- 据2008, no. 1著录. -- 题名取自封面. -- 编辑页题主办机构为：湖北省会计学会. -- 本刊还有与其他专辑交替的总期

2004年起并入: 财会通讯. 综合 = ISSN 1002-8072

ISSN 1002-8072. -- CN 42-1103

CNMARC格式：

记录头标			nas
控制号	001		［记录控制号］
处理时间	005		20090320163904.4
ISSN	011		$a1002-8072
统一书刊号	091		$a42-1103
一般处理数据	100		$a20071206b20062008ekmy0chiy50 ea
文献语种	101	0	$achi
出版国	102		aCNb420000
编码/文字特征	106		$ar
编码/连续出版物	110		$aafazz 0yy0
题名与责任说明	200	1	$a财会通讯$i理财$d= Communication of finance and accounting$iFinancing$zeng
连续出版物编号	207	0	$a［2006, no. 1］-2008, no. 12
出版发行等	210		$a武汉$c财会通讯杂志社$d2006-2008
载体形态项	215		$a3vol.$d28cm
出版频率附注	326		$a月刊
著录信息附注	303		$a据2008, no. 1著录
题名著录项附注	304		$a题名取自封面
连接字段附注	311		$a2004年起并入：财会通讯. 综合 = ISSN 1002-8072
知识责任附注	314		$a编辑页题主办机构为：湖北省会计学会
资源特殊细节附注	315		$a本刊还有与其他专辑交替的总期
并入	444	0	$1001［记录控制号］$12001#$a财会通讯$i综合$1210 ## $d2004-
并列正题名	510	1	$aCommunication of finance and$iFinancing$zeng
论题主题	606	0	$a财务制度$x研究$j期刊
论题主题	606	0	$a企业管理$x财务管理$j期刊
中图分类号	690		$aF233-55$v4
中图分类号	690		$aF275-55$v4
团体名称/等同	711	02	$a湖北省会计学会$4主办
记录来源	801	0	aCNbBNU$c20080324

ISSN中心	802		$a22

示例16. 由……与……合并而成

说明：在编连续性资源是由两种或两种以上先前出版的连续性资源合并而成，用附注说明先前资源的题名。在CNMARC记录中用311字段附注说明连接关系，重复436字段（由…，…和…合并而成）分别连接被合并的先前资源记录，436字段第2指示符取值为“0”。

卡片格式：

智能交通 = Intelligent transport system / 中国公共安全出版社. -- 2008, no. 9 (2008. 9)- = 总68- . -- 深圳 ：《智能交通》杂志社, 2008-

– vol. ; 29cm

月刊. -- 由：中国智能交通 = ISSN 1727-3544；和：智能交通世界 = ISSN 1673-3681 合并而成

ISSN 1727-3544 = 智能交通

CNMARC格式：

记录头标			nas0
控制号	001		［记录控制号］
处理时间	005		20090507091535.7
ISSN	011		$a1727-3544
一般处理数据	100		$a20081126a20089999km y0chiy0121 ea
文献语种	101	0	$achi
出版国	102		aCNb440000
编码/文字特征	106		$ar
编码/连续出版物	110		$aafaz 0yy0
题名与责任说明	200	1	$a智能交通$d= Intelligent transport system$f中国公共安全出版社$zeng
连续出版物编号	207	0	$a2008, no. 9 (2008. 9)- = 总68-
出版发行等	210		$a深圳$c《智能交通》杂志社$d2008-
载体形态项	215		$a vol.$d29cm
出版频率附注	326		$a月刊
连接字段附注	311		$a由：中国智能交通 = ISSN 1727-3544；和：智能交通世界 = ISSN 1673-3681合并而成
由...和...合并	436	0	$1011##$a1727-3544$12001#$a中国智能交通$1210##$d2008
由...和...合并	436	0	$1011##$a1727-3544$12001#$a智能交通世界$1210##$d2007-2008
并列正题名	510	1	$aIntelligent transport system$zeng
论题主题	606	0	$a交通运输经济$j期刊

中图分类号	690		$aF5-55$v4
团体名称/等同	711	02	$a中国公共安全出版社$4主办
记录来源	801	0	aCNbCAU$c20081126
ISSN中心	802		$a22

示例17. 与……合并而成……

说明：在编连续性资源与一种或多种先前出版的连续性资源合并成为一种新的连续性资源，用附注说明与之合并的其他连续性资源和合并后形成的新连续性资源的题名。在CNMARC记录中，用311字段附注说明合并的情况，用447字段（与…，…合并而成…）连接与在编资源合并的其他资源记录以及合并后形成的新资源记录，其中最后一个447字段连接合并后形成的新资源记录，447字段第2指示符取值为“0”。

卡片格式：

中国智能交通 = China intelligent transport system / 中国公共安全杂志社. -- 2008, no. 1 (2008, 1, 15)-2008, no. 8 (2008, 8) = 总60-66. -- 深圳 : 中国公共安全杂志社, 2008

7no. ; 29cm

月刊

继承：中国公共安全. 智能交通版 = ISSN 1672-2396. -- 2008年起与：智能交通世界 = ISSN 1673-3681；合并而成：智能交通 = ISSN 1727-3544

2008, no. 1 (2008, 1, 15) 实为2008, no. 1/2合刊

ISSN 1727-3544 = 中国智能交通. -- CN 44-1499

CNMARC格式：

记录头标			nas0
控制号	001		［记录控制号］
处理时间	005		20090217162449.0
ISSN	011		$a1727-3544
统一书刊号	091		$a44-1499
一般处理数据	100		$a20080616b20082008km y0chiy50 ea
文献语种	101	0	$achi
出版国	102		aCNb440000
编码/文字特征	106		$ar
编码/连续出版物	110		$aafaz 0yy0
题名与责任说明	200	1	$a中国智能交通$d= China intelligent transport system $f中国公共安全杂志社 $zeng
连续出版物编号	207	0	$a2008, no. 1 (2008, 1, 15)-2008, no. 8 (2008, 8) = 总60-66
出版发行等	210		$a深圳$c中国公共安全杂志社$d2008
载体形态项	215		$a7no.$d29cm
出版频率附注	326		$a月刊

连接字段附注	311		$a2008年起与：智能交通世界 = ISSN 1673-3681；合并而成：智能交通 = ISSN 1727-3544
资源特殊细节附注	315		$a2008, no. 1 (2008, 1, 15) 实为2008, no. 1/2合刊
继承	430	1	$1011##$a1672-2396$12001#$a中国公共安全$i智能交通版$1210##$a［2003］-2007
与...合并而成...	447	0	$1011##$a1673-3681$12001#$a智能交通世界1210d2007-2008
与...合并而成...	447	0	$1011##$a1727-3544$12001#$a智能交通$1210##$d2008-
论题主题	606	0	$a交通运输经济$j期刊
中图分类号	690		$aF5-55$v4
团体名称/等同	711	02	$a中国公共安全杂志社$4主办
记录来源	801	0	aCNbNLC$c20080515
ISSN中心	802		$a22

示例18. 合订

说明：在编连续性资源与其他连续性资源合订或合刊出版，且有各自的题名与编号时，应分别著录，在附注项说明与之合订的其他连续性资源的题名。在CNMARC记录中用423字段（合订、合刊）连接与在编连续性资源合订的其他资源记录，当423字段第2指示符取值为“0”时，用311字段附注说明合订资源的信息。

卡片格式：

对联. -- ［Vol. 1, no. 1 (1985)］-vol. 10, no. 12 (1994) ; 新vol. 1, no. 1 (1995, 1)- . -- 太原 : 太原市邮政局［发行］, 1985-

- vol. ; 19-26cm

月刊 (2002-) ; 双月刊 (1995-2001) ; 月刊 (1994) ; 双月刊 (1985-1993)

中国楹联学会会刊. -- 据vol. 1, no. 4 (1985) 著录. -- Vol. 2, no. 3 (1986) 起题:《对联》编委会出版. -- 新vol. 5 (1999) 起尺寸改为26cm

新vol. 5 (1999)起题：山西日报书刊部主办. -- 编辑部地址：山西太原市双塔寺街124号(邮编：030012)

本刊与：民间对联故事 = ISSN 1004-1427 合订. -- 本刊与：《民间对联故事》为双向倒转印刷

ISSN 1004-1427 = 对联. -- CN 14-1026

CNMARC格式：

记录头标			nas0
控制号	001		［记录控制号］
处理时间	005		20080225162016.1
ISSN	011		$a1004-1427
统一书刊号	091		$a14-1026
一般处理数据	100		$a19990802a19859999ekmy0chiy0121 ea
文献语种	101	0	$achi

出版国	102		aCNb140000
编码/文字特征	106		$ar
编码/连续出版物	110		$aafazz 0yy0
题名与责任说明	200	1	$a对联
连续出版物编号	207	0	$a［Vol. 1，no. 1 (1985)］–vol. 10，no. 12 (1994)$a新vol. 1，no. 1 (1995，1)–
出版发行等	210		$a太原$c太原市邮政局［发行］$d1985–
载体形态项	215		$a vol.$d19–26cm
出版频率附注	326		$a月刊$b2002–
出版频率附注	326		$a双月刊$b1995–2001
出版频率附注	326		$a月刊$b1994
出版频率附注	326		$a双月刊$b1985–1993
一般性附注	300		$a中国楹联学会会刊
著录信息附注	303		$a据vol. 1，no. 4 (1985) 著录
出版发行附注	306		$aVol. 2，no. 3 (1986) 起题:《对联》编委会出版
载体形态附注	307		$a新vol. 5 (1999) 起尺寸改为26cm
装订及获得方式附注	310		$a本刊与：《民间对联故事》为双向倒转印刷
连接字段附注	311		$a本刊与：民间对联故事 = ISSN 1004–1427 合订
知识责任附注	314		$a新vol. 5 (1999) 起题：山西日报书刊部主办
采访信息附注	345		$a编辑部地址：山西太原市双塔寺街124号(邮编：030012)
合订/合刊	423	0	$1001［记录控制号］$1011##1004–1427$12001#$a民间对联故事$1210##$d1985–
论题主题	606	0	$a对联$y中国$j期刊
中图分类号	690		$aI269–55$v4
团体名称/等同	711	02	$a山西日报$b书刊部$4主办
记录来源	801	0	aCNbBNU$c19990802
ISSN中心	802		$a22

示例19. 改回

说明：在编连续性资源改名后的题名与其先前题名完全相同，相当于改回原题名，应采用分别著录的方式，在附注项应说明其先前连续性资源的题名和改名后的连续性资源题名，并注明日期。在CNMARC记录中，用430字段连接先前资源记录，用448字段（改回）连接后继资源记录，当被连接资源记录有统一题名时，在4XX字段应优先连接500字段统一题名及其限定信息。

卡片格式：

星星诗刊 = The Stars poetry monthly. -- 1988, no. 4–1995, no. 12 = 总149–241. -- 成都 :《星星诗刊》杂志社，1988–1995

8vol. ; 25cm.

月刊. -- 目次页有英文题名：Stars；封面有英文题名：The Stars poetry mothly，后改为：The Stars : a poetry mothly

1989, no. 3起目次页题：中国作家协会四川分会主办；1992, no. 2起改为：四川省作家协会主办；1994起改为：星星诗刊杂志社主办；1995, no. 4起改回：四川省作家协会主办

继承：星星 (成都 : 1979-1988). -- 改回：星星 (成都 : 1996-)

ISSN 1003-9678 = 星星诗刊. -- CN 51-1075

CNMARC格式：

记录头标			cas0
控制号	001		［记录控制号］
处理时间	005		20090113095759.4
ISSN	011		$a1003-9678
统一书刊号	091		$a51-1075
一般处理数据	100		$a19980216b19881995me y0chiy0121 ea
文献语种	101	0	$achi
出版国	102		aCNb510000
编码/文字特征	106		$ar
编码/连续出版物	110		$aafazz 0zy0
题名与责任说明	200	1	$a星星诗刊$d= The Stars poetry monthly$zeng
连续出版物编号	207	0	$a1988, no. 4-1995, no. 12 = 总149-241
出版发行等	210		$a成都$c《星星诗刊》杂志社$d1988-1995
载体形态项	215		$a8vol.$d25cm.
出版频率附注	326		$a月刊
相关题名附注	312		$a目次页有英文题名：Stars；封面有英文题名：The Stars poetry mothly；后改为：The Stars : a poetry mothly
知识责任附注	314		$a1989, no. 3起目次页题：中国作家协会四川分会主办；1992, no. 2起改为：四川省作家协会主办；1994起改为：星星诗刊杂志社主办；1995, no. 4起改回：四川省作家协会主办
继承	430	0	$1001［记录控制号］$150010$a星星$n(成都 :$k1979-1988)
改回	448	0	$1001［记录控制号］$150010$a星星$n(成都 :$k1996-)
封面题名	512	1	$a星星$e诗歌月刊
并列正题名	510	1	$aStars$ea poetry monthly$zeng
并列正题名	510	1	$aStars poetry monthly$zeng
并列正题名	510	1	$aStars$zeng
论题主题	606	0	$a诗歌$y中国$z现代$j期刊$j作品集
中图分类号	690		$aI227-55$v4
团体名称/等同	711	02	$a中国作家协会$b四川分会$4主办

团体名称/等同	711	02	$a四川省作家协会$4主办
团体名称/等同	711	02	$a星星诗刊杂志社$4主办
记录来源	801	0	aCNbPUL$c19980216
ISSN中心	802		$a22

示例20. 同一载体的其他版本

说明：当在编连续性资源有同一载体的其他版本，如印刷版的不同语种版本、同语种的详版和简版等，应在附注项著录其他版本的信息。在CNMARC记录中，用311字段附注说明其他版本信息，用451字段（同一载体的其他版本）连接同一载体的其他版本记录，451字段第2指示符取值为“0”。

卡片格式：

民族画报. -- 汉文版. -- 创刊号 (1955, 2) = 1955, no. 1 ; 1955, no. 2- = ［总2］- . -- 北京 : 民族出版社, 1955-

- vol. ; 31-33cm

月刊 (1957-) ; 双月刊 (1955-1956). -- 1994年起有中英文并列目次页；1998起有单独的英文目次页. -- 有专号. -- 还有多种少数民族文字并列题名，1956年取消，1984年恢复

1985, no. 2 (总257) 起出版者改题：民族画报社. -- 1984年起尺寸改为31cm

本刊自1955年起同时还出版蒙文、藏文、维吾尔文、朝鲜文、哈萨克文版

1994年起封面题英文并列题名：Nationality pictoral；后有两期并列题名曾经有变化，随后改回. -- 中国国家民族事务委员会主办

1960, no. 6 (总54) (1960, 6) 后休刊，1961, no. 1 (总55) (1961, 1) 复刊；1966, 9-1973休刊. -- 1956, no. 1 (总7) 起有总期标识

1962年起每年最后一期附当年活页总目录，无页码

编辑部地址：北京市东城区和平里北街14号 (邮编：100013)

ISSN 0540-1224 = 民族画报. -- CN 11-1548

CNMARC格式：

记录头标			cas0
控制号	001		［记录控制号］
处理时间	005		20091009123711.4
ISSN	011		$a0540-1224
统一书刊号	091		$a11-1548
一般处理数据	100		$a19930710a19559999ekmy0chiy0121 ea
文献语种	101	0	$achi$eeng
出版国	102		aCNb110000
编码/文字特征	106		$ad
编码/连续出版物	110		$aafazz 0yc0
题名与责任说明	200	1	$a民族画报
版本说明	205		$a汉文版
连续出版物编号	207	0	$a创刊号 (1955, 2) = 1955, no. 1$a1955, no. 2- =

			［总2］-
出版发行等	210		$a北京$c民族出版社$d1955-
载体形态项	215		$a vol.$d31-33cm
出版频率附注	326		$a月刊$b1957-
出版频率附注	326		$a双月刊$b1955-1956
编码信息附注	302		$a1994年起有中英文并列目次页；1998起有单独的英文目次页
著录信息附注	303		$a有专号
题名著录项附注	304		$a还有多种少数民族文字并列题名，1956年取消，1984年恢复
出版发行附注	306		$a1985, no. 2 (总257) 起出版者改题：民族画报社
载体形态附注	307		$a1984年起尺寸改为31cm
连接字段附注	311		$a本刊自1955年起同时还出版蒙文、藏文、维吾尔文、朝鲜文、哈萨克文版
相关题名附注	312		$a1994年起封面题英文并列题名：Nationality pictoral；后有两期并列题名曾经有变化，随后改回
知识责任附注	314		$a中国国家民族事务委员会主办
资源特殊细节附注	315		$a1960, no. 6 (总54) (1960, 6) 后休刊，1961, no. 1 (总55) (1961, 1)复刊；1966,9-1973休刊
资源特殊细节附注	315		$a1956, no. 1 (总7) 起有总期标识
书目／索引附注	320		$a1962年起每年最后一期附当年活页总目录，无页码
采访信息附注	345		$a编辑部地址：北京市东城区和平里北街14号 (邮编：100013)
同载体其他版本	451	0	$1001［记录控制号］$1011##$a1002-9168$150010$a民族画报 $q(维文版)$1210##$d1955-
同载体其他版本	451	0	$1001［记录控制号］$1011##$a1002-9141$150010$a民族画报$q(藏文版)$1210##$d1955-
同载体其他版本	451	0	$1001［记录控制号］$1011##$a1002-9176$150010$a民族画报 $q(哈文版)$1210##$d1955-
同载体其他版本	451	0	$1001［记录控制号］$150010$a民族画报$q(朝文版)$1210##$d1955-
同载体其他版本	451	0	$1001［记录控制号］$1011##$a1002-915X$150010$a民族画报 $q(蒙文版)$1210##$d1955-
并列正题名	510	1	$aNationality pictoral$zeng
论题主题	606	0	$a少数民族$x现状$y中国$j期刊
论题主题	606	0	$a民族工作$y中国$j期刊
中图分类号	690		$aD633.3-55$v4
中图分类号	690		$aD633-55$v4
团体名称/等同	711	01	$a中国$b国家民族事务委员会$4主办

记录来源	801	0	aCNbBNU$c19990703
记录来源	801	2	aCNbPUL$c20060524
ISSN中心	802		$a22

示例21. 不同载体的其他版本

说明：在编连续性资源有不同载体的其他版本，如印刷版和电子版、印刷版和缩微版等，用附注说明其他版本的信息。在CNMARC记录中，用311字段附注说明其他版本信息，用452字段（不同载体的其他版本）连接不同载体的其他版本记录，452字段第2指示符取值为“0”。

卡片格式：

化學. -- Vol. 1, no. 1 (民國二十三年一月［1934, 1］)-vol. 15, no. 6 (1952, 12)；1953, no. 1-1999, no. 12；vol. 63, no. 1 (2000, 1)- = 2000, no. 1- . -- 南京：中國化學會［發行］, 民國二十三年［1934］-

– vol.；26cm

月刊 (1980-)；出版頻率多次變化(1934-1979). -- 有专号. -- 每卷頁碼相連

1940年起出版地改爲重慶；1943年起改爲成都；1945年起改爲北京；1947年起改爲南京；1950年起改爲北京；1954, no. 10出版者改爲科學出版社；1999起出版者改爲：《化学通报》编辑部

本刊1997起開始出版網路版《化学通报》

Vol. 15, no. 1 (1952, 7) 起正題名改題：化學通報. -- Vol. 2, no. 2 (1935) 起版權頁題英文并列題名：Chemistry

Vol. 13, no. 10 (1951) 起編輯者改爲：中國化學會化學編輯部；vol. 15 (1957) 起編輯者改題：中國化學會化學通報編輯委員會；1959, no. 11起編輯者改題：中国化学化工学会化学通报编辑委员会；1960, no. 8起編輯者改爲：化学通报编辑委员会，1964, no. 1起編輯者又改爲：中国化学会化学通报编辑委员会；1988, no. 5起改由《化学通报》编辑委员会编辑

1988, no. 1起題：中国化学会《化学通报》编辑委员会主办；1988, no. 5起主辦機構為：中国化学会；1999起主辦機構增加中国科学院化学研究所

本刊出至vol. 4, no. 3 (1937) 後休刊；于1940年復刊；又于vol. 11, no. 1 (1948) 後休刊；于vol. 12, no. 1 (1950, 5) 復刊；又于1966, no. 7後休刊；于1973年復刊. -- Vol. 12, no. 1 (1950) 爲復刊號

本刊vol. 5-vol. 7各出版了2期；vol. 8-vol. 11各出版了1期；1960年出版了9期；1966年出版了7期

ISSN 0441-3776 = 化學. -- CN 11-1804

CNMARC格式：

记录头标		nas0
控制号	001	［记录控制号］
处理时间	005	20100604100904.7
ISSN	011	$a0441-3776
统一书刊号	091	$a11-1804

一般处理数据	100		$a20010915a19349999kmey0chia0121 ea
文献语种	101	0	$achi
出版国	102		aCNb320000
编码/文字特征	106		$ar
编码/连续出版物	110		$aafazz 0yy0
题名与责任说明	200	1	$a化學
连续出版物编号	207	0	$aVol. 1, no. 1 (民國二十三年一月［1934, 1］)-vol. 15, no. 6 (1952, 12)$a1953, no. 1-1999, no. 12$avol. 63, no. 1 (2000, 1)- = 2000, no. 1-
出版发行等	210		$a南京$c中國化學會［發行］$d民國二十三年［1934］-
载体形态项	215		$a vol.$d26cm
出版频率附注	326		$a月刊$b1980-
出版频率附注	326		$a出版頻率多次變化$b1934-1979
著录信息附注	303		$a有专号
出版发行附注	306		$a1940年起出版地改爲重慶；1943年起改爲成都；1945年起改爲北京；1947年起改爲南京；1950年起改爲北京；1954, no. 10出版者改爲科學出版社；1999起出版者改爲：《化学通报》编辑部
载体形态附注	307		$a每卷頁碼相連
连接字段附注	311		$a本刊1997起開始出版網路版《化学通报》
相关题名附注	312		$aVol. 15, no. 1 (1952, 7) 起正題名改題：化學通報
相关题名附注	312		$aVol. 2, no. 2 (1935) 起版權頁題英文并列題名：Chemistry
知识责任附注	314		$aVol. 13, no. 10 (1951) 起編輯者改爲：中國化學會化學編輯部；vol. 15 (1957) 起編輯者改題：中國化學會化學通報編輯委員會；1959, no. 11起編輯者改題：中国化学化工学会化学通报编辑委员会；1960, no. 8起編輯者改爲：化学通报编辑委员会，1964, no. 1起編輯者又：改爲中国化学会化学通报编辑委员会；1988, no. 5起改由《化学通报》编辑委员会编辑
知识责任附注	314		$a1988, no. 1起题：中国化学会《化学通报》编辑委员会主办，1988, no. 5起主辦機構為：中国化学会；1999起主辦機構增加中国科学院化学研究所
资源特殊细节附注	315		$a本刊出至vol. 4, no. 3 (1937) 後休刊；于1940年復刊；又于vol. 11, no. 1 (1948) 後休刊；于vol. 12, no. 1 (1950,5) 復刊；又于1966, no. 7後休刊；于1973年復刊
资源特殊细节附注	315		$aVol. 12, no. 1 (1950) 爲復刊號
资源特殊细节附注	315		$a本刊vol. 5-vol. 7各出版了2期；vol. 8-vol. 11各出版

了1期；1960年出版了9期；1966年出版了7期

不同载体其他版本452		0	$12001#$a化学通报$1210##$d1997-
并列正题名	510	1	$aChemistry$zeng
其他题名	517	1	$a化學通報
论题主题	606	0	$a化学$j期刊
中图分类号	690		$aO6-55$v4
团体名称/等同	711	02	$a中国化学会$4编辑
团体名称/等同	711	02	$a中国化学会$b《化学》编辑部$4编辑
团体名称/等同	711	02	$a中国化学会$b《化学通报》编辑委员会$4编辑
团体名称/等同	711	02	$a中国化学化工学会$b《化学通报》编辑委员会$4编辑
团体名称-次要	712	02	$a中国科学院$b化学研究所$4主办
记录来源	801	0	aCNbBNU$c20060615
ISSN中心	802		$a22

示例22. 复制自

说明：当在编连续性资源完全是另外一种连续性资源的复制品，例如印刷资源的摹真复制品、缩微复制品、数字复制品等，应用附注说明在编资源为复制品，并注明原版的出版地和出版者名称，也可说明原版的出版频率等信息。在CNMARC记录中，用455字段（复制自）连接原版资源记录，当455字段第2指示符为“1”时，系统自动生成附注“复制自：……”，当需要详细描述原版信息时，建议使用311字段附注说明原版信息，此时455字段第2指示符取值为“0”。关于复制品的著录详见本书第二章“2.1.4”和第九章“9.4.2.1”。

卡片格式：

婦女文獻. -- No. 1 (民國二十八年四月 ［1939, 4, 7］)-no. 2 (民國二十八年五月［1939, 5］). -- 上海 : 上海書店, 1984

1no. ; 26cm

出版频率不确定

本刊與 文獻、藝術文獻 合訂

根據上海中華大學圖書有限公司民國二十八年 ［1939］ 發行的原版影印，原刊出版頻率為月刊

CNMARC格式：

记录头标			nas0
控制号	001		［记录控制号］
处理时间	005		20060612170111.9
一般处理数据	100		$a20060612e19841939ekmy0chiy50 ea
文献语种	101	0	$achi
出版国	102		aCNb310000
编码/文字特征	106		$ar
编码/连续出版物	110		$aauuzz 0yy0

题名与责任说明	200	1	$a婦女文獻
连续出版物编号	207	0	$aNo. 1 (民國二十八年四月［1939, 4, 7］)–no. 2 (民國二十八年五月［1939, 5］)
出版发行等	210		$a上海$c上海書店$d1984
载体形态项	215		$a1no.$d26cm
出版频率附注	326		$a出版頻率不确定
连接字段附注	311		$a本刊與：《文獻》、《藝術文獻》合訂
连接字段附注	311		$a根據上海中華大學圖書有限公司民國二十八年［1939］發行的原版影印，原刊出版頻率為月刊
合订/合刊	423	0	$1001［记录控制号］$12001#$a文献$1210##$d1984
合订/合刊	423	0	$1001［记录控制号］$12001#$a藝術文獻$1210##$d1984
复制自	455	0	$12001#$a婦女文獻$1210 $d民國二十八年［1939］
论题主题	606	0	$a妇女运动$y中国$z1938–1939$j期刊
论题主题	606	0	$a妇女运动$y世界$z1938–1939$j期刊
中图分类号	690		$aD442–55$v4
中图分类号	690		$aD441–55$v4
记录来源	801	0	aCNbBNU$c20060612

示例23. 复制为

说明：在编连续性资源有复制品，作为原版资源应在附注项说明复制品信息。在CNMARC记录中，用456字段（复制为）连接原版资源记录，当456字段第2指示符为“1”时，系统自动生成附注“复制为：……”，当需要详细描述复制品信息时，建议使用311字段附注说明，此时456字段第2指示符取值为“0”。

卡片格式：

故宮週栞. -- ［No. 1 (民國十八年十月十日［1929, 10, 10］)］–no. 510 (民國二十五年四月二十五日［1936, 4, 25］)；no. 1 (民國二十五年五月一日［1936, 5, 1］)–no. 32 (民國二十六年三月十一日［1937, 3, 11］). -- 北平 ：北平故宮博物院出版物發行所，民國十八–二十六年［1929–1937］

542no.；39cm

旬刊 (1936, 5–1937, 3)；周刊 (1929, 10–1932, 3)；半周刊 (1932, 4–1935, 6)；周刊 (1935, 7–1936, 4). -- 據合訂第一冊 (1934) 著錄. -- 頁碼相連

No. 1 (1936) 封面題：故宮旬刊. -- 書末出版說明題：北平故宮博物院編輯. -- 每年出1期“故宮周刊(雙十紀念特刊)”

故宮博物院院刊。專業刊物。主要內容是選登北平故宮博院收藏的周朝的青銅器，隋唐、五代、宋、元、明、清朝的碑帖、印壁、名人字畫、古玩、扁額和建築等圖片及考證說明文字，此外還發表研究專著、明清檔案資料，並撰文介紹故宮博物院的沿革等

复制为：故宮周刊. -- 上海 ：上海书店, 1988

CNMARC格式：

记录头标			nas0
控制号	001		［记录控制号］
处理时间	005		20071211084547.5
一般处理数据	100		$a20070412b19291937ekmy0chiy0120 ea
文献语种	101	0	$achi
出版国	102		aCNb110000
编码/文字特征	106		$ar
编码/连续出版物	110		$aaoazz 0zy0
题名与责任说明	200	1	$a故宮週栞
连续出版物编号	207	0	$a［No. 1 (民國十八年十月十日［1929, 10, 10］)］-no. 510 (民國二十五年四月二十五日［1936, 4, 25］) $ano. 1 (民國二十五年五月一日［1936, 5, 1］)-no. 32# (民國二十六年三月十一日［1937, 3, 11］)
出版发行等	210		$a北平$c北平故宮博物院出版物發行所$d民國十八-二十六年［1929-1937］
载体形态项	215		$a542no.$d39cm
出版频率附注	326		$a旬刊$b1936, 5-1937, 3
出版频率附注	326		$a周刊$b1929, 10-1932, 3
出版频率附注	326		$a半周刊$b1932, 4-1935, 6
出版频率附注	326		$a周刊$b1935, 7-1936, 4
著录信息附注	303		$a據合訂第一冊 (1934) 著錄
载体形态附注	307		$a頁碼相連
相关题名附注	312		$aNo. 1 (1936) 封面題：故宮旬刊
知识责任附注	314		$a書末出版說明題：北平故宮博物院編輯
资源特殊细节附注	315		$a每年出1期“故宮周刊 (雙十紀念特刊)”
提要附注	330		$a故宮博物院院刊。專業刊物。主要內容是選登北平故宮博院收藏的周朝的青銅器，隋唐、五代、宋、元、明、清朝的碑帖、印壁、名人字畫、古玩、扁額和建築等圖片及考證說明文字，此外還發表研究專著、明清檔案資料，並撰文介紹故宮博物院的沿革等
复制为	456	0	$12001#$a故宫周刊$1210##$a上海$c上海书店$d1988
其他题名	517	1	$a故宫旬刊
论题主题	606	0	$a故宫$x文物$x考古$z民国$j期刊
中图分类号	690		$aK87-55$v4
团体名称/等同	711	02	$a北平故宫博物院$4编辑
记录来源	801	0	aCNbBNU$c20070412

示例24. 交替出版，无独立编号

说明：在编连续性资源的题名页上交替出现反映专业内容的信息，它们有共同的ISSN和交替的卷期编号，应作为一种连续性资源著录，在附注说明交替出版的情况。在CNMARC记录中，用315字段（资源或出版物类型特殊细节附注）说明交替出版的情况。

卡片格式：

教育與職業 / 中華職業教育社編輯. -- No. 1 (民國六年［1917］)-no. 12 (民國八年［1919］)；vol. 2, no. 1 (民國八年［1919］)-vol. 3, no. 12 (民國十一年［1922］) = 总13-36；no. 37 (民國十一年［1922］)-no. 208 (1949, 12)；1985, no. 1 (1985, 5, 20)- = ［总209］-. -- 上海：中華職業教育社［發行］, 民國六年［1917］-

- vol.；15-28cm

旬刊 (2004, 6-)；出版频率多次变化 (1917-2004, 5). -- 1986, no. 2-1988, no. 9有英文目次页

No. 192 (1940)-no. 200 (1946) 出版地遷至重慶；1946年至1987年遷回上海出版；1988年起遷至北京. -- 1985起題出版者为：《職業与教育》雜誌社

Vol. 2, no. 3 (1919, 10, 31) 起尺寸改為26cm；no.41-70改為15cm；2000, no. 11起尺寸改為28cm

曾有英文并列题名：Education and profession magazine；no. 129 (1931)-208 (1949)题英文并列题名：Education and vocation；1986, no. 2-1988, no. 9英文目次页题英文并列题名：Education and profession magazine

No. 201 (1946)-no. 208 (1949) 编輯者改題為：中華職業教育社研究所；1985起又改为《教育与职业》编辑部. -- 1985起题：中華職業教育社主办

1920, 1922-1936每年出版十期，一般是六月和十二月不出刊. -- No. 37-40为第四卷. -- 1985, no. 1无總期號；1985, no. 2 (总210) 起有總期號

2003, no. 1-21單號出版綜合版，雙號出版學生版；2003, no. 22-2004, no. 11分上半月版與下半月版交替出版；2004, no. 12起每期分爲上、中、下出版

No. 50 (1923) 附no. 41-50總目錄；no. 131-180 (1932-1936) 每逢十期附有索引；1988起每年最后一期附当年總目錄

ISSN 1004-3985 = 教育與職業. -- CN 11-1004

CNMARC格式：

记录头标			nas0
控制号	001		［记录控制号］
处理时间	005		20070723094530.5
ISSN	011		$a1004-3985
统一书刊号	091		$a11-1004
一般处理数据	100		$a20060430a19179999kemy0chiy0121 ea
文献语种	101	0	$achi
出版国	102		aCNb310000
编码/文字特征	106		$ar
编码/连续出版物	110		$aaoazz 0yy0
题名与责任说明	200	1	$a教育與職業$f中華職業教育社編輯
连续出版物编号	207	0	$aNo. 1 (民國六年［1917］)-no. 12 (民國八年

			［1919］)$avol. 2, no. 1 (民國八年［1919］)-vol. 3, no. 12 (民國十一年［1922］) ＝ 总13-36$ano. 37 (民國十一年［1922］)-no. 208 (1949, 12)$a1985, no. 1 (1985, 5, 20)- ＝［总209］-
出版发行等	210		$a上海$c中華職業教育社［發行］$d民國六年［1917］-
载体形态项	215		$a vol.$d15-28cm
出版频率附注	326		$a旬刊$b2004, 6-
出版频率附注	326		$a出版频率多次变化$b1917-2004, 5
编码信息附注	302		$a1986, no. 2-1988, no. 9有英文目次页
出版发行附注	306		$aNo. 192 (1940)-no. 200 (1946) 出版地遷至重慶；1946年至1987年遷回上海出版；1988年起遷至北京
出版发行附注	306		$a1985起题出版者为：《職業与教育》雜誌社
载体形态附注	307		$aVol. 2, no. 3 (1919, 10, 31) 起尺寸改為26cm；no.41-70改為15cm；2000, no. 11起尺寸改為28cm
相关题名附注	312		$a曾有英文并列题名Education and profession magazine；no. 129 (1931)-208 (1949) 题英文并列题名：Education and vocation；1986, no. 2-1988, no. 9英文目次页题英文并列题名：Education and profession magazine
知识责任附注	314		$aNo. 201 (1946)-no. 208 (1949) 編輯者改題為：中華職業教育社研究所；1985起又改为《教育与职业》编辑部
知识责任附注	314		$a1985起题：中華職業教育社主办
资源特殊细节附注	315		$a1920, 1922-1936每年出版十期，一般是六月和十二月不出刊
资源特殊细节附注	315		$aNo. 37-40为第四卷
资源特殊细节附注	315		$a1985, no. 1无總期號；1985, no. 2 (总210) 起有總期號
资源特殊细节附注	315		$a2003, no. 1-21單號出版綜合版，雙號出版學生版；2003, no. 22-2004, no. 11分上半月版與下半月版交替出版；2004, no. 12起每期分爲上、中、下出版
书目／索引附注	320		$aNo. 50 (1923) 附no. 41-50總目錄；no. 131-180 (1932-1936) 每逢十期附有索引；1988起每年最后一期附当年總目錄
并列正题名	510	1	$aEducation and Profession Magazine$zeng
并列正题名	510	1	$aEducation and vocation$zeng
论题主题	606	0	$a职业教育$y中国$j期刊
论题主题	606	0	$a技术教育$y中国$j期刊
中图分类号	690		$aG71-55$v4
中图分类号	690		$aG72-55$v4

团体名称/等同	711	02	$a中華職業教育社$4编輯
团体名称/等同	711	02	$a中華職業教育社$b研究所$4编輯
记录来源	801	0	aCNbBNU$c20060430
ISSN中心	802		$a22

报纸

示例25：报纸

说明：在编连续性资源为报纸，著录规则与期刊相同。

卡片格式：

中国劳动保障报 = China labour and social security. -- No. 1609 (1998, 7, 2) - . -- 北京 : 中国劳动保障报社, 1998-

- vol. ; 56cm

每周四期 (2009-) ; 每周五期 (2004-2008) ; 每周六期 (2003) ; 每周四期 (1999-2002) ; 每周三期 (1998). -- 题名取自报头

中国劳动和社会保障部主办. -- 编辑部地址：北京和平里三区6号楼 （邮编：100013）； Tel：010-84229115；E-mail：tlfxb@sina.com. -- 主页访问方式：World Wide Web. URL: http://www.labournews.com.cn

继承: 中国劳动报

补编/增刊: 中国劳动保障报. 职业导刊

2000年起吸收: 中国劳动保障报. 职业导刊

CN 11-0022

CNMARC格式：

记录头标			nas0
控制号	001		［记录控制号］
处理时间	005		20101018163123.2
统一书刊号	091		$a11-0022
一般处理数据	100		$a20101018a19989999ekmy0chiy50 ea
文献语种	101	0	$achi
出版国	102		aCNb110000
编码/文字特征	106		$ae
编码/连续出版物	110		$aamaz 0yy0
题名与责任说明	200	1	$a中国劳动保障报$d= China labour and social security$zeng
连续出版物编号	207	0	$aNo. 1609 (1998, 7, 2) -
出版发行等	210		$a北京$c中国劳动保障报社$d1998-
载体形态项	215		$a vol.$d56cm
出版频率附注	326		$a每周四期$b2009-

出版频率附注	326		$a每周五期$b2004-2008
出版频率附注	326		$a每周六期$b2003
出版频率附注	326		$a每周四期$b1999-2002
出版频率附注	326		$a每周三期$b1998
题名著录项附注	304		$a题名取自报头
连接字段附注	311		$a中国劳动保障报. 职业导刊 原为 中国劳动保障报的副刊，曾于1998-1999年独立出版发行，从2000年开始并入 中国劳动保障报，成为该报的一个版
知识责任附注	314		$a中国劳动和社会保障部主办
采访信息附注	345		$a编辑部地址：北京和平里三区6号楼（邮编：100013）；Tel：010-84229115；E-mail：tlfxb@sina.com
继承	430	1	$12001#$a中国劳动报$1210##$d1989-1998
补编/增刊	421	0	$12001#$a中国劳动保障报$i职业导刊$1210##$d1998-1999
吸收	434	0	$12001#$a中国劳动保障报$i职业导刊$1210##$d1998-1999
并列正题名	510	1	$aChina labour and social securit$zeng
论题主题	606	0	$a社会保障$x福利制度$x研究$y中国$j报纸
中图分类号	690		$aD632.1-55$v4
团体名称/等同	711	01	$a中国$b劳动和社会保障部$4主办
记录来源	801	0	aCNbNMU$c20101018
电子资源定位	856	4	$uhttp://www.labournews.com.cn$2中国劳动保障报（主页）

其他印刷型连续性资源

示例26. 年鉴

说明：在编资源为年鉴，属于连续出版物的一种，应集中著录。我国编目实践中年鉴通常带有ISBN，在著录时应省略，只著录ISSN。由于题名中“年鉴”二字包含了出版频率（每年一期），如果出版过程中频率没有变化，可以省略出版频率附注。其他著录规则与期刊相同。

卡片格式：

中国对外经济贸易年鉴 / 中国对外经济贸易年鉴编辑委员会主编. -- 1984-2003 = 总1-20. -- 北京 : 中国社会出版社, 1984-2003

18no. ; 26cm

1996/1997年卷后由中国经济出版社出版；2001年卷由中国对外经济贸易出版社出版. -- 中华人民共和国对外贸易经济合作部主持编纂

本年鉴自2004年起改名为《中国商务年鉴》

ISSN 1671-8488 = 中国对外经济贸易年鉴

CNMARC格式：

记录头标			nas0
控制号	001		［记录控制号］
处理时间	005		20080507133739.5
ISSN	011		$a1671-8488
一般处理数据	100		$a19990423b19842003kemy0chiy0121 ea
文献语种	101	0	$achi
出版国	102		aCNb110000
编码/文字特征	106		$ar
编码/连续出版物	110		$aakahh 0zg0
题名与责任说明	200	1	$a中国对外经济贸易年鉴$f中国对外经济贸易年鉴编辑委员会主编
连续出版物编号	207	0	$a1984-2003 = 总1-20
出版发行等	210		$a北京$c中国社会出版社$d1984-2003
载体形态项	215		$a18no.$d26cm
出版发行附注	306		$a1996/97年卷后由中国经济出版社出版；2001年卷由中国对外经济贸易出版社出版
连接字段附注	311		$a本年鉴自2004年起改名为《中国商务年鉴》
知识责任附注	314		$a中华人民共和国对外贸易经济合作部主持编纂
由...继承	440	0	$1001［记录控制号］$1011##$a1673-6834$12001#$a中国商务年鉴$1210##$d2004-
论题主题	606	0	$a对外贸易$y中国$j年鉴
中图分类号	690		$aF752-54$v4
团体名称/等同	711	01	$a中国$b对外贸易经济合作部$4编纂
记录来源	801	0	aCNbPUL$c19800101
ISSN中心	802		$a22

示例27. 文史资料

说明：在编文献是具有连续性资源性质的文史资料，带有编号，一般不定期出版，其著录规则与期刊相同。本例的文史资料第51辑同时也是另外两种连续性资源的其中一期，应在附注项说明。在CNMARC记录中，使用488字段（其他相关作品）连接另外两种相关的连续性资源。

卡片格式：

湖北文史资料 / 中国人民政治协商会议湖北省委员会文史资料研究委员会编. -- ［No. 1］- . -- 武汉 : 湖北人民出版社, 1984-

- no. ; 20cm

不定期

据第8辑著录. -- 本书第51辑 (1997年第2辑), 为《三峡文史博览》（第一辑）、《宜昌文史资料》总第18辑. -- 第76、77辑题名: 湖北文史

ISSN 1006-3285 ＝ 湖北文史资料

CNMARC格式：

记录头标			cas0
控制号	001		［记录控制号］
处理时间	005		20100601041522.6
ISSN	011		$a1006-3285
一般处理数据	100		$a20010309a19849999em y0chiy0121 ea
文献语种	101	0	$achi
出版国	102		aCNb420000
编码/文字特征	106		$ar
编码/连续出版物	110		$abyyzz 0zy0
题名与责任说明	200	1	$a湖北文史资料$f中国人民政治协商会议湖北省委员会文史资料研究委员会编
连续出版物编号	207	1	$a［No. 1］-
出版发行等	210		$a武汉$c湖北人民出版社$d1984-
载体形态项	215		$a no.$d20cm
出版频率附注	326		$a不定期
著录信息附注	303		$a据第8辑著录
连接字段附注	311		$a本书第51辑 (1997年第2辑)为《三峡文史博览》（第一辑）、《宜昌文史资料》总第18辑
相关题名附注	312		$a第76、77辑题名: 湖北文史
其他相关作品	488	0	$12001#$a三峡文史博览
其他相关作品	488	0	$12001#$a宜昌文史资料
其他题名	517	1	$a湖北文史
论题主题	606	0	$a文史资料$y湖北省
中图分类号	690		$aK296.3$v4
团体名称/等同	711	02	$a中国人民政治协商会议$b湖北省委员会$b文史资料研究委员会$4编
记录来源	801	0	aCNbPUL$c20010309
记录来源	801	2	aCNbNUL$c20050111
ISSN中心	802		$a22

示例28. 专著丛编

说明：在编文献是集中著录的专著丛编，每期有独立的题名，有连续的编号，一般不定期出版，没有明确的终止出版日期，可以作为连续性资源集中著录，每一期的题名信息可以著录在内容附注中。在CNMARC记录中，用327字段（内容附注）说明每一期的题名责任者信息，如果各期题名有检索意义可在517字段（其他题名）提供检索点。

卡片格式：

大眾文藝叢刊. -- No. 1 (民國37年3月1日 ［1948, 3, 1］)-no. 6 (民國38年3月

［1949, 3］). -- 香港 : ［大眾文藝叢刊社］, 民國三十七-三十八年［1948-1949］

6no. ; 20cm

雙月刊. -- 出版者據第二輯著錄

该刊前三册有期号 (第一辑、第二辑、第三辑), 后三册不知何种原因没标期号, 只能根据出版时间排序

蕭愷, 本名潘漢年

第一輯, 文藝的新方向 / 荃麟, 乃超等著. 第二輯, 人民與文藝 / 喬木等. 第三輯, 論文藝統一戰線 / 蕭愷等. ［第四輯］, 論主觀問題. ［第五輯］, 論批評. ［第六輯］, 新形式與文藝.

綜合性文藝刊物, 由中國共產黨領導創辦。其宗旨為注重文藝理論及創作方法, 進行文藝批評, 闡發中國共產黨的文藝方針和政策, 批判錯誤的及反動的文藝思潮。所載作品, 內容涉及戰鬥生活、故事、通訊、文藝批評、詩歌、小說等, 大多取材於人民群眾的實際生活, 文風樸實, 內容生動。主要文章有: 郭沫若的《斥反動文藝》、馮乃超的《戰鬥詩歌的方向》、喬木的《文藝創作與主觀》、穆文的《略論文藝大眾化》、馬烽的《一個雷雨的晚上》、蕭愷的《文藝統一戰線的幾個問題》等。主要撰稿人有: 夏衍、喬木、丁玲、馮乃超、聶紺弩、胡繩、馬烽、謝覺哉、趙樹理、田間、葉以群等

CNMARC格式:

记录头标			nas0
控制号	001		［记录控制号］
处理时间	005		20090902160610.4
一般处理数据	100		$a19930805b19481949ekmy0chiy0120 ea
文献语种	101	0	$achi$cmul
出版国	102		aCNb810000
编码/文字特征	106		$ar
编码/连续出版物	110		$abgazz 0zy0
题名与责任说明	200	1	$a大眾文藝叢刊
连续出版物编号	207	0	$aNo. 1 (民國37年3月1日［1948, 3, 1］)-no. 6 (民國38年3月［1949, 3］)
出版发行等	210		$a香港$c［大眾文藝叢刊社］$d民國三十七-三十八年［1948-1949］
载体形态项	215		$a6no.$d20cm
出版频率附注	326		$a雙月刊
出版发行附注	306		$a出版者據第二輯著錄
特殊细节附注	315		$a该刊前三册有期号 (第一辑、第二辑、第三辑), 后三册不知何种原因没标期号, 只能根据出版时间排序
知识责任附注	314		$a蕭愷, 本名潘漢年
内容附注	327	1	$a第一輯, 文藝的新方向 / 荃麟, 乃超等著.$a第二輯, 人民與文藝 / 喬木等.$a第三輯, 論文藝統一戰線 / 蕭愷等.$a［第四輯］, 論主觀問題.$a［第五輯］, 論批

			評.$a［第六輯］，新形式與文藝.
提要附注	330		$a綜合性文藝刊物，由中國共產黨領導創辦。其宗旨為注重文藝理論及創作方法，進行文藝批評，闡發中國共產黨的文藝方針和政策，批判錯誤的及反動的文藝思潮。所載作品，內容涉及戰鬥生活、故事、通訊、文藝批評、詩歌、小說等，大多取材於人民群眾的實際生活，文風樸實，內容生動。主要文章有：郭沫若的《斥反動文藝》、馮乃超的《戰鬥詩歌的方向》、喬木的《文藝創作與主觀》、穆文的《略論文藝大眾化》、馬烽的《一個雷雨的晚上》、蕭愷的《文藝統一戰線的幾個問題》等。主要撰稿人有：夏衍、喬木、丁玲、馮乃超、聶紺弩、胡繩、馬烽、謝覺哉、趙樹理、田間、葉以群等
其他题名	517 1		$a文藝的新方向
其他题名	517 1		$a人民與文藝
其他题名	517 1		$a論文藝統一戰線
其他题名	517 1		$a論主觀問題
其他题名	517 1		$a論批評
其他题名	517 1		$a新形式與文藝
论题主题	606	0	$a文学研究$y中国$j丛刊
论题主题	606	0	$a文学$y中国$z现代$j丛刊$j作品综合集
中图分类号	690		$aI216.1$v4
中图分类号	690		$aI206.6$v4
个人名称/等同	701	0	$a邵荃麟,$f1906-1971$4著
个人名称/等同	701	0	$a喬冠華,$f1913-1983$4著
个人名称/等同	701	0	$a潘漢年,$f1906-1977$4著
个人名称/等同	701	0	$a馮乃超,$f1901-1983$4著
记录来源	801	0	aCNbBNU$c20010701

示例29. 年度报告

卡片格式：

北京社会发展报告 = Annual report on socal development of Beijing / 主编戴建中. -- 2007/2008- . -- 北京 ：社会科学文献出版社, 2008-

- vol. ; 24cm + 光盘 片. -- (北京蓝皮书. 社会)

双年刊. -- 本书主要介绍了2007年首都社会形势分析、北京市常住人口现状及特征分析、北京市流动人口变动特征、社会发展与问题等内容

CNMARC格式：

记录头标		nas
控制号	001	［记录控制号］

处理时间	005		20090617100746.9
一般处理数据	100		$a20080215a20089999ekmy0chiy50 ea
文献语种	101	0	$achi
出版国	102		aCNb110000
编码/文字特征	106		$ar
编码/连续出版物	110		$aalazz 0zy0
题名与责任说明	200	1	$a北京社会发展报告$d= Annual report on socal development of Beijing$f主编戴建中$zeng
连续出版物编号	207	0	$a2007/2008-
出版发行等	210		$a北京$c社会科学文献出版社$d2008-
载体形态项	215		$a vol.$d24cm$e光盘 片
丛编说明	225	2	$a北京蓝皮书$i社会
出版频率附注	326		$a双年刊
提要附注	330		$a本书主要介绍了2007年首都社会形势分析、北京市常住人口现状及特征分析、北京市流动人口变动特征、社会发展与问题等内容
丛编连接	410	0	$12001#$a北京蓝皮书$i社会
并列正题名	510	1	$aAnnual report on socal development of Beijing$zeng
论题主题	606	0	$a社会发展$x研究报告$y北京市$j连续出版物
中图分类号	690		$aD671-55$v4
个人名称/等同	701	0	$a戴建中,$f1949-$4主编
记录来源	801	0	aCNbFDU$c20080215

示例30. 法律法规、案例、解释

卡片格式：

人民法院案例选 / 最高人民法院中国应用法学研究所编. -- 1992, no. 1- = 总1- . -- 北京 : 人民法院出版社, 1992-

- vol. ; 20cm

季刊 (2005-) ; 不定期 (1992-2004)

CNMARC格式：

记录头标			nas0
控制号	001		［记录控制号］
处理时间	005		20101021145245.7
一般处理数据	100		$a19931111a19929999em y0chiy0121 ea
文献语种	101	0	$achi
出版国	102		aCNb110000
编码/文字特征	106		$ar
编码/连续出版物	110		$aahaoo 0zy0
题名与责任说明	200	1	$a人民法院案例选$f最高人民法院中国应用法学研究

			所编
连续出版物编号	207	0	$a1992, no. 1-　= 总1-
出版发行等	210		$a北京$c人民法院出版社$d1992-
载体形态项	215		$a vol.$d20cm
出版频率附注	326		$a季刊$b2005-
出版频率附注	326		$a不定期$b1992-2004
论题主题	606	0	$a法律$x案例$y中国$z现代$j汇编
中图分类号	690		$aD920.5$v4
团体名称/等同	711	02	$a中国应用法学研究所$4编
记录来源	801	0	aCNbNLC$c19800101

示例31. 活页

说明：在编资源为活页装订形式的印刷型集成性资源，与连续出版物不同，没有持续出版的独立的一期期的实体，而是在更新时，用新的内容替换陈旧的内容，不需要更新的内容则保留。活页出版物在著录时题名与责任说明项、版本项、出版发行地、出版发行者、载体形态项和丛编项要依据当前更新后的整体，出版发行日期依据起始和/或更新后的整体，附注项则依据不同时期更新后的信息及资源以外的信息，需要注意的是集成性资源不著录编号项（详见本书第二章“2.1.2”和“2.6.1.2”）。在CNMARC记录中，头标07字符位取值“i”（集成性资源）；当活页出版物有ISBN时，应著录在010字段；在110字段（编码数据）的0字符位（连续出版物类别）取值应为“e”（活页），更新的频率应在326字段附注说明，集成性资源不需要著录207字段（编号）。

卡片格式：

中华人民共和国法典 = Code to the People's Republic of China. 行政法规 / 全国人民代表大会常务委员会法制工作委员会编. -- 北京 : 法律出版社, 2002-

- vol. (活页) ; 22cm

每年更新一次

ISBN 7-5036-3463-4

CNMARC格式：

记录头标			nai
控制号	001		［记录控制号］
处理时间	005		20030915084332.2
ISBN	010		$a7-5036-3463-4
一般处理数据	100		$a20030417a20029999km y0chiy0121　ea
文献语种	101	0	$achi
出版国	102		aCNb110000
编码/文字特征	106		$ar
编码/连续出版物	110		$aekall 0zy0
题名与责任说明	200	1	$a中华人民共和国法典$d= Code to the People's Republic of China$i行政法规$f全国人民代表大会常务

			委员会法制工作委员会编$zeng
出版发行等	210		$a北京$c法律出版社$d2002-
载体形态项	215		$a vol. (活页)$d22cm
出版频率附注	326		$a每年更新一次
并列正题名	510	1	$aCode to the People' s Republic of China$zeng
论题主题	606	0	$a法典$y中国
论题主题	606	0	$a行政法$x法规$y中国$j汇编
中图分类号	690		$aD920.9$v4
中图分类号	690		$aD922.1$v4
团体名称/等同	711	01	$a中国$b全国人民代表大会$b常务委员会$b法制工作委员会$4编
记录来源	801	0	aCNbSJT$c20030416

示例32. 通讯

说明：在编资源是报道2010年上海世博会志愿者工作的通讯，与连续出版物类似，也有编号和出版频率，所不同的是持续出版的时间是有限的，即世博会结束后停止出版，这类资源应作为有限性资源著录，著录规则与期刊相同。

卡片格式：

心周刊 ：世博会志愿者会刊 / 主办上海市世博会筹办工作领导小组志愿者组 ；承办青年报. -- 创刊号 (2009, 10, 13) ；no. 2 (2009, 10, 20)-no. 45 (2010, 7, 9). -- 上海 ：《青年报》编辑部, 2009-2010

45no. ；38cm

周报. -- 题名取自报头

同时有网络版，访问方式：World Wide Web. URL: http://www.expo2010.cn/abzyz/zyzxzk/hqxin.htm

CN 31-0006

CNMARC格式：

记录头标			nas0
控制号	001		［记录控制号］
处理时间	005		20100915084332.2
统一书刊号	091		$a31-0006
一般处理数据	100		$a20101016b20092010km y0chiy50 ea
文献语种	101	0	$achi
出版国	102		aCNb310000
编码/文字特征	106		$ae
编码/连续出版物	110		$accazz 0yy0
题名与责任说明	200	1	$a心周刊$e世博会志愿者会刊$f主办上海市世博会筹办工作领导小组志愿者组$g承办青年报
连续出版物编号	207	0	$a创刊号 (2009, 10, 13)$ano. 2 (2009, 10, 20)-no. 45

			(2010, 7, 9)
出版发行等	210		$a上海$c《青年报》编辑部$d2009-2010
载体形态项	215		$a45no.$d38cm
出版频率附注	326		$a周报
题名著录项附注	304		$a题名取自报头
其他题名	517	1	$a世博会志愿者会刊
团体名称主题	601	02	$a世界博览会$d(第41届 :$f2010 :$e上海)$j报纸
论题主题	606	0	$a博览会$y中国$y上海$z2010$j报纸
中图分类号	690		$aC916$v4
记录来源	801	0	aCNbPUL$c20101016
电子资源定位	856	4	$uhttp://www.expo2010.cn/abzyz/zyzxzk/hqxin.htm$2心周刊（网络版）

非印刷型连续性资源

示例33. 缩微品

说明：在编连续性资源是印刷型出版物的缩微复制品，在著录时除编号项外其他著录项目都应依据复制品的信息著录，而编号项依据原版著录，并且在附注项说明原版的出版发行、频率、载体形态等信息。在CNMARC记录中，使用130字段（编码数据）著录缩微品的编码信息；在210字段（出版发行）除出版发行信息外还可以著录缩微品的制作地、制作者和制作日期；在215字段（载体形态项）应著录缩微品的数量、类型、形态细节、尺寸等信息；使用455字段连接原版资源记录。

卡片格式：

新生活 = New life. -- 2代. -- No. 1 (民國18年11月 ［1929, 11］)-no. 11 (民國19年4月10日 ［1930, 4, 10］). -- 北京 : 全国图书馆文献缩微中心, 1995 (重庆 : 重庆图书馆, 1995)

1盘缩微卷片 : 负像, 1:25, 1B ; 16mm

复制自：新生活. -- 重慶 : 新生活社 ［發行］, 民國十八年-民國十九年 ［1929-1930］. -- 11no. ; 19cm

CNMARC格式：

记录头标			nas0
控制号	001		［记录控制号］
处理时间	005		20070824160437.0
一般处理数据	100		$a20061107e19951929km y0chiy50 ea
文献语种	101	0	$achi
出版国	102		aCNb110000
编码/文字特征	106		$az
编码/缩微资料	130		$adbdb025aaba

题名与责任说明	200	1	$a新生活$d= New life$zeng
版本说明	205		$a2代
连续出版物编号	207	0	$aNo. 1 (民國18年11月［1929, 11］)-no. 11 (民國19年4月10日［1930, 4, 10］)
出版发行等	210		$a北京$c全国图书馆文献缩微中心$d1995$e重庆$g重庆图书馆$h1995
载体形态项	215		$a1盘缩微卷片$c负像, 1:25, 1B$d16mm
复制自	455	1	$12001#$a新生活$1210##$a重慶$c新生活社［發行］$d民國十八年-民國十九年［1929-1930］$1215##$a11no.$d19cm
并列正题名	510	1	$aNew life$zeng
中图分类号	690		$aZ62$v4
团体名称/等同	711	02	$a新生活社$4编辑
记录来源	801	0	aCNb全国图书馆文献缩微中心$c20061107

示例34. 集成性资源——更新的网页

说明：在编资源“中国天气网”是不断更新的网页，不定时发布最新的全国天气预报和气象信息，属于连续性集成资源，同时又具有电子资源的特性。更新的网页在著录时主要信息依据当前更新的主页，一般不需要著录载体形态项，不著录资源特殊细节项，在附注项说明更新频率、著录依据、访问方式、网页名称变化的沿革等信息。在CNMARC记录中，头标06字符位应取值“l”（电子资源），07字符位应取值“i”（集成性资源）；在110字段0字符位取值“g”（网站）；在135字段（电子资源编码数据）0字符位取值“j”（联机系统或服务）；电子资源类型附注著录在336字段，网络访问方式著录在337字段（系统需求附注）。

卡片格式：

中国天气网 weather.com.cn / 中国气象局公共气象服务中心制作维护. -- 北京：中国气象局公共气象服务中心, 2008-

持续更新. -- 题名取自主页. -- 据2011年 3月24日网页更新著录. -- 文本型

访问方式：World Wide Web. URL: http://www.weather.com.cn

CNMARC格式：

记录头标			nli0
控制号	001		［记录控制号］
处理时间	005		20110325084332.2
一般处理数据	100		$a20110316a20089999km y0chiy50 ea
文献语种	101	0	$achi
出版国	102		aCNb110000
编码/连续出版物	110		$agyyzz 0yy0
编码/电子资源	135		$ajrcn nnnmuuun
题名与责任说明	200	1	$a中国天气网 weather.com.cn$f中国气象局公共气象服

			务中心制作维护
出版发行等	210		$a北京$c中国气象局公共气象服务中心$d2008-
出版频率附注	326		$a持续更新
著录信息附注	303		$a据2011年 3月24日网页更新著录
题名著录项附注	304		$a题名取自主页
电子资源类型附注	336		$a文本型
系统需求附注	337		$a访问方式:World Wide Web. URL: http://www.weather.com.cn
论题主题	606	0	$a天气预报$y中国
论题主题	606	0	$a气象服务$y中国
中图分类号	690		$aP45$v4
团体名称/等同	711	01	$a中国气象局$b公共气象服务中心$4制作维护
记录来源	801	0	aCNbPUL$c20110316
电子资源定位	856	4	$uhttp://www.weather.com.cn$2中国天气网

示例35. 集成性资源——更新的数据库

说明：在编资源“中国节能工程建设信息库”是不断更新的联机访问的数据库，数据库内容每日进行更新，更新的数据库属于连续性集成资源，同时又具有电子资源的特性。更新的数据库在著录时主要信息依据当前更新的主页，一般不需要著录载体形态项，不著录资源特殊细节项，在附注项说明更新频率、著录依据、访问方式、数据库名称变化的沿革等信息。在CNMARC记录中，头标06字符位应取值“l”（电子资源），07字符位应取值“i”（集成性资源）；在110字段0字符位取值“f”（数据库）；在135字段（电子资源编码数据）0字符位取值“j”（联机系统或服务）；电子资源类型附注著录在336字段，网络访问方式著录在337字段（系统需求附注）。

卡片格式：

中国节能工程建设信息库 / 主办全国节能监测管理中心. -- 北京 : ［北京诚信木源国际文化传媒有限公司］, 2005-

题名取自主页. -- 每日更新. -- 文本型. -- 据2011年 3月25日网页更新著录. -- 出版发行者取自工信部备案信息

先前数据库名称：中国节能建设信息库（2005年9月1日工信部备案名称）

中国节能工程建设信息库是一家及时、权威发布国内外节能工程项目信息的较大专业网站。信息来源包括国家发改委、建设部、商务部、各地建委及勘察设计单位等。信息库每天发布拟在建项目及招标信息共计60条左右，每月发布600条以上

访问方式: World Wide Web. URL: http://www.cedb.org.cn

CNMARC格式：

记录头标		nli0
控制号	001	［记录控制号］
处理时间	005	20110320141532.6
一般处理数据	100	$a20110305a20059999km y0chiy50 ea

文献语种	101	0	$achi
出版国	102		aCNb110000
编码/连续出版物	110		$afaazz 0yy0
编码/电子资源	135		$ajrcn nnnmuuuu
题名与责任说明	200	1	$a中国节能工程建设信息库$f主办全国节能监测管理中心
出版发行等	210		$a北京$c［北京诚信木源国际文化传媒有限公司］$d2005-
出版频率附注	326		$a每日更新
著录信息附注	303		$a据2011年 3月25日网页更新著录
题名著录项附注	304		$a题名取自主页
出版发行附注	306		$a出版发行者取自工信部备案信息
相关题名附注	312		$a先前数据库名称：中国节能建设信息库（2005年9月1日工信部备案名称）
提要附注	330		$a中国节能工程建设信息库是一家及时、权威发布国内外节能工程项目信息的较大专业网站。信息来源包括国家发改委、建设部、商务部、各地建委及勘察设计单位等。信息库每天发布拟在建项目及招标信息共计60条左右，每月发布600条以上。
电子资源类型附注	336		$a文本型
系统需求附注	337		$a访问方式: World Wide Web. URL: http://www.cedb.org.cn
前题名	520		$a中国节能建设信息库
论题主题	606	0	$a建筑$x节能
中图分类号	690		$aTU111$v4
团体名称/等同	711	01	$a全国节能监测管理中心$4主办
记录来源	801	0	aCNbPUL$c20110326
电子资源定位	856	4	$uhttp://www.cedb.org.cn/Default.asp$2中国节能工程建设信息库

示例36. 电子资源——网络版报纸

说明：在编资源是印刷型《华西都市报》的网络版，属于连续性电子资源。在著录时主要信息依据网页上正式出现的所有信息。在附注项应说明印刷版信息、著录依据、电子资源类型、系统需求、访问方式等。在CNMARC记录中，头标06字符位应取值“l”（电子资源），07字符位应取值“s”（连续性资源）；在110字段0字符位取值“c”（报纸）；在135字段0字符位取值“j”（联机系统或服务）；电子资源类型附注著录在336字段，系统需求和网络访问方式著录在337字段。

卡片格式：

华西都市报. -- 1998, 1, 1- . -- 成都 : 华西都市报社, 1998-

日报. -- 文本型. -- 据2011年 3月28日对“华西都市报”网页的浏览. -- 题名取自

"华西都市报"网页

本报是印刷版《华西都市报》的网络版

建议使用中文IE 3.0以上或Netscape Navigator 3.0以上800x600显示模式下浏览本站

访问方式: http://www.wccdaily.com.cn/epaper/hxdsb

CNMARC格式:

记录头标			nls0
控制号	001		［记录控制号］
处理时间	005		20110328101532.6
一般处理数据	100		$a20110328a19989999km y0chiy50 ea
文献语种	101	0	$achi
出版国	102		aCNb510000
编码/连续出版物	110		$accazz 0yy0
编码/电子资源	135		$ajrcn nnnmuuuu
题名与责任说明	200	1	$a华西都市报
连续出版物编号	207	0	$a1998, 1, 1-
出版发行等	210		$a成都$c华西都市报社$d1998-
电子资源特征	230		$a计算机数据
出版频率附注	326		$a日报
著录信息附注	303		$a据2011年 3月28日对"华西都市报"网页的浏览
题名著录项附注	304		$a题名取自"华西都市报"网页
连接字段附注	311		$a本报是印刷版《华西都市报》的网络版
电子资源类型附注	336		$a文本型
系统需求附注	337		$a建议使用中文IE 3.0以上或Netscape Navigator 3.0以上800×600显示模式下浏览本站
系统需求附注	337		$a访问方式: http://www.wccdaily.com.cn/epaper/hxdsb
不同载体的其他版本	452	0	$12001#$a华西都市报$1210##$d1995-
中图分类号	690		$aZ62$v4
团体名称/等同	711	01	$a四川日报报业集团$4主办
记录来源	801	0	aCNbPUL$c20110328
电子资源定位	856	4	$uhttp://www.wccdaily.com.cn/epaper/hxdsb/html/2011-03/25/node_2.htm$2华西都市报

示例37. 电子资源——光盘版期刊

说明：在编资源是将印刷型期刊《石油与天然气地质》的部分卷期全文制作为光盘，属于连续出版物的数字复制品，同时又是电子资源。在著录时除编号项外其他著录项目都应依据光盘复制品的信息著录，而编号项依据原印刷版著录，在附注项应说明原印刷版的出版发行、频率、载体形体等信息，以及光盘复制品的著录依据、电子资源类型、系统需求等。在CNMARC记录中，头标06字符位应取值"l"（电子资源），07字符位应取值"s"（连续性资源）；在110字段0字符位取值"a"（期刊）；在135字段0字符位取值"d"（文本）、1

字符位取值“o”（计算机光盘）；电子资源类型附注著录在336字段，系统需求著录在337字段。

卡片格式：

石油与天然气地质 = Oil & gas geology / 中国学术期刊（光盘版）电子杂志社，《石油与天然气地质》编辑部编辑 ；光盘国家工程研究中心，清华同方光盘股份有限公司制作. -- Vol. 1, no. 1 (1980, 6)-vol. 25, no. 6 (2004, 12). -- 北京 ：清华同方光盘电子出版社，2005

2光盘 (CD-ROM) ：彩色 ；12cm

题名取自盘面标签. -- 文本数据和检索程序

复制自：石油与天然气地质. -- 江陵 (湖北) ：中国地质学会石油地质专业委员会，1980-2004. -- 25vol. ；26cm. -- 双月刊 (2004) ；季刊 (1980-2003)

本刊由中国石油化工股份有限公司石油勘探开发研究院和中国地质学会石油地质专业委员会主办

本光盘全文收录了《石油与天然气地质》自1980-2004年的全部文献

系统需求：中文Windows 95或以上操作系统

ISBN 7-900672-66-4 (光盘)

CNMARC格式：

记录头标			nls0
控制号	001		［记录控制号］
ISBN	010		$a7-900672-66-4$b光盘
处理时间	005		20060913083048.0
一般处理数据	100		$a20060721e20051980em y0chiy50 ea
文献语种	101	0	$achi
出版国	102		aCNb110000
编码/连续出版物	110		$aazuzz 0yy0
编码/电子资源	135		$adomg ---muuuu
题名与责任说明	200	1	$a石油与天然气地质$d= Oil & gas geology$f中国学术期刊（光盘版）电子杂志社，《石油与天然气地质》编辑部编辑$g光盘国家工程研究中心，清华同方光盘股份有限公司制作$zeng
连续出版物编号	207	0	$aVol. 1, no. 1 (1980, 6)-vol. 25, no. 6 (2004, 12)
出版发行等	210		$a北京$c清华同方光盘电子出版社$d2005
载体形态项	215		$a2光盘 (CD-ROM)$c彩色$d12cm
电子资源特征	230		$a文本数据和检索程序
题名著录项附注	304		$a题名取自盘面标签
连接字段附注	311		$a复制自：石油与天然气地质. -- 江陵 (湖北) ：中国地质学会石油地质专业委员会，1980-2004. -- 25vol. ；26cm. -- 双月刊 (2004) ；季刊 (1980-2003)
知识责任附注	314		$a本刊由中国石油化工股份有限公司石油勘探开发研究院和中国地质学会石油地质专业委员会主办

提要附注	330		$a本光盘全文收录了《石油与天然气地质》自1980-2004年的全部文献
电子资源类型附注	336		$a文本型
系统需求附注	337		$a中文Windows 95或以上操作系统
复制自	455	0	$1011##$a0253-9985$12001#$a石油与天然气地质$1210##$d1980-2004
并列正题名	510	1	$aOil & gas geology$zeng
论题主题	606	0	$a石油天然气地质$j期刊
中图分类号	690		$aP618.13-55$v4
中图分类号	690		$aTE1-55$v4
团体名称/等同	711	01	$a中国学术期刊（光盘版）电子杂志社$4编辑
团体名称-次要	712	02	$a中国石油化工股份有限公司$b石油勘探开发研究院$4主办
团体名称-次要	712	02	$a中国地质学会$b石油地质专业委员会$4主办
团体名称-次要	712	02	$a光盘国家工程研究中心$4制作
团体名称-次要	712	02	$a清华同方光盘股份有限公司$4制作
记录来源	801	0	aCNbNLC$c20060721

附录2：GB/T 3792.3—2009《文献著录　第3部分：连续性资源》

前　言

GB/T 3792《文献著录》共分9部分：

第1部分：总则；

第2部分：普通图书；

第3部分：连续性资源；

第4部分：非书资料；

第5部分：档案；

第6部分：测绘制图资料；

第7部分：古籍；

第8部分：乐谱；

第9部分：电子资源著录规则。

本部分是GB/T 3792的第3部分。

本部分与ISBD（CR）：2002《国际标准书目著录（连续性资源）》的一致性程度为非等效，本部分修订过程中同时参考了ISBD：2007《国际标准书目著录》统一版。

本部分代替GB/T 3792.3—1985。

本部分与GB/T 3792.3—1985相比主要变化如下：

——将GB/T 3792.3—1985《连续出版物著录规则》的题名改为《文献著录　第3部分：连续性资源》，以尽量与国际标准书目著录（连续出版物及其他连续性资源）（ISBD（CR））所涉及的著录范围保持一致；

——在章标题中增加了“范围”、“规范性引用文件”、“连续出版物需要另行著录的原则”、“集成性资源需要另行著录的原则”等章；删除了“著录格式”、“著录详简级次”“文献类型标识”等章；

——为了方便本部分规则使用者的阅读和理解，同时尽量与国际标准书目著录（连续出版物及其他连续性资源）（ISBD（CR））的定义保持一致，增加了在ISBD（CR）“定义”章节中出现的部分术语，但《文献著录总则》中已经包括的部分术语在本部分不再重复，删除了GB/T 3792.3—1985中的部分术语，对被保留下来的部分术语和定义的表述内容也做了修订；

——为了和ISBD（CR）的著录项和著录单元名称基本保持一致，对原来的名称做了部分修订，例如“卷、期、年、月或其他标识项”在本次修订中改为“资源特殊细节项”，“丛刊项”改为“丛编项”，“国际标准连续出版物号（ISSN）与获得方式项”改为“标准编号与获得方式项”等；

——各个具体的条款内容均有程度不等的增加和修改。

本部分的附录A和附录B均为资料性附录。

本部分由全国信息与文献标准化技术委员会（SAC/TC 4）提出并归口。

本部分主要起草单位：北京大学图书馆、国家图书馆、北京师范大学图书馆。

本部分主要起草人：谢琴芳、申晓娟、刘春玥、侯旭红。

本部分所代替标准的历次版本发布情况为：

——GB/T 3792.3—1985

文献著录　第3部分：连续性资源

1　范围

GB/T 3792的本部分规定了连续性资源著录项目及其排列顺序、著录用标识符、著录信息源、著录用文字、连续性资源需要另行著录的原则和著录项目细则等。

GB/T 3792的本部分适用于国家书目和图书馆目录以及各类型藏书目录。

GB/T 3792的本部分的著录对象是在发行时间上没有明确终止日期的各种载体的连续性资源。依据发行方式，有连续出版物和集成性资源两种。本部分的规则同样适用于以下连续性资源的编目：按期或带有各部分编号连续发行、具有连续出版物的其他特性（例如题名中有出版频率）但是持续出版时间却是有限的资源（例如某事件的通讯报导）、连续出版物的复制品、有限性集成资源（例如第29届奥林匹克运动会的网址）等。

2　规范性引用文件

下列文件中的条款通过GB/T 3792的本部分的引用而成为本部分的条款。凡是注日期的引用文件，其随后所有的修改单（不包括勘误的内容）或修订版均不适用于本部分，然而，鼓励根据本部分达成协议的各方研究是否可使用这些文件的最新版本。凡是不注日期的引用文件，其最新版本适用于本部分。

GB/T 3792.1　文献著录 第1部分：总则（GB/T 3792.1—2009，ISBD（G）：2004，NEQ）

GB/T 3792.4　文献著录 第4部分：非书资料

GB/T 3792.6　测绘制图资料著录规则

GB/T 3792.9　文献著录 第9部分：电子资源（GB/T 3792.9—2009，ISBD（ER）：2004，NEQ）

GB/T 9999　中国标准连续出版物号（GB/T 9999—2001，eqv ISO 3297：1998）

GB/T 12406—2008　表示货币和资金的代码（ISO 4217：2001，IDT）

3　术语和定义

下列术语和定义适用于本部分。

3.1

版本 edition

采用直接接触、照像复制或其他方法，源于同一原始输入信息制作，并且由同一机构或同一组机构或一个个人发行的一种资源的全部复本。

3.2

编号 numbering

用于一种连续性资源连续各期或各部分的标识。其著录可以包括数字、字母、任何其他字符，或者是它们的组合，可以附带或不附带“卷”、“期”等词和/或日期年月标识。

3.3

标头 masthead

刊头

报头

对报纸或期刊的题名、所有权、编者等的说明，通常出现在报纸的编辑说明页或首页顶端，而对于期刊则经常出现在目次页。

3.4

补编 supplement

副刊

增刊

从属于主要连续性资源、通常独立出版的一种资源，对其所属主要资源起到更新、延续或专题补充的作用，可能会有一个从属于主要资源的题名，也可能没有。

3.5

从属题名 dependent title

本身不足以识别一种资源，需要附加在共同题名、主要资源的题名或主从编题名之后才能够被识别。例如分辑题名、某些补编题名和某些分丛编题名、地图系列的各张的题名、多部分资源的某些部分的题名（参见共同题名）。

3.6

从属题名标识 dependent title designation

独自或与从属题名一起区分具有同一个共同题名的两种或更多相关资源的编号（参见分辑标识）。

3.7

丛编 series

（1）一组相互关联而又各自独立的资源，每种资源除了有自身的正题名外，还有一个适用于整组的总题名，即丛编正题名。各独立资源可能有编号，也可能没有编号。丛编内的独立资源可以是专著，也可以是连续性资源。

（2）一种连续出版物内各期或各部分的编号序列（仅对连续性资源）。

3.8

分成 split

分出

一种连续性资源分为两种或更多种独立的新连续性资源。

3.9

分辑 section

具有同一个共同题名的一组相关资源中的一部分。分辑通常有特定的主题，并以共同题名及分辑题名和/或分辑标识识别。

3.10

分辑标识 section designation

共同题名后的编号，它独自或与分辑题名一起用于区分一组有共同题名的相关资源的一个部分。

3.11

分辑题名 section title

用于识别一组具有共同题名的相关资源中的一个组成部分的专有题名。无论分辑题名是否具有可识别性，均需从属于共同题名才能识别一种资源。

3.12

更新后的整体 iteration

集成性资源的一个事例，或者是该资源首次出版时的情况，或者是已经更新后的情况。

3.13

更新活页 updating looseleaf

基于一个或多个卷的一种集成性资源，通过插入、剔除或替代分散在卷中个别的页进行更新。

3.14

共同题名 common title

一组相关资源，除各自有不同的分辑题名外，还有共同的题名部分。共同题名表示这些资源之间的关系，并和分辑题名一起共同标识某种特定资源。如果补编和分丛编还有从属题名时，共同题名部分由其主要资源及其补编部分组成，或者由主丛编及其分丛编部分组成（参见从属题名）。

3.15

国际标准连续出版物号 ISSN (international standard serial number)

由字母“ISSN”和其后的8位数字（包括一位校验码）组成。ISSN与识别题名一起唯一标识了一种特定的连续出版物或集成性资源。ISSN遵循ISO 3297，由ISSN网络中心分配。

3.16

合并 merger

两种或两种以上连续性资源一起形成一种新的连续性资源，被合并的连续性资源即失去其先前各自的特征。

3.17

集成性资源 integrating resource

通过更新进行增补或修改的一种书目资源，其更新部分并不离散于原资源，而是与原资源整合为一体。集成性资源既可以是有限性资源，也可以是连续性资源。集成性资源的例子包括更新的活页/散页、更新的网页和更新的数据库等。

3.18

连续出版物 serial

一种具有接续关系的、以独立的卷期或部分以定期或不定期的方式发行的连续性资源，通常带有编号，但无明确的终止日期。

3.19

连续性资源 continuing resource

一种在发行时间上没有明确终止日期的资源。连续性资源包括连续出版物和不断更新的集成性资源。

3.20

频率 frequency

（1）连续出版物发行的间隔时间，例如每天、每周、每月、每年；

（2）集成性资源更新内容发布的间隔时间。

3.21

期 issue

组成连续出版物的各个接续部分中的一个部分。本术语用于说明一种连续出版物各个接续部分的最低层次。

3.22

期刊 periodical

一种定期的、出版频率在每年一次以上的连续出版物。通常期刊的内容为各自独立的论文。

3.23

识别题名 key title

由ISSN网络中心分配给连续性资源的唯一性标识题名，必须与其ISSN连接使用。识别题名可能和资源的正题名相同，或者通过附加的或限制的元素（例如出版发行机构、出版地或版本说明）以实现其唯一性。

3.24

双向倒转 tête-bêche

一种装订形式，其中一个文本从前面开始向后印刷，另一个文本从后面开始向前印刷，两个文本互为颠倒。

3.25

通用术语 generic term

表示资源的种类、形式、体裁和/或周期性的一般性术语。诸如论文、年鉴、年度报告、简讯、杂志、通知、通讯、会议录、报告、学报等术语均为通用术语。乐谱资源中表示音乐形式或体裁的术语也视为通用术语。

3.26

吸收 absorption

一种或多种连续性资源被合并到另一种连续性资源中，被吸收的连续性资源即失去了其本身的特征。

3.27

先前题名 former title

连续性资源早先的题名，后来以另一个题名（完全或部分）继续下去，或者与另一种连续性资源合并在另一个或多个题名之下，或者被另一种连续性资源（完全或部分）吸收。

3.28

资源 resource

包含知识内容和/或艺术内容的有形的或无形的实体，该实体可被构想、制作和/或发行，并可作为一个书目著录对象的基础。资源包括文字资料、乐谱、静画和动画、图形、地图、录音资料和录像资料、电子数据或程序，以及采用连续方式发行的上述资料。

4 著录项目和著录单元

著录项目和著录单元包括如下内容：

题名与责任说明项

正题名

一般文献类型标识（选用）

并列题名

其他题名信息

责任说明

第一责任说明

其他责任说明

版本项

版本说明

并列版本说明（选用）

与本版有关的责任说明

第一责任说明

其他责任说明

附加版本说明

附加版本说明的责任说明

第一责任说明

其他责任说明

资源特殊细节项

编号

其他特殊资源类型专门数据

出版发行项

出版发行地

第一出版发行地

其他出版发行地

出版发行者

出版发行日期

印制地

印制者

印制日期

载体形态项

数量和特定文献类型标识

其他载体形态细节

尺寸

附件（选用）

丛编项

从编或分从编正题名
从编或分从编并列题名
从编或分从编其他题名信息
从编或分从编责任说明
第一责任说明
其他责任说明
从编或分从编国际标准连续出版物号（ISSN）
从编或分从编编号
附注项
标准编号与获得方式项
ISSN或其他标准编号
识别题名
获得方式和/或价格（选用）
限定说明（选用）

5 著录用标识符

5.1 标识符

各著录项目和著录用标识符见表1

表1 著录项目与著录用标识符一览表

著录项目	规定著录单元的前置或外括标识符	著录单元
1. 题名与责任说明项		1.1 正题名
	[ ]	1.2 一般文献类型标识（选用）
	=	*1.3 并列题名
	:	*1.4 其他题名信息
		1.5 责任说明
	/	第一责任说明
	;	*其他责任说明
2. 版本项	. --	2.1 版本说明
	=	*2.2 并列版本说明（选用）
		2.3 与本版有关的责任说明
	/	第一责任说明
	;	*其他责任说明
	,	*2.4 附加版本说明
		2.5 附加版本说明的责任说明
	/	第一责任说明
	;	*其他责任说明

续表

著录项目	规定著录单元的前置或外括标识符	著录单元
3. 资源特殊细节项	. --	3.1 编号
		*3.2 其他特殊资源类型专门数据
4. 出版发行项	. --	4.1 出版发行地
		第一出版发行地
	;	*其他出版发行地
	:	*4.2 出版发行者
	,	4.3 出版发行日期
	(	*4.4 印制地
	:	*4.5 印制者
	,)	4.6 印制日期
5. 载体形态项	. --	5.1 数量和特定文献类型标识
	:	5.2 其他载体形态细节
	;	5.3 尺寸
	+	*5.4 附件（选用）
6. 丛编项	. --	6.1 丛编或分丛编正题名
	=	*6.2 丛编或分丛编并列题名
	:	*6.3 丛编或分丛编其他题名信息
		6.4 丛编或分丛编责任说明
	/	第一责任说明
	;	*其他责任说明
	,	6.5 丛编或分丛编的ISSN
	;	6.6 丛编或分丛编编号
7. 附注项		
8. 标准编号与获得方式项	. --	*8.1 ISSN或其他标准编号
	=	8.2 识别题名
	:	8.3 获得方式和/或价格（选用）
	( )	8.4 限定说明（选用）

注 1：除第一项外，每一项均前冠下圆点、空格、连字符、连字符、空格(. --)。各项目另起段著录时，可省略“. -- ”。

注 2：丛编说明置于圆括号内，若有两个或多个丛编说明，分别置于两个或多个圆括号内。

注 3：前冠星号（*）的著录单元，必要时可重复。

5.2　标识符使用方法

根据GB/T 3792.1的规定，本部分的各著录项目和著录单元应前置或外括规定的标识符。

. -- 用于除“题名与责任说明项”以外的各著录项目之前，各项目另起段落著录时应省略。

[ ] 用于一般文献类型标识、取自规定信息源以外的著录信息或著录中插入的信息。

= 在同一个著录单元中出现两种或两种以上的语言文字时，用于第一种语言文字之后的每一语言文字之前；在同一个著录项中出现两种或两种以上的语言文字时，用于第一组著录单元以后的每一组著录单元之前；在同一个编号序列中，用于第一个编号标识以后出现的每一个编号标识之前；识别题名前。

: 用于题名与责任说明项和丛编项的其他题名信息，出版发行者、印制者、其他载体形态细节、获得方式和/或价格等著录单元之前。

/ 用于题名与责任说明项、版本项、丛编项的第一责任说明之前。

; 用于其他责任说明、其他出版发行地、尺寸、丛编或分丛编编号等著录单元之前；第一个编号序列之后出现的每一个后继编号序列之前；同一责任说明的无总题名文献的各部作品题名之间。

, 用于有分辑标识时的分辑题名、出版发行日期、印制日期、附加版本说明、丛编或分丛编ISSN等著录单元和具有相同责任方式的第二个及其后面的责任说明之前；载体形态项分段页码、每一个编号标识包含的卷标识（或以年代卷）和期标识之间。

. 用于共同题名之后的每一个从属题名标识、没有从属题名标识时的从属题名、分丛编标识和没有分丛编标识的分丛编题名之前，不同责任说明的无总题名文献的各部作品题名之间。

+ 用于附件著录单元前的左圆括号之前。

() 用于下列著录内容的前后和有关情况之中：

丛编项、印制事项、载体形态项中有关著录单元的限定说明、附件等著录单元的补充说明、标准编号与获得方式的限定说明、编号标识中期号包含的日期信息。

… 用于省略的内容。

5.3　标识符使用说明

5.3.1　本部分规定的各著录项和著录单元，一律使用规定的著录用标识符。著录用标识符应在西文状态下录入，但中文文字中起语法作用的标点符号，应采用中文标点符号，例如顿号（、）、中圆点（·）、中文句号（。）、中文书名号（《 》）、冒号（：）和双引号（“”）等（题名中出现的标点符号处理方法见5.3.5）；同时在拉丁字符集与汉字字符集中出现的数字（如阿拉伯数字、罗马数字），采用拉丁字符集（西文状态）录入。

5.3.2　各著录项目及单元所使用的标识符，除逗号（, ）和下圆点（. ）只在后面空一格（一个字符的位置，下同）外，其他标识符均需在其前后各空一格。

5.3.3　除“题名与责任说明项”外，各项目连续著录时均需冠以项目标识符“. -- ”。如遇回行，不可省略该标识符。如果某项由于使用分段、印刷形式或行首缩进等方式明显地与前项分开，则省略前置的项目标识符，或在前项末尾用一下圆点 (.)代替。当某一著录项缺少第一著录单元时，将应予著录的第一个著录单元前的规定标识符改用项目标识符“. -- ”。

5.3.4　凡重复著录一个项目或单元，应重复添加其规定的标识符。

示例1：　. -- 北平 : 天明出版社 ; 遼陽 : 第一綫出版社, 1947

示例2：　. -- 上海 ; 香港 : 人民美术出版社, 1963-

5.3.5　题名中有语法关系的标点和起标点作用的空格一般应照录，但个别标点符号与标识符重叠时，可在不改变原意的前提下予以删除。原题名中的方括号（［　］）应著录为圆括号（( )），以区别于编目员自拟的内容或取自规定信息源以外的信息。

示例1：《资本论》与当代经济

示例2：中国科学. A辑, 数学　物理学　天文学　技术科学

5.3.6　分辑、分丛编标识前用“.”，分辑题名、分丛编题名前用“,”；无分辑、分丛编标识的分辑题名、分丛编题名前用“.”。

示例1：中国科学. E辑, 技术科学

示例2：大学物理. 物理教育专刊

5.3.7　每一丛编说明分别置于圆括号“( )”内；第二和其他丛编说明前均冠一空格。

6　著录用文字

6.1　题名与责任说明项、版本项、出版发行项和丛编项，一般按资源本身的文字著录，现有设备无法照录的图形及符号等可改用相应内容的其他形式著录。表外汉字按汉语拼音方案罗马化，并置于方括号“［　］”内。

6.2　版次、出版发行日期、载体形态项的卷（册）数、页数及其他形态细节说明的数量、尺寸、价格等数字，一律用阿拉伯数字著录。出现在版本项、资源特殊细节项、出版发行项、载体形态项、版次、卷期数和日期编号等数字，以及丛编、分丛编编号，一律用阿拉伯数字著录。卷标识为“vol.”，期标识为“no.”，尺寸为“cm”。

6.3　一般文献类型标识、附注项用编目机构所选用的文字著录（引用文字除外）。

6.4　需转录的题名信息在规定信息源出现谬误，应修正过来，如果不能确定是否是印刷错误，则按题名页上出现的形式照录。

6.5　汉字简繁体的选择原则上依据资源正文的文字特征，连续性资源若在出版的过程中发生变化，以著录正题名的卷期正文为依据。

6.6　选用汉语以外的其他语言文字著录相关内容时，应按其文字书写规则著录。

7　著录信息源

7.1　著录信息源是资源本身。若资源本身信息不足，可参考其他信息源。取自资源以外的信息应在附注中说明。

7.2　著录依据

7.2.1　连续出版物

依据本题名下的第一期，若无法获取，依据所见最早的一期。各项的著录依据如表2所示。

表2　连续出版物各著录项目依据

著录项	著录依据
1. 题名与责任说明项	第一期或所见最早的一期
2. 版本项	第一期或所见最早的一期
3. 编号	每种标识系统的起始和/或终止期
4. 出版发行项 出版发行或印制地 出版发行或印制者 出版发行或印制日期	 第一期或所见最早的一期 第一期或所见最早的一期 起始和/或终止期
5. 载体形态项	全部期
6. 丛编项	全部期
7. 附注项	全部期或资源以外的信息
8. 标准编号与获得方式项	全部期或资源以外的信息

7.2.2　集成性资源

依据当前更新后的集成性资源的整体，但出版物起始日期除外。各项的著录依据如表3所示。

表3　集成性资源各著录项目依据

著录项	著录依据
1. 题名与责任说明项	当前更新后的整体
2. 版本项	当前更新后的整体
3. 资源特殊细节项	不适用
4. 出版发行项 出版发行或制作地 出版发行或制作者 出版发行或制作日期	 当前更新后的整体 当前更新后的整体 起始和/或最后更新后的整体
5. 载体形态项	当前更新后的整体
6. 丛编项	当前更新后的整体
7. 附注项	不同时期更新后的信息或资源以外的信息
8. 标准编号与获得方式项	不同时期更新后的信息或资源以外的信息

7.3　主要信息源

7.3.1　印刷型连续性资源

主要信息源是题名页[①]或代题名页，当连续性资源缺少题名页时，代题名页按以下顺序优先选择：

① 当缺少题名页时，本部分中的术语“题名页”即代题名页。以下同。

a）分析题名页、封面、卷端、标头、编辑说明页、书末出版说明；

b）其他正文前书页、封套以及逐页题名处的相关信息；

c）前言、序言、目次、正文、附录等；

d）连续性资源以外的任何参考源（例如书目、出版者目录等）。

当书末出版说明有最完整的书目信息时，东方出版物符合以下任何一种情况，题名页位置有正题名的那一页不作为题名页，首选书末出版说明为代题名页：

a）只有半题名页①形式的正题名；

b）只有书法形式的正题名，有或无其他书目信息，而书末出版说明中有东方文形式的完整书目信息；

c）只有西方语言的题名和/或出版信息。

7.3.2　非印刷型连续性资源

参照GB/T 3792其他各部分的相关规定，例如，连续性的录音资料参照GB/T 3792.4 非书资料著录规则。

7.4　规定信息源

连续性资源各著录项目的规定信息源见表4。对于不同资料类型的连续性资源，应参照GB/T 3792其他各部分的规定信息源。例如，连续性的录音资料参照GB/T 3792.4非书资料著录规则。

如果题名与责任说明项和版本项的数据单元出现在不同的信息源，则依据表4顺序选择信息源，并按所见形式转录。

编号、出版发行项和丛编项的规定信息源是多个信息源的组合，按表4顺序选择，并按信息源所见形式转录。

取自非规定信息源的信息，如果需要作为著录项中的一部分予以转录时，应置于方括号“[ ]”中。缺少题名页时，代题名页视同题名页。相关信息可以在附注项给出。

表4　连续性资源的规定信息源

著录项	规定信息源
1. 题名与责任说明项	题名页
2. 版本项	题名页，其他序页，书末出版说明
3. 编号	连续性资源整体，国家书目
4. 出版发行项	连续性资源整体
5. 载体形态项	连续性资源整体
6. 丛编项	丛编题名页、分析题名页、封面、卷端、标头、编辑说明页、书末出版说明、连续性资源的其余部分。
7. 附注项	任何来源
8. 标准编号与获得方式项	任何来源

① 只印有题名或简要题名、无其他内容的页。

8　连续出版物需要另行著录的原则

8.1　基本原则

8.1.1　当连续出版物发生主要变化时，视发生主要变化的资源为新资源，需要另行著录新资源，并以发生主要变化的卷期作为起始卷期。当连续出版物发生的变化为次要变化时，不需要另行著录，只在必要时将次要变化信息记录在附注中。

8.1.2　主要变化一般指题名、版本说明的变化导致题名、版本说明的含义或主题内容发生改变。具体说明详见8.2。

8.1.3　次要变化一般是指题名、版本说明在文字上的细微变动不足以造成题名、版本说明的含义或主题内容的改变,以及编辑或主办者、出版或发行者、编号、出版频率、物理尺寸等在连续出版发行过程中发生的变化。具体说明详见8.3。

8.2　连续出版物的主要变化细则

8.2.1　题名的主要变化

8.2.1.1　正题名的文字完全改变，无论ISSN或主题内容是否更改，为主要变化。

示例：　原题名：网际商务 (ISSN：1009-8046)

　　　　新题名：新营销 (ISSN：1009-8046)

8.2.1.2　正题名的文字发生增、删、改或词序变化后，题名的含义或主题内容发生了变化，无论ISSN是否更改，为主要变化。

示例1：　原题名：吉林工业大学自然科学学报 (ISSN：1002-378X)

　　　　新题名：吉林工业大学学报 (ISSN：1002-378X)

示例2：　原题名：北京文艺 (ISSN：0257-0262)

　　　　新题名：北京文学 (ISSN：0257-0262)

8.2.1.3　题名中任何地方的团体名称更名，无论ISSN是否更改，为主要变化。

注：团体名称更名是指团体在一个持续时期内，由于历史变迁或职能范围、并入分离、隶属关系等发生变化，发生更名情况而使用了不同名称，后来的团体名称应视为一个新的团体。

示例1：　原题名：北京中医学院学报 (ISSN：0258-8811)

　　　　新题名：北京中医药大学学报 (ISSN：1006-2157)

示例2：　原题名：地球科学 ：武汉地质学院学报 (ISSN：1000-2383)

　　　　新题名：地球科学 ：中国地质大学学报 (ISSN：1000-2383)

8.2.1.4　正题名由共同题名和分辑题名组成时，无论哪部分发生的变化同8.2.1.1-8.2.1.3时，为主要变化。

示例1：　原题名：中国科学. G辑，物理学　天文学 (ISSN：1672-1780)

　　　　新题名：中国科学. G辑，物理学　力学　天文学 (ISSN：1672-1780)

示例2：　原题名：杭州大学学报. 自然科学版 (ISSN：0253-3618)

　　　　新题名：浙江大学学报. 理学版 (ISSN：1008-9497)

8.2.1.5　题名的结构发生了变化，无论ISSN是否更改，为主要变化。例如由独立题名改变为从属题名，反之亦然。

示例1：　原题名：玻璃纤维

　　　　新题名：建材技术. 玻璃纤维

示例2：　　原题名：国外医学.肿瘤学分册 (ISSN：1000-8225)

　　　　　新题名：国际肿瘤学杂志 (ISSN：1673-422X)

8.2.1.6　一种连续出版物由两种或两种以上的连续出版物合并而成，无论ISSN是否更改，为主要变化。

示例：　　原题名1：福建党史通讯

　　　　　原题名2：革命人物

　　　　　新题名：福建党史月刊 (ISSN：1006-2254)

8.2.1.7　一种连续出版物分成两种或两种以上的连续出版物时，无论ISSN是否更改，为主要变化。

示例：　　原题名：中国科学. A辑，数学　物理学　天文学　技术科学 (ISSN：1000-3126)

　　　　　新题名1：中国科学. A辑，数学　物理学　天文学 (ISSN：1006-9232)

　　　　　新题名2：中国科学. E辑，技术科学 (ISSN：1006-9275)

8.2.2　其他主要变化

8.2.2.1　版本说明发生变化后导致连续出版物的内容或范围发生了变化，无论ISSN是否更改，为主要变化。

示例：　　原版本：英语画刊. --　高中版 (ISSN：1008-8962)

　　　　　新版本1：英语画刊. --　高中版，高一版 (ISSN：1008-8962)

　　　　　新版本2：英语画刊. --　高中版，高二版 (ISSN：1008-8962)

　　　　　新版本3：英语画刊. --　高中版，高三版 (ISSN：1008-8962)

8.2.2.2　正题名为通用术语时（例如“通讯”、“简报”、“年度报告”等），与连续出版物有关的主要责任团体更改时，为主要变化。

示例：　　原责任说明：年度报告 / 北京商业银行

　　　　　新责任说明：年度报告 / 北京银行

8.2.2.3　题名和/或版本说明的变化为次要变化，但是ISSN改变了，应作为主要变化。

示例1：　　原题名：财务与会计 (ISSN：1001-3172)

　　　　　新题名：财务与会计导刊 (ISSN：1009-7546)

示例2：　　原题名：淮北煤师院学报 (ISSN：1000-2227)

　　　　　新题名：淮北煤炭师范学院学报 (ISSN：1672-7177)

8.2.2.4　物理载体发生了变化为主要变化。

示例：　　印刷型载体：高校数字图书馆 (只出版纸本刊)

　　　　　电子资源：高校数字图书馆　(改为只出电子版)

8.3　连续出版物的次要变化细则

8.3.1　ISSN没有更改，以下题名的变化视为次要变化。后出现的题名若对资源的识别和检索重要，应著录于附注项。

8.3.1.1　题名中的字、词、标点符号的增、删或者词序的变化，不造成资源题名的含义或主题内容的变化，视为次要变化。

示例1：　　题名：外国政治与国际关系 (ISSN：1001-2877)

　　　　　题名变化：外国政治、国际关系 (ISSN：1001-2877)

示例2：　　题名：公民与法. 监察版 (ISSN：1006-7590)

题名变化：公民与法. 监察 (ISSN：1006-7590)

示例3：　题名：戏剧、戏曲研究 (ISSN：1005-4197)

题名变化：戏曲、戏剧研究 (ISSN：1005-4197)

8.3.1.2　题名中增加或者减少了表示连续出版物类型的术语，或者从一种类型的术语改为另一种类型的术语，视为次要变化。“学报”、“学刊”、“学志”、“画报”、“画刊”、“通报”、“通讯”、“杂志”、“丛刊”、“论丛”、“汇刊”、“导报”、“导刊”等均为表示连续出版物类型的术语。

示例1：　题名：大学图书馆通讯 (ISSN：1002-1027)

题名变化：大学图书馆学报 (ISSN：1002-1027)

示例2：　题名：中国临床药理学与治疗学杂志 (ISSN：1009-2501)

题名变化：中国临床药理学与治疗学 (ISSN：1009-2501)

8.3.1.3　题名中包含的团体名称是同一个团体的变异名称时，为次要变化。

注：团体变异名称是指团体在一个持续时期内名称的变化系形式上的变化，应视为是同一个团体的变异形式。例如全称和简称、正式名称与惯用名称、本机构名称与本机构名称前冠上级机构之间的变化，团体中所包含的数字的书写形式的变化以及采用不同语言对同一个团体的表述形式等。

示例1：　题名：山东师大学报. 自然科学版 (ISSN：1001-4748)

题名变化：山东师范大学学报. 自然科学版 (ISSN：1001-4748)

示例2：　题名：中共长春市委党校学报 (ISSN：1008-8466)

题名变化：长春市委党校学报 (ISSN：1008-8466)

8.3.1.4　包含在题名中的出版频率发生变化视为次要变化。

示例：　题名：大中國半月刊

题名变化：大中國月刊

8.3.1.5　其他题名信息在出版过程中频繁变更，为次要变化（包含在其他题名信息中的团体名称的变化参见8.2.1.3）。

示例：　题名：江城 ：文艺月刊

题名变化1：江城 ：文学月刊

题名变化2：江城 ：短篇小说月刊

8.3.1.6　由共同题名、分辑题名等组成的正题名中，增加或取消了分辑标识，为次要变化。

示例：　题名：理化检验通讯. 物理分册 (ISSN：1001-4012)

题名变化：理化检验通讯. A，物理分册 (ISSN：1001-4012)

8.3.1.7　从属题名变动频繁，为次要变化。

示例：　题名：报刊资料索引. 2，政治、军事

题名变化1：报刊资料索引. 2，政治、法律、军事

题名变化2：报刊资料索引. 2，政治、法律

8.3.2　连续出版物的以下其他变化，也视为次要变化。

8.3.2.1　ISSN没有更改，版本说明发生了细微变化，但没有改变资源的内容和范围，为次要变化。

示例1：　版本：新疆石油教育学院学报. -- 中文综合版 (ISSN：1008-9071)

版本变化：新疆石油教育学院学报. -- 汉文综合版 (ISSN：1008-9071)

示例2：　版本：中小学数学. -- 初中版 (教师)

版本变化：中小学数学. -- 中学版 (初中教师)

8.3.2.2　资源的编辑或主办者、出版或发行者的变更为次要变化，但是正题名为通用术语时例外（见8.2.2.2）。

示例1：　主办者：江西社会科学 / 江西省哲学社会科学研究所主办

主办者变化：江西社会科学 / 江西省社会科学院主办

示例2：　出版者：时事资料手册. -- 北京 : 新华出版社

出版者变化：时事资料手册. -- 北京 : 半月谈杂志社

8.3.2.3　资源的卷期编号、出版频率、物理尺寸等方面的变化，为次要变化。

示例：　题名：新疆石油教育学院学报

附注：季刊 (1999-)；半年刊 (1987-1998)

8.3.2.4　ISSN改变，但是题名和版本说明没有发生任何变化，为次要变化。

示例：　原ISSN：1000-1042　题名：文博

新ISSN：1000-7954　题名：文博

8.3.2.5　题名在资源连续发行过程中曾有短期改变，后又改回原题名，期间ISSN没有更改，为次要变化。

示例：　题名：犯罪心理研究

附注：1986, no. 1-2正题名改题：法制心理研究

8.3.2.6　若无法确定资源的题名或版本的改变是主要变化还是次要变化，按次要变化处理。

9　集成性资源需要另行著录的原则

9.1　基本原则

当集成性资源发生主要变化时，视发生主要变化的资源为新资源，需要对新资源另行著录。

9.2　集成性资源的主要变化细则

9.2.1　当版本说明发生变化后导致资源的内容或范围发生了变化，为主要变化。

示例：　森林管理实用手册. -- 加拿大版

森林管理实用手册. -- 北美版

9.2.2　当物理载体发生了变化，为主要变化。

9.2.3　当两种或多种资源合并为一种资源，为主要变化。

示例：　资源1：USMARC书目数据格式

资源2：加拿大MARC书目数据通讯格式

合并后的新资源：MARC 21书目数据格式

9.2.4　当一种资源分成两种或多种资源，为主要变化。

9.3　集成性资源的次要变化细则

对于同一种集成性资源，除上述9.2.1和9.2.2外，其他任何描述信息的变化均为次要变化，不需要作为新资源另行著录。但是需要修改原先的著录以反映新的变化，例如，题名发

生了变化，更新题名信息以反映最新题名。

10 著录项目细则

10.1 题名与责任说明项

10.1.1 结构形式

正题名［一般文献类型标识］

正题名［一般文献类型标识］：其他题名信息

正题名［一般文献类型标识］＝并列题名

正题名［一般文献类型标识］／责任说明

正题名［一般文献类型标识］＝并列题名／责任说明

正题名［一般文献类型标识］＝并列题名＝并列题名／责任说明

正题名［一般文献类型标识］＝并列题名：其他题名信息

正题名［一般文献类型标识］：其他题名信息：其他题名信息／责任说明

正题名［一般文献类型标识］：其他题名信息＝并列题名：并列其他题名信息／责任说明

正题名［一般文献类型标识］：其他题名信息＝并列其他题名信息

正题名［一般文献类型标识］／责任说明＝并列题名／并列责任说明

正题名［一般文献类型标识］／第一责任说明；第二责任说明；第三责任说明

共同题名.从属题名［一般文献类型标识］

共同题名.从属题名标识［一般文献类型标识］

共同题名.从属题名标识，从属题名［一般文献类型标识］

共同题名.从属题名［一般文献类型标识］＝并列共同题名.并列从属题名

共同题名.从属题名［一般文献类型标识］／责任说明

共同题名：其他题名信息.从属题名［一般文献类型标识］：其他题名信息

共同题名／责任说明.从属题名［一般文献类型标识］：其他题名信息／责任说明＝并列共同题名／并列责任说明.并列从属题名：并列其他题名信息／并列责任说明

10.1.2 正题名

10.1.2.1 正题名是本项的第一个著录单元。无论题名页上的正题名前出现何种著录信息，正题名仍应著录于本项之首。

示例： 计算机技术

（副题名“电子工业科技情报网”载于正题名上方）

10.1.2.2 正题名是连续性资源的主要题名。

示例1：	人民日报	（报纸）
示例2：	新财经	（期刊）
示例3：	图书馆工作与研究	（杂志）
示例4：	中国经济年鉴	（年鉴）
示例5：	中央研究院民族學研究所專刊	（丛编）
示例6：	Joyo 卓越	（集成性资源）

示例7：　　MARC 21 format for authority data　　（集成性资源）

示例8：　　中国新闻网　　（集成性资源）

10.1.2.3　正题名的形式

10.1.2.3.1　正题名可以由通用术语组成。

示例1：　　年度报告 / 北京商业银行

示例2：　　通讯 / 中国作家协会上海分会

10.1.2.3.2　如果题名页上除了个人或团体名称以外没有题名信息，正题名可以由个人或团体名称组成。

示例1：　　北京大学

示例2：　　中国惠普

10.1.2.3.3　正题名可以包含显著出现在题名页上的简称、首字母缩写或标识语，或由显著出现在题名页上的简称、首字母缩写或标识语组成。

示例1：　　CG杂志

示例2：　　中国WTO报告

10.1.2.3.4　正题名可以包含数字或字母。若有必要①，其展开形式可在附注项说明。

示例1：　　863航天技术通讯

示例2：　　1933 / 一九三三社

示例3：　　大众DV

附注：题名中"DV"是"Digital Video"的首字母缩写

10.1.2.3.5　当责任者、出版者或其他著录单元的描述性文字（例如版本）在语法上是正题名的组成部分时，应照录。

示例1：　　武汉大学学报

示例2：　　四川农学会会刊

10.1.2.3.6　正题名可以由共同题名、从属题名标识和/或从属题名组成。

示例1：　　CEI中国行业发展报告. 建筑业

示例2：　　中国科学. E辑

示例3：　　农业文摘. 第四分册, 植物病理学

10.1.2.4　正题名的选择

10.1.2.4.1　连续性资源只有一个题名页

10.1.2.4.1.1　当题名页上有同一种语言和/或文字的两个或多个不同题名时，按照题名页的排版格式或次序选择正题名。

10.1.2.4.1.2　当题名页上有多种语言和/或文字的题名时，选择与连续性资源正文语种相同的题名作为正题名。如果不好判断正文语种，则按照题名页的排版格式或次序选择正题名。

10.1.2.4.1.3　当题名页上有全称形式和简称形式的题名时，选择全称形式的题名作为正题名，简称形式作为其他题名信息。出现在其他信息源上的题名的全称或展开形式，可著录

① "若有必要"是指对识别有意义或对目录的使用者重要，下同。

在附注项。

示例：　计算机集成制造系统 ：CIMS

附注：CIMS是“Computer integrated manufactuging systems”的首字母缩写。

10.1.2.4.2　连续性资源有一个以上题名页

10.1.2.4.2.1　当连续性资源有一个以上不同语种或文字的题名页时，选择与正文语种相同的题名页上的题名作为正题名。如果不好判断正文语种，选择右边题名页（双面都是题名页时）或第一个题名页上的题名作为正题名。对于双向倒转印刷的连续性资源，正文与题名页有两种语言和/或文字，其重要性相等，可按编目机构的规定，选择正题名，未选用的题名作为并列题名，在附注项注明双向倒转印刷的情况。

10.1.2.4.2.2　当被著录的连续性资源包含多个连续性资源，每个都有各自的题名页和编号，要分别著录每个连续性资源，并在附注项注明它们之间的关系。此规则也适用于正文和题名页都是同一语种和/或文字的双向倒转印刷的连续性资源。

10.1.2.5　正题名的转录

10.1.2.5.1　当印刷型资源的正题名取自代题名页，或非印刷型资源的正题名取自其他信息源时，都要在附注项注明。而对于电子资源，任何情况下正题名的来源都要在附注项注明。

10.1.2.5.2　正题名原则上应按照题名页上的文字照录，包括有语法关系的标点和起标点作用的空格。

示例1：　经济·社会

示例2：　青年 诗人

示例3：　美术&设计

示例4：　黄达——蒙代尔讲座

示例5：　美國新聞與世界報導

示例6：　I/O news译丛　（斜线“/”作为有语法关系的标点符号，应照录。）

10.1.2.5.3　题名页上明显的印刷错误，在转录时应修正过来，并在附注项注明连续性资源上出现的题名形式，如果不能确定是否是印刷错误，则按题名页上出现的形式照录。

示例：　Housing starts

附注：首卷首期上的题名为：Housing sarts

10.1.2.5.4　如果题名中含有逐期改变的日期或编号，应予省略，相应位置用省略号“...”表示，如果日期或编号在正题名之首，则将其省略即可，但不必加省略号“...”。

示例1：　中国经济展望　（省略了题名之首的年份）

示例2：　国家科技计划 ... 年度报告　（省略了“2001”）

10.1.2.5.5　如果正题名中含有任何说明先前题名、被吸收题名等的文字，在著录时都应省略，不需要加省略号“...”，而应在附注项说明与其他连续性资源的关系。

示例：　中外问题

附注：继承：社会新闻

(题名页题：中外问题 即社会新闻)

10.1.2.5.6　连续性资源的正题名由共同题名和从属题名组成时，应先著录共同题名，然后著录从属题名标识和/或从属题名。如果共同题名有其他题名信息或责任说明时，应著录在共同题名之后，从属题名标识和/或从属题名之前。不是取自规定信息源上的从属题名应著录在方括号中。

示例1：　　自动学和无线电电子学文摘. 第二分册, 电子学及其应用

示例2：　　复印报刊资料. B6, 外国哲学

示例3：　　中国农业文摘. 园艺

示例4：　　云南师范大学学报. 哲学社会科学版①

示例5：　　吉林教育科学.［高教研究］（从属题名取自封面）

10.1.2.5.7　任何用数字或文字描述的带有年期的标识都应著录在编号项。

示例：　　中国外科年鉴　　（题名页上题：中国外科年鉴. 2006）

10.1.2.6　变异题名

连续性资源上出现的正题名的变异题名，例如封面题名、书脊题名、逐页题名、附加题名页题名等，只著录在附注项。

10.1.2.7　正题名的变化可能会导致对新资源另行著录（见第8章和第9章）。

10.1.2.7.1　对于连续出版物，如果正题名中发生了主要变化，应对新资源另行著录（见8.2.1）。如果正题名中发生的是次要变化，视其重要程度决定是否在附注项注明（见8.3.1）。

10.1.2.7.2　对于集成性资源，任何正题名的变化都不需要另行著录，只在现有的著录中用最新题名替代原来的题名，并将其著录在附注项（见9.3）。

10.1.2.7.3　对于分辑，当连续性资源在出版过程中，由于题名页版式的改变，原分辑题名变成了独立题名，应作为新资源另行著录，将原分辑题名作为正题名著录，原共同题名作为丛编题名著录在丛编项，原分辑标识作为丛编编号。同样，对于分丛编也作类似处理（见8.2.1.5）。

示例：　　世界经济导刊

　　　　. -- (复印报刊资料 ; V8)

10.1.2.7.4　对于补编（副刊、增刊）和插页，如果迄今为止一直是补编（副刊、增刊）或插页的从属题名改变成了独立题名，应作为正题名著录，并在附注项注明主要连续性资源的题名（见8.2.1.5）。

10.1.3　一般文献类型标识（选用）

一般文献类型标识是用通用的术语在著录开始时表示连续性资源所属于的较为宽泛的文献类别。如果使用一般文献类型标识，应紧接正题名之后著录（参见GB/T 3469中的相关规则）。

示例1：　　扬子晚报［电子资源］

示例2：　　法制进行时［录像制品］

10.1.4　并列题名

10.1.4.1　当连续性资源的题名页上出现了一种以上语言或文字的题名时，若有必要，没有被选为正题名的题名可以作为并列题名著录。对于双向倒转印刷的连续性资源，正文与题名页有两种语言和/或文字，其重要性相等，没有被选为正题名的题名作为并列题名著

① 专业版本说明作为从属题名著录，见10.2.2.5.4。

录。

10.1.4.2　并列题名可以和正题名一样有各种形式。

10.1.4.3　并列题名的转录

10.1.4.3.1　与正题名的转录规则相同，如果在题名页上出现并列题名，应如实照录，但是大小写和标点符号不一定照录。如果题名页上出现一个以上的并列题名，著录顺序与题名页上的印刷排版顺序一致。没有著录在题名与责任说明项的并列题名可以在附注项注明。

示例1：　资源科学 = Resources science

示例2：　时尚家居 = Trends home　（题名页上的并列题名全部是大写字母：TRENDS HOME）

示例3：　实验生物学报 = Acta experimentali biologica sinica = Succeeding the Chinese journal of experimental biology

10.1.4.3.2　当连续性资源的正题名由共同题名和从属题名组成时，则并列共同题名和并列从属题名应著录在共同题名和从属题名之后。

示例1：　国外医学. 移植与血液净化分册 = Foreign medical scinces. Section of transplansplantationg and hemopurification

示例2：　中国科学. G辑，物理学 = Science in China. Series G，Physics

10.1.4.4　并列题名的变化

10.1.4.4.1　连续出版物后续卷期的并列题名增加、省略或改变时，若有必要，应该在附注项说明。

10.1.4.4.2　集成性资源在更新中并列题名增加、省略或改变时，应修改著录信息以反映最新的更新情况，若有必要，先前的并列题名在附注项说明。

10.1.5　其他题名信息

10.1.5.1　其他题名信息原则上应予著录，若过于冗长可在附注项说明，若认为有必要在本项著录，在不失其信息含义的前提下，可以省略中间或结尾部分，省略部分以省略号“...”表示。

10.1.5.2　当责任说明、与出版发行有关的说明或与其他著录单元（例如版本说明）相关的信息在语法上是其他题名信息的组成部分时，其他题名信息应包含这些内容。

示例1：　北京律师 : 北京律师协会会刊

示例2：　地球科学 : 中国地质大学学报

10.1.5.3　其他题名信息的转录

10.1.5.3.1　取自题名页的其他题名信息应著录在相应的正题名或并列题名之后。

10.1.5.3.2　其他题名信息应严格按照原题照录，其中包含的大小写、标点符号、日期、数字等的处理方法参照10.1.2.5的规定。

10.1.5.3.3　其他题名信息出现在题名页的正题名之前（例如题上信息），如果合乎语法或有其他必要性，可以著录在正题名之后。如果不能著录在正题名之后，可以将题上信息著录在附注项。

10.1.5.3.4　当题名页上出现由多个说明语句组成的其他题名信息，如果都需要著录，则依据题名页上的排版印刷顺序著录。

示例：　中国旅游发展 : 分析与预测 : 中国社会科学院旅游研究中心研究报告

10.1.5.3.5 并列题名和并列其他题名信息的转录

10.1.5.3.5.1 如果题名页出现不同语言和/或文字的多个并列题名和其他题名信息，其他题名信息应著录在各自的相关语言题名之后，不对应于正题名或并列题名的其他题名信息可以在附注项注明。

示例：外交评论 ：外交学院学报 = Foreign affairs review : Journal of China Foreign Affairs University

10.1.5.3.5.2 题名页上出现一个或多个并列题名，但是只有一种语言和/或文字的其他题名信息，应著录在最后一个并列题名之后。

示例：系统科学学报 = Chinese journal of systems science ：中国系统科学研究会会刊

10.1.5.3.5.3 题名页上出现一种以上语言和/或文字的其他题名信息而没有出现并列题名时，转录与正题名语言和/或文字相同的其他题名信息。当没有与正题名语言和/或文字相同时，转录题名页上出现的第一个其他题名信息，其余的若有必要也可以按顺序著录，并前置标识符空格、等号、空格（ = ）。

示例：黄钟 ：武汉音乐学院学报 = Journal of Wuhan Music Conservatory

10.1.5.4 其他题名信息出现在连续性资源上，但不在题名页上，若有必要，可著录在正题名或其对应的并列题名之后，并置于方括号内，但通常情况下著录在附注项。

示例：东方论坛 ：［青岛大学学报］ （副题名取自封面）

10.1.5.5 连续性资源的正题名由共同题名和从属题名组成时，其他题名信息应著录在与其对应的共同题名或从属题名之后。

示例1： 艺苑 ：南京艺术学院学报. 美术版

示例2： 国外医学. 卫生学分册 ：劳动卫生、环境卫生、食品卫生和营养等

10.1.5.6 其他题名信息的变化

10.1.5.6.1 对于连续出版物，如果已经著录在题名与责任说明项中的其他题名信息，在后续的卷期中发生了重要变化，应在附注项说明变化的情况。

10.1.5.6.2 对于集成性资源，如果已经著录在题名与责任说明项的其他题名信息，在之后的更新中发生了变化，应在题名与责任说明项中著录更新后的其他题名信息，如果重要，还应在附注项说明该变化。

10.1.6 责任说明

10.1.6.1 责任说明可以是对连续性资源的知识内容或艺术内容的创作或实现负有责任或作出贡献的任何实体（个人或团体）。一般只需要著录负有主要责任的个人和/或团体的名称说明。若有必要，其他责任说明也可著录。

10.1.6.2 责任说明可以与如下实体有关：

——文字资料的作者、编写者、编辑者、翻译者、插图者；

——作品的改编者；

——各种数据的收集者；

——主办上述任何作品的机构（团体）或个人。

编目机构可以选择不著录连续出版物的个人编者的责任说明。若有必要，应将个人名称著录在附注项。对于不断更新的活页/散页资料而言，若有必要应著录个人编者说明。

示例： 东北民族研究 / 南文渊主编

10.1.6.3 责任说明的形式

10.1.6.3.1 责任说明可以由个人名称或团体名称以及表示其职能的责任方式组成，或者只有名称，没有责任方式。

示例1：管理学家 / 主办航空工业信息中心

示例2：人物月刊 / 楊開道主編

示例3：稀有金属 / 中国金属学会

10.1.6.3.2 责任说明可以是一个没有明确名称的短语，但该短语应包含有知识贡献的含义或是有其他重要意义。

示例1： 安东(县立)元宝山小学校学期会刊 / 本校各级级任教员

示例2： 创作通讯 / 创作研究室

10.1.6.3.3 责任说明可以由一个名词或名词短语以及名称组成，如果这样的短语表示个人或团体的作用。

示例： 国际免疫学杂志 / 主办中华医学会, 哈尔滨医科大学

10.1.6.3.4 责任说明可以由与其他著录单元（例如原版题名）相关的细节组成，如果这样的细节在语法上是责任说明的组成部分。

10.1.6.3.5 责任说明可以由出现在题名页上的与附录和其他补充资料或附件相关的说明组成。

10.1.6.3.6 与连续性资源的知识内容或艺术内容责任无关的说明不作为责任说明。诸如格言、题献、资助或获奖的说明等，可以忽略或在附注项注明。

10.1.6.3.7 在语法意义上已经作为其他著录单元（例如正题名、其他题名信息、出版发行说明等）组成部分的责任实体名称不再作为责任说明著录。

示例： 华东冶金学院学报

10.1.6.3.8 团体的名称出现在题名页上，但是该团体的职能不明确，而且无法根据连续性资源或其他地方的信息确定，该团体名称不作为责任说明著录，若有必要，可在附注项注明。

10.1.6.3.9 责任说明包含在其他题名信息中，则著录为其他题名信息（见10.1.5.2）。

示例： 天文研究与技术 : 国家天文台台刊

10.1.6.4 一个或多个责任说明

10.1.6.4.1 规定信息源上有多个个人或团体名称，但是在措辞上仅表示一个说明，行使同样的职能，只能按单一责任方式著录。

示例： 中国发明与专利 / 知识产权出版社, 中国发明协会主办

10.1.6.4.2 规定信息源上有多个个人或团体名称，在措辞上表示有多个说明或行使不同的职能，按多个责任方式著录。

示例1： 中国心脏起搏与心电生理杂志 / 中国生物医学工程学会, 武汉大学人民医院主办 ; 中国科学技术协会主管

示例2： 环境与职业医学 / 上海市疾病预防控制中心, 中华预防医学会主办 ; 上海预防医学研究院, 华东区域劳动卫生与职业病防治中心协办

示例3： 民商法学 / 中国人民大学主办 ; 中国人民大学书报资料中心编辑

10.1.6.4.3 出现在连续性资源上但不是出现在题名页上的与附录和其他补充资料或附件

相关的责任说明，若有必要，可以著录在附注项。

10.1.6.5　责任说明的转录

10.1.6.5.1　按照责任说明出现在连续性资源上的形式转录。

10.1.6.5.2　出现在连续性资源其他地方的责任说明，如果需要著录在题名与责任说明项，应置于方括号内，或者在附注项注明。取自连续性资源以外的责任说明只能著录在附注项。

示例：　戏剧丛刊 / ［山东省文化厅主办］
（责任说明取自书末出版说明）

10.1.6.5.3　如果在同一个责任说明中有多个个人或团体名称，可由编目机构确定需要著录名称的数量。一般规定为不超过三个，多个名称之间可以用逗号分隔，四个及以上时，只著录第一个，使用“...［等］”表示省略的部分，并在附注项说明。

示例：标准计量与质量 / 陕西省质量技术监督局 …［等］主办

附注：主办者还有：西北国家计量测试中心，陕西省计量测试学会，陕西省标准化协会，陕西省质量管理协会

10.1.6.5.4　个人名称后面的学会会员、学位、职位、资格等词汇或说明，如果在语法上有必要或者对于识别该个人或说明其活动的背景有必要，应该转录。在其他情况下，这些词汇或说明不作为责任说明的一部分，应予省略。

10.1.6.5.5　题名页上出现在正题名之前与正题名无语法关系的责任说明应著录在责任说明项。责任说明的原始位置可以在附注项说明。

10.1.6.5.6　如果责任说明和题名之间的责任关系不清楚，可以附加一个短语，用于说明责任关系。附加的短语置于方括号内。

10.1.6.5.7　多个责任说明的转录顺序应依据题名页上责任说明的排版顺序，而不是各种说明所隐含的责任范围或程度。如果责任说明不是取自题名页，原则上按其逻辑顺序著录，并置于方括号内。

10.1.6.5.8　并列题名和并列责任说明的转录

10.1.6.5.8.1　题名页上出现一个或多个并列题名和/或并列其他题名信息说明，并且也有多于一种语言和/或文字的责任说明时，每个责任说明应著录在与其在语言学上相关的题名或其他题名信息后。不对应于正题名或并列题名的责任说明可以著录在附注项。

示例：哈尔滨学院学报 / 主办哈尔滨学院 = Journal of Harbin University / Sponsor Harbin University

10.1.6.5.8.2　题名页上出现一个或多个并列题名和/或并列其他题名信息说明，但是仅出现一种语言和/或文字的责任说明，应将其著录在最后一个并列题名或并列其他题名信息之后。

示例：国际免疫学杂志 = International journal of immunology / 主办中华医学会，哈尔滨医科大学

10.1.6.5.8.3　题名页上出现多种语言和/或文字的责任说明，但是没有并列题名，只著录与正题名语言和/或文字相同的责任说明。如果该规定不适用，应根据题名页上责任说明的排版顺序著录。不同语言和/或文字的责任说明之间使用空格、等号、空格（ = ）分隔。

示例：　Bibliographica belgica / Commission belge de bibliographie = Belgische commissie voor bibliografie
（正题名是德语，题名页上有法语和荷兰语的责任说明）

10.1.6.5.9　责任说明的简称

10.1.6.5.9.1　出现在题名页上的团体名称是正题名、并列题名或其他题名信息的一部分，并且是简称形式或首字母缩写形式，该名称的全称或展开形式可以作为责任说明著录。如果全称或展开形式取自连续性资源除题名页以外的其他地方，应置于方括号中，取自连续性资源以外，可以著录在附注项。

示例1：CCER学刊 / 中国经济研究中心学刊编辑部主办

（CCER是“中国经济研究中心”的英文名称“Center of China Economic Research”首字母缩写）

示例2：北京社联通讯 / 北京市社会科学联合会筹备处

示例3：邵阳师专学报 / ［邵阳师范专科学校主办］

10.1.6.5.9.2　正题名由出现在题名页上的团体名称的简称形式或首字母缩写形式组成，则可将其全称或展开形式作为责任说明著录。如果全称或展开形式取自连续性资源，应置于方括号中，如果取自连续性资源以外，可以著录在附注项。

示例：鞍钢 / ［鞍山钢铁公司］

10.1.6.5.10　连续性资源的正题名由共同题名和从属题名组成时，适用于整个正题名的责任说明应著录在整个正题名之后，否则，责任说明应著录在与其相关的共同题名或从属题名之后。

示例1：　理化检验通讯. 无损检测分册 / 上海材料研究所

示例2：　中国医学文摘. 耳鼻咽喉科学 / 北京市耳鼻咽喉科研究所

示例3：　中华人民共和国地质部地质科技情报 / 中华人民共和国地质部地质科学研究院主办. 矿物原料部分 / 矿物原料研究所情报室编辑

10.1.6.6　责任说明的变化

10.1.6.6.1　对于连续出版物，如果责任说明中的个人或团体名称在后续的卷期中增加或删除，并且这种变化不需作为新资源另行著录，应在附注项说明增加或删除的个人或团体名称（见8.3.2.2）。由通用术语组成的题名，当与其相关的责任说明中的团体名称发生了主要变化，需要作为新资源另行著录（见8.2.2.2）。

10.1.6.6.2　对于集成性资源，如果责任说明中的个人或团体名称在后续的更新中发生了变化，应著录最新变化的个人或团体名称，先前的个人或团体名称在附注项说明。

10.2　版本项

10.2.1　结构形式

. -- 版本说明

. -- 版本说明 = 并列版本说明

. -- 版本说明 / 责任说明

. -- 版本说明 / 第一责任说明 ; 第二责任说明 ; 第三责任说明

. -- 版本说明 / 责任说明 = 并列版本说明 / 并列责任说明

. -- 版本说明, 附加版本说明

. -- 版本说明 / 责任说明, 附加版本说明 / 责任说明

10.2.2　版本说明

10.2.2.1　版本说明由如下相关的术语、短语或字符组成：

a）整个连续性资源均标明版本的名称和/或编号。

b）整个连续性资源以一种特定形式出现，而且在知识或艺术内容方面与同样形式的其他连续性资源明显不同。

版本说明通常包括文字“版”或“本”等字样或带序数词的相关术语（“第2版”等），或者用与其他版本不同的术语表示（“新版”、“标准版”等）。有时出版物的形式说明也可以考虑作为版本说明（如“大字印刷本”）。

10.2.2.2　版本说明应按照其出现在连续性资源上的形式照录，但是文字或其他形式的数字应使用阿拉伯数字替代。取自规定信息源以外的版本说明，著录时应置于方括号中。

10.2.2.3　如果连续性资源上没有出现版本说明，但是可在资源中获取有关的版本说明，可以著录并置于方括号中。在规则上与10.2.2.2保持一致。

示例：　　. -- ［影印版］

10.2.2.4　以下类型的说明应作为版本说明转录：

10.2.2.4.1　表示版本名称和/或版次的说明，一种连续性资源全部重印或修订的说明。

示例1：　　. -- 联合版

示例2：　　. -- 第2版

示例3：　　. -- 重印版

示例4：　　. -- 全年累积版

10.2.2.4.2　地区版本说明

示例1：　　. -- 港澳台版

示例2：　　. -- 国际版

示例3：　　. -- 海外版

示例4：　　. -- 农村版

10.2.2.4.3　读者对象版本说明

示例1：　　. -- 普及版

示例2：　　. -- 学生版

示例3：　　. -- 高中版

示例4：　　. -- 企业家版

10.2.2.4.4　特殊版式或外形说明

示例1：　　. -- 盲文版

示例2：　　. -- 大字印刷版

示例3：　　. -- 缩微版

示例4：　　. -- 图画版

10.2.2.4.5　语种版本说明

示例1：　　. -- 汉文版

示例2：　　. -- 蒙文版

示例3：　　. -- 英文版

10.2.2.4.6　时间版本说明

示例1：　　. -- 星期日版

示例2：　　. -- 上午版　（有独立的卷期编号）

、10.2.2.5　以下类型的说明不作为版本说明转录

10.2.2.5.1　表示卷期编号或以年代卷的说明，应著录在编号项。

10.2.2.5.2　没有出现在题名页上的一般资料类型或特殊资料类型说明。资料类型说明应作为题名与责任说明项的一般文献类型标识著录，或者作为特定文献类型标识著录在载体形态项。

10.2.2.5.3　有规律的修订或频繁更新的说明（例如：修订版，每半年修订一次），应著录在附注项。

10.2.2.5.4　专业版本说明应作为从属题名著录。

10.2.2.6　版本的变化

10.2.2.6.1　对于连续出版物，后续卷期的版本说明发生了增、删、改等变化，原则上应在附注项注明，如果发生的变化符合新资源另行著录的原则，则需要另做新的版本著录（见8.2.2.1）。

10.2.2.6.2　对于集成性资源，如果版本发生了主要变化，需要作为新资源另行著录（见9.2.1）。如果发生了次要变化，应将原版本说明更新为最新的版本说明，若有必要，可在附注项说明变化的情况（见9.3）。

10.2.3　并列版本说明（选用）

如果连续性资源上出现了一种以上语言和/或文字的版本说明，应著录与正题名的语言和/或文字相同的版本说明。如果这个标准不适用，选择版式突出的或最先出现的版本说明著录。并列版本说明也可以著录。

示例：　　. -- 英文版 = English ed.

10.2.4　与版本有关的责任说明

10.2.4.1　与版本有关的责任说明可以指个人或团体、新版本的修订者、新版本中补充资料和附录等的提供者。

10.2.4.2　与版本有关的责任说明的著录规则同10.1.6责任说明，取自连续性资源题名页的著录在本项；取自连续性资源其他地方的可以著录在本项，外加方括号，也可以著录在附注项；取自连续性资源以外的可以著录在附注项。

10.2.4.3　与版本有关的并列责任说明可以著录，之前标识空格、等号、空格（ = ）。

10.2.5　附加版本说明

10.2.5.1　附加版本说明是对连续性资源版本说明的补充说明。

示例1：　　. -- 第2版，修订版

示例2：　　. -- 重印版，［有附录及索引］

10.2.5.2　附加版本说明的转录同版本说明（见10.2.2.2和10.2.2.3）。

10.2.5.3　无变化的印次可以作为附加版本说明著录。

示例：　　. -- 第2版，第3次印刷

10.2.5.4　并列附加版本说明可以著录，之前标识空格、等号、空格（ = ）。

10.2.6　附加版本说明的责任说明

10.2.6.1　附加版本说明后面的责任说明按照与版本有关的责任说明的条款转录。

示例：　　. -- 第2版，修订版 / 上海造船工程学会

10.2.6.2　附加版本说明后面的并列责任说明也可以转录，之前标识空格、等号、空格

（ = ）。

10.3 资源特殊细节项

10.3.1 本项包含特定资料类型或出版物类型所特有的数据，常用于记录连续性资源的年代和/或编号，以及地图资料的数学数据、音乐资源的乐谱格式说明。

10.3.2 如果连续性资源是一种资料类型和出版物类型的组合（例如地图连续出版物），而且使用了本项，则重复本项，首先著录与连续性资源的主题内容相关的资源特殊细节项（例如地图资料的比例尺信息），然后再著录针对连续出版物的资源特殊细节项（编号信息）。

示例1： . -- 比例尺1:650,000(W 94° 3′ –W 88° 49′ /N 33° 1′ –N 28° 55′). -- 1981–

示例2： . -- 总谱和分谱. -- No. 1–

10.3.3 结构形式

. -- 资源特殊细节项

10.3.4 编号

10.3.4.1 结构形式

. -- 第一期的日期–最后一期的日期

. -- 第一期的日期–

. -- –最后一期的日期

. -- 第一期的编号–最后一期的编号

. -- 第一期的编号–

. -- –最后一期的编号

. -- 第一期的编号 (第一期的日期) –最后一期的编号 (最后一期的日期)

. -- 第一期的编号 (第一期的日期) –

. -- –最后一期的编号 (最后一期的日期)

. -- 第一期的编号–最后一期的编号 = 第一期的其他编号–最后一期的其他编号

. -- 第一期的编号–最后一期的编号 ; 新编号序列的第一期的编号–最后一期的编号

. -- 第一期的编号–最后一期的编号 ; 新编号序列的说明, 第一期的编号–最后一期的编号

10.3.4.2 编号项的著录依据

10.3.4.2.1 编号项依据题名与责任说明项所著录的正题名的第一期和/或最后一期所载的数字和/或日期著录。编号项对于集成性资源不适用。

10.3.4.2.2 在本项著录的日期可能与出版发行项著录的日期一致，也可能不相同。

10.3.4.2.3 如果著录是依据中间的期，但是能在其他的信息源获取第一期和/或最后一期的编号信息，可将其著录于本项，并置于方括号内。

10.3.4.2.4 如果无法获取任何有关第一期和最后一期的编号信息，则省略本项。与本项有关、但是无法著录或没有著录在本项的编号信息，若有必要，可著录于附注项。

10.3.4.3 编号说明的转录

10.3.4.3.1 转录形式与次序

编号数据按其出现在期上的形式和顺序著录，但是要用阿拉伯数字代替其他非阿拉伯数字、拼写数字和文字形式的数字。编号数据应与同其一起出现的期的标识或替代词的标准

缩写形式一起著录。“卷”或相当于“卷”（例如“集”、“辑”）的标识采用标准缩写形式“vol.”，“期”或相当于“期”的标识（例如“册”、“月”）采用标准缩写形式“no.”。当卷、期标识置于首位时，第一个英文字母应大写。

示例1：　　. -- Vol. 1-

示例2：　　. -- No. 1-

示例3：　　. -- Vol. 1, no. 1-

示例4：　　. -- Vol. 1, no. 1/2-

示例5：　　. -- 1969-

示例6：　　. -- 1980/1981-

示例7：　　. -- 1968, no. 1 (1968, 1)-

示例8：　　. -- 1931, 8, 1-

不完整、不准确或拼写错误的编号数据，可通过补充、完善或更正的方式提供正确的著录形式，并置于方括号内。

示例1：　　. -- ［19］76-

示例2：　　. -- Vol. 1 (［19］83)-

示例3：　　. -- ［2001］, no. 1-

示例4：　　. -- 1986［即1968］-

示例5：　　. -- Vol. 20［即21］(1846)-

10.3.4.3.2　非公历日期的转录

非公历日期按规定信息源上出现的形式转录，但其中的非阿拉伯数字应转换为阿拉伯数字，如果相应的公历日期没有出现在连续性资源上，应予附加并置于方括号内。

示例：　　. -- 同治11年3月［1872, 4］-

10.3.4.4　编号或日期

当期以编号或日期标识时，出现在第一期上的编号或日期应予以著录。

示例1：　　. -- Vol. 1-

示例2：　　. -- No. 1-

示例3：　　. -- 1925-

示例4：　　. -- 1936-

10.3.4.5　编号和日期

当期以编号和日期标识，出现在第一期上的这两个元素都应予以著录。编号著录在日期之前，日期著录于编号后的圆括号内。

示例1：　　. -- Vol. 1, no. 1 (1984, 1)-

示例2：　　. -- No. 1 (1985, 2)-

如果是以年代卷，则编号著录在日期之后。

示例1：　　. -- 1971, no. 1-

示例2：　　. -- 2001, no. 1 (2001, 6)-2003, no. 6 (2003, 12)

10.3.4.6　新题名下的编号和日期

著录的连续出版物是一种或多种其他连续出版物的延续，则应著录新的正题名下第一期的编号和/或日期。

示例1：　　. -- Vol. 9, no. 1 (1997, 3)-

示例2：　　. -- No. 4 (1985, 2)-

10.3.4.7　一种编号系统包括多个编号和/或日期标识

一种编号系统包括多个编号和/或日期标识，则将所有的编号和/或日期标识都著录于本项。不同的编号和/或日期之间用空格、等号、空格（ = ）相隔。

示例1：　　. -- 1995, no. 1- = 总1-

（以年代卷，有期和总期两种标识）

示例2：　　. -- Vol. 13, no. 1 (1995, 6, 20)- = 1995, no. 1- = 总20-

（同时有卷期、日期、年期和总期标识）

10.3.4.8　停刊

所著录的连续出版物已经停止出版，应将最后一期的编号和/或日期著录于第一期的编号和/或日期后，两者之间用连字符（-）相隔。如果第一期的编号和/或日期未知，只著录最后一期的编号和/或日期。

示例1：　　. -- Vol. 1, no. 1 (1971, 1)-vol. 5, no. 12 (1975, 12)

示例2：　　. -- No. 1 (1978, 1)-no. 12 (1978, 12)

示例3：　　. -- 1936-1965

示例4：　　. -- 1971, no. 1-1975, no. 12

示例5：　　. -- ［19］85, 1-［19］93, 3

示例6：　　. -- Vol. 1, no. 1 (1989, 12)　　（只出版了一期）

示例7：　　. -- -Vol. 4, no. 3 (1892, 3)　　（已停刊，第一期的编号和日期未知）

10.3.4.9　后继编号序列

如果连续出版物采用了一个新的编号序列，但正题名没有改变，新序列的编号著录于第一个序列的编号之后，两者之间以空格、分号、空格（ ; ）相隔。如果新序列前带有诸如“新”、“新辑”等标识的说明性文字，则将其著录于编号之前，并用逗号（,）与之相隔。

示例1：　　. -- No. 1 (1978, 1)-no. 12 (1978, 12) ; vol. 2, no. 1 (1979)-

示例2：　　. -- Vol. 1 (1962)-vol. 6 (1967) ; 新辑, vol. 1 (1968)-

示例3：　　. -- 1980, no. 1 (1980, 10)-1996, no. 6 (1996, 11, 25) = ［总1］-84 ; vol. 17, no. 1 (1997, 1, 25)- = 1997, no. 1- = 总85-

示例4：　　. -- No. 1 (1948, 2)-no. 20 (1949, 12, 25) = 总37-53 ; 新, no. 1 (1950, 2, 1)-no. 6 (1950, 7) = 总54-59

示例5：　　. -- Vol. 1, no. 1 (1955, 10)-vol. 5, no. 1 (1959, 6) ; 1980, no. 1 (1980, 4)-1981, no. 1 (1981, 2)

10.3.4.10　主从编和分丛编的编号

当分丛编或补编（副刊、增刊）/插页作为从属题名著录时，分丛编或补编（副刊、增刊）/插页的编号应著录于本项，主丛编的编号著录于丛编项。如果不适用，则将与主丛编或主要连续性资源有关的编号信息著录于附注项。

10.3.4.11　摹真复制品

著录摹真复制品或其他照相复制品时，本项应著录原版连续出版物的编号和/或日期。

10.3.4.12 第一期上无标识

第一期没有任何编号标识，但在后续期上出现了期和/或日期标识，可基于这种模式给出相应的第一期的编号，并置于方括号内。如果后续期上也无法获得编号信息，则著录为"［No. 1］-"或一个年代标识。

示例1： . -- ［Vol. 1, no. 1］-

（后续期编号为第1卷第2期、第1卷第3期等）

示例2： . -- ［No. 1］-

（第一期无标识）

示例3： . -- ［1968］-

（一个年度报告）

10.3.4.13 创刊号/试刊

10.3.4.13.1 出现在规定信息源的"创刊号"应视为一种编号系统，如实著录。同时出现在规定信息源上的日期标识，应著录在"创刊号"之后的圆括号内；创刊号以后的编号按新的编号序列处理；除了"创刊号"标识外，同时还另有一个或多个其他的编号和/或日期标识的，应将不同的标识都著录于本项。

示例1： . -- 创刊号 (1981, 3) ; 1982, no. 1-

示例2： . -- 创刊号 (1993, 6) ; no. 2 (1993, 8)-no. 4 (1993, 12) ; 1994, no. 1- = 总5-

示例3： . -- 创刊号 (1984, 1) = vol. 1, no. 1 (1984, 1) = 总1 ; vol. 1, no. 2 (1984, 2)- = 总2-

10.3.4.13.2 试刊若与总期号相连，则视试刊为一种编号系统著录于本项。如果试刊同时有卷期标识，应将"试刊"字样著录于卷期标识之前，并用逗号","与其相隔，试刊以后的编号按新的编号序列处理；如果试刊只有日期标识，则著录"试刊"字样，并在其后的圆括号内注明日期标识，试刊以后的编号按新的编号序列处理。

示例1： . -- 试刊, no. 1 (1965, 2)-试刊, no. 2 (1965, 4) ; 1966, no. 1- = 总3-

示例2： . -- 试刊 (1965, 2) ; 1966, no. 1- = 总2-

总期号未计算在内的试刊，或该连续出版物无总期标识，其试刊的编号不著录在本项，可在附注项说明试刊情况。

示例1： . -- Vol. 1, no. 1 (1980, 3)- = 总1-

附注：1980年1-2月有两期试刊。

示例2： . -- Vol. 1, no. 1 (1989, 2)-vol. 3, no. 6 (1991, 12)

附注：试刊, vol. 1, no. 1 (1988, 10)-vol. 1, no. 2 (1988, 12)

10.3.4.14 休刊/复刊

10.3.4.14.1 休刊后复刊，如果编号连续，则在本项连续著录，有关休刊信息著录于附注项。

示例： . -- 创刊号 (1956, 12) = 1956, no. 1 (1956, 12) ; 1957, no. 1- = ［总2］-

附注：本刊1960, no. 6后休刊，于1962, no. 1 (1962, 4)复刊；又于1966, no. 2 (1966, 4)后再度休刊，于1980, no. 1 (1980, 2)复刊。

10.3.4.14.2 休刊后复刊，如果编号另起，按新的编号序列著录于本项。

示例： . -- Vol. 1, no. 1 (1964, 9)-vol. 3, no. 3 (1966, 9) ; 1979, no. 1 (1979, 3)-1981, no. 6 (1981, 11) ; vol. 7, no. 1 (1982, 1)- = 1982, no. 1-

10.3.4.15　无法获取第一期和/或最后一期编号信息

若无法获得一种连续出版物的第一期和/或最后一期的编号信息，可将推算的大致编号著录于方括号“［ ］”中。无法推算的第一期（或最后一期）可不予著录，任何关于第一期（或最后一期）编号的信息都可著录于附注项；如果第一期和最后一期的编号信息均无法推断，则省略本项。

示例1：　. -- No. 1 (1925)-

附注：已停刊，但停刊编号信息不詳

示例2：　. -- ［1969?］-

示例3：　. -- ［197-］-

示例4：　. -- Vol. 1, no. 1［1959?］-

示例5：　. -- ［约1960］-

示例6：　. -- -vol. 28, no. 6 (1978, 12)

10.3.5　乐谱格式说明

10.3.5.1　乐谱格式说明表示一部作品的特殊乐谱格式，以区分其他不同的乐谱格式。

10.3.5.2　连续性乐谱资源在使用本项时，重复本项，首先著录特殊乐谱格式，然后再著录连续出版物的编号信息。

示例：　. -- 总谱和分谱. -- No. 1-

10.3.6　数学数据（测绘资料）

10.3.6.1　数学数据项提供测绘制图资源的比例尺、投影、坐标和二分点信息。

10.3.6.2　连续性测绘制图资源在使用本项时，重复本项，首先按照GB/T 3792.6 测绘制图资料著录规则的要求著录数学数据项，然后再著录连续出版物的编号信息。

示例：　. -- 比例尺1:650,000(W 94°3′-W 88°49′/N 33°1′-N 28°55′). -- 1981-

10.4　出版发行项

10.4.1　本项著录连续性资源的出版说明事项。如著录摹真复制品或其他照相、缩微或数字复制品，则关于复制品的出版说明著录于本项，其原件的出版说明在附注项说明。对于集成性资源，第一次和/或最后一次更新的日期著录于本项，其他日期可在附注项说明。

10.4.2　结构形式

. -- 出版发行地 : 出版发行者, 出版发行日期

. -- 出版发行地 ; 出版发行地 : 出版发行者, 出版发行日期

. -- 出版发行地 : 出版发行者 : 出版发行者, 出版发行日期

. -- 出版发行地 : 出版发行者 ; 出版发行地 : 出版发行者, 出版发行日期

. -- 出版发行地 : 出版发行者, 出版发行日期 (印制地 : 印制者)

. -- 出版发行地 = 出版发行地并列说明 : 出版发行者, 出版发行日期

. -- 出版发行地 : 出版发行者 = 出版发行地并列说明 : 出版发行者并列说明, 出版发行日期

. -- 发行地 : 发行者名称, 发行日期 (印制地 : 印制者, 印制日期)

10.4.3　出版发行地

10.4.3.1　出版发行地是与连续性资源的出版者（若有多个出版者指主要出版者）或发行者所在地的城市名或其他相关的地理位置。题有地名而无出版者或发行者名称，可将其著

录为出版地或发行地。

10.4.3.2 出版发行地的著录

10.4.3.2.1 出版发行地以其出现在连续性资源上的正确拼写形式和语法形式著录。出现在连续性资源上有谬误的出版发行地信息应照录，并将正确的信息著录于其后，置于方括号中或在附注项说明。

10.4.3.2.2 如果出现的是地名简称，应予照录，并将其全称补充其后置于方括号内。

示例： . -- 穗［广州］

10.4.3.2.3 难以识别或者容易混淆的出版发行地，应附加其上级地名,取自规定信息源的附加词置于圆括号中，其他来源的应置于方括号内。

示例1： . -- 遼陽 (遼寧省)

示例2： . -- 衡阳 (湖南)

为便于识别，在必要时可以提供地名的替代或修订形式，置于方括号中。

示例： . -- 雪梨［即悉尼］

10.4.3.3 多语种地名

连续性资源上出现一种以上的语言和/或文字，应著录与正题名的语言或文字相同的出版发行地的形式。如果这个标准不适用，按规定信息源所载版式或顺序著录最显著的或第一个出版发行地的形式。

10.4.3.4 若著录并列出版地，前置空格、等号、空格（ = ）。如果不予著录，则不需对该省略进行说明。

10.4.3.5 多个出版发行地与一个出版发行者

如果有一个以上的出版发行地与一个出版发行者对应，依据在版式上最显著的地名、题在首位的地名、以及目录使用者认为最重要的地名的优先顺序著录。

第二个或后续的地名也可以著录。

示例： . -- 北京 ; 香港 : 人民美术出版社

若省略第二个或后续地名，省略部分以“等”表示，并置于方括号中。

示例： . -- 北京［等］ : 知识出版社

10.4.3.6 多个出版地与多个出版者

分别题有一个以上的出版地和出版者名称时，每一个出版者所对应的出版地都应著录于相应的出版者名称之前，后著录的出版地与首先著录的出版地相同时，可以省略。

示例1： . -- 贵阳 : 贵州人民出版社 ; 成都 : 四川人民出版社

示例2： . -- 北京 : 中国医学科学院心血管病研究所 : 中国医学科学院阜外医院

编目机构也可以按10.4.3.5的优先原则，只著录一个出版地和出版者，省略的部分以“等”表示，并置于方括号中。

示例： . -- 昆明［等］ : 云南人民出版社［等］

10.4.3.7 既有出版地，又有发行地，著录时可省略发行地。只有发行地而没有出版地，应著录发行地以代替出版地，或者著录经考查所得的出版地名。

10.4.3.8 出版发行地不详

连续性资源上没有出现出版发行地，应在方括号中著录经考查所得出的地名；不能确定的地名，可在方括号内著录推测的地名并附加问号。

示例1：　　. -- ［北京］

示例2：　　. -- ［香港?］

出版发行地无确切地名，可著录出现在规定信息源上的或推算所得的省、自治区或国家的名称，推测的名称应置于方括号内。

示例1：　　. -- 加拿大　　（出现在规定信息源上的出版地）

示例2：　　. -- ［新疆］　　（规定信息源以外的出版地）

示例3：　　. -- ［上海?］　　（可能但不确定的出版地）

经推测查考后仍然无法著录出版发行地，应在方括号中著录“出版地不详”字样。

示例：　　. -- ［出版地不详］

10.4.3.9　出版发行地的变化

10.4.3.9.1　对于连续出版物，后续期的出版发行地若有重要变化，可将变化的地名著录于附注项。

10.4.3.9.2　对于集成性资源，在更新时若出版发行地发生了变化，应将变化的地名著录于本项，若有必要，原出版发行地可在附注项说明。

10.4.4　出版发行者

10.4.4.1　连续性资源上有一个以上的出版者，依据在版式上最显著的出版者、题在首位的出版者、以及目录使用者认为最重要的出版者的优先顺序著录。

10.4.4.2　第二个或后续的出版者也可以著录。

10.4.4.3　如果省略第二个或后续出版者，省略部分以“等”表示，并置于方括号中。

示例：　　. -- 昆明 : 云南人民出版社［等］

10.4.4.4　既有出版者，又有发行者，著录时可省略发行者，若无出版者信息，但是有发行者信息，应著录发行者信息。

10.4.4.5　出版发行者在不产生歧义的前提下，按原题转录。原题为“本刊编辑部”时应将刊名展开，若有上级机构，前冠上级机构名称。

10.4.4.6　出版发行者出现在题名与责任说明项时，应在本项重复著录。

10.4.4.7　出版发行者以一种以上的语言和/或文字出现在连续性资源上，应著录与正题名的语言或文字相同的出版发行者。如果这个标准不适用，按规定信息源所载版式或顺序著录最显著的或第一个出版发行者的名称。

10.4.4.8　若著录并列出版者，前置空格、等号、空格（ = ）。如果不予著录，也不必对该省略进行说明。

示例：　　. -- 伦敦 : 牛津大学出版社

10.4.4.9　无法著录出版发行者的名称，应在方括号中著录“出版者不详”字样。

示例1：　　. -- ［出版地不详 : 出版者不详］

示例2：　　. -- 上海 : ［出版者不详］

10.4.4.10　出版发行者的变化

10.4.4.10.1　对于连续出版物，后续期的出版发行者若有重要变化，可将变化的出版者名称著录于附注项。

10.4.4.10.2　对于集成性资源，在更新时若出版发行者发生了变化，应将变化的名称著录于本项，若有必要，原出版发行者可在附注项说明。

10.4.5　出版发行日期

10.4.5.1　本项著录与连续性资源的出版历史有关的日期。

10.4.5.2　对于连续出版物，出版日期著录第一期和最后一期的出版年。本项著录的年份与资源特殊细节项著录的日期范围的年份可能相同，也可能不同。

10.4.5.2.1　尚在出版中的连续出版物，应著录第一期的出版日期后置一个连字符；已经停止出版的连续出版物，应著录第一期和最后一期的出版年，并以连字符相连；若无法获得起始年信息但已知终止年信息，应著录终止年，并前置连字符。

示例1：　, 1965-

编号项：Vol. 5, no. 7 (1965, 7)-

示例2：　, 1936-1960

编号项：Vol. 1, no. 1 (1936)-vol. 24, no. 4 (1960)

示例3：　, 1955-1995

编号项：Vol. 1, no. 1 (1955, 10)-vol. 5, no. 1 (1959, 6) ; 1980, no. 1 (1980, 4)-1981, no. 1 ; vol. 7, no. 2 (1981)-vol. 21, no. 4 (1995, 12)

示例4：　, -1896

编号项：-vol. 47, no. 121 (1896, 8)

示例5：　, 1962

编号项：No. 1 (1962, 5)-no. 21 (1962, 10)

10.4.5.2.2　著录依据的是中间的期，但是能在国家书目或其他信息源获取第一期和/或最后一期的出版日期，可著录于本项，并置于方括号内。

10.4.5.2.3　如果无法获取任何有关第一期和/或最后一期的出版日期，则省略本项。有关出版日期方面的信息可以著录于附注项。

10.4.5.3　对于集成性资源，应将已知的该资源最早可获得的年份著录为起始出版年，已知的该资源终结的年份著录为终止出版年。

10.4.5.4　对于更新活页/散页文献，应将该版本、修订本等第一次出版的年份著录为起始出版年，对于已经停止更新的散页文献，应著录出现在主要信息源上的终止日期。如果能够获知最后一次更新的日期，则也应当予以著录。

示例：　, 1990-1995［1999最近一次更新］

10.4.5.5　纪年的著录

10.4.5.5.1　公元纪年以阿拉伯数字著录。非公元纪年按规定信息源所题的形式著录，并将相应的公元纪年著录于方括号内。

示例：　, 民國三十一-三十四年［1942-1945］

10.4.5.5.2　连续性资源上出现不同历法的纪年，应全部著录，并以空格、等号、空格分隔。

示例：　, an Ⅲ-an Ⅳ = 1795-1796

10.4.5.6　规定信息源所题出版发行日期有误，应按所题形式转录，并将正确的出版发行日期著录于其后的方括号内。

示例：　, 1905［即1950］-1970

10.4.5.7　出版发行日期无法获得，可著录在出版发行日期所在位置出现的版权日期或印制日期，以下述形式表示：

示例1：　　, 1960 (印刷)-

示例2：　　, 1970 (版权)-

示例3：　　, 1985 (录音)-

10.4.5.8　若有必要，可在出版发行日期后附加版权日期。

示例：　　1988, 1963 (版权)

10.4.5.9　出版发行日期、版权日期或印制日期均无法确定时，将能够确认的出版日期或大致出版日期著录于方括号中。

示例1：　　,［1969?］-　　（表示可能的日期）

示例2：　　,［196-］-　　（误差日期在十年内）

示例3：　　,［约1835］-　　（大约的日期）

示例4：　　,［19--?］　　（误差日期可能在百年内）

10.4.5.10　连续性资源不规则的出版日期在附注项说明。

10.4.6　印制地和印制者

10.4.6.1　当连续性资源的出版发行地和出版发行者无从查考，而资源上出现印制地和印制者时，应将印制地和印制者著录于本项的出版发行日期之后的圆括号内。如果信息取自资源以外，置于圆括号内的方括号中。

示例1：　　, 1974- (北京 : 光明印刷厂)

示例2：　　. --［出版地不详 : 出版者不详］, 1963- (［东京］ : 鹿岛研究所出版会)

10.4.6.2　著录多个印制地和多个印制者时，著录用标识符与多个出版发行地和多个出版发行者相同。

10.4.6.3　印制地和印制者的变化应遵循10.4.3.9中关于出版发行地变化的规定，以及10.4.4.10中关于出版发行者变化的规定。

10.4.7　印制日期

10.4.7.1　代替出版发行日期著录的印制日期，此处不再重复著录。

10.4.7.2　印制日期与已经著录的出版发行日期或版权日期不同时，印制日期也可以著录。印制日期既可以著录于印制者后，也可以单独著录。单独著录时应在日期后附加“印刷”字样。

示例：　　. -- 兰州 : 甘肃人民出版社, 1972 (1973印刷)-

10.5　载体形态项

10.5.1　结构形式

. -- 数量和特定文献类型标识

. -- 数量和特定文献类型标识 : 其他形态说明 ; 尺寸

. -- 数量和特定文献类型标识 : 其他形态细节说明 ; 尺寸 + 附件 (附件数量 : 附件的其他形态细节 ; 附件尺寸)

10.5.2　数量和特定文献类型标识

10.5.2.1　特定文献类型标识表示连续性资源所属的特定资料类型，以书目机构所选择的语言著录。

10.5.2.2　已经停止出版的连续性资源，应在特定文献类型标识前著录书目单位的数量，用阿拉伯数字表示。

10.5.2.2.1　对于印刷型连续出版物，可视情况使用“vol.”（卷）、“no.”（期）作为特定文献类型标识。还在出版发行中的、或虽然已经停止出版但不能确定其数量的，只著录特定文献类型标识。

示例1：　. -- 90vol.

示例2：　. -- 120no.

示例3：　. -- vol.

示例4：　. -- no.

10.5.2.2.2　对于仍在不断更新的活页/散页文献，应著录为“vol. (散页)”。已经不再更新的散页文献视情况著录为1vol.(散页)、2vol.(散页)。

示例1：　. -- 3vol. (散页)

示例2：　. -- 2vol. (盲文散页)

10.5.2.3　非印刷型连续性资源参照GB/T 3792相关部分的规定，例如，连续性录音资料参照GB/T 3792.4 非书资料著录规则的相关规定。

示例1：　. -- 33盘缩微卷片

示例2：　. -- 5幻灯卷片

示例3：　. -- 录音带

示例4：　. -- 缩微平片

10.5.3　其他载体形态细节

其他载体形态细节的著录，应遵循GB/T 3469文献类型与文献载体代码中有关文献类型的相关规定。

示例1：　. -- 缩微卷片 : 图

示例2：　. -- vol. : 图，地图

示例3：　. -- 15vol. : 图

示例4：　. -- 盒式录音带（60 min）: 金属，立体声，杜比

10.5.4　尺寸

10.5.4.1　尺寸的著录应参照GB/T 3792 相关部分的规定，例如，连续性录音资料参照GB/T 3792.4非书资料著录规则的相关规定。

示例1：　. -- no. ; 29cm

示例2：　. -- vol. : 图，地图 ; 18cm

10.5.4.2　连续性资源的尺寸有变化，可在本项著录较小或最小的尺寸和较大或最大的尺寸，二者之间用连字符分隔，或者在附注项说明相关期或更新部分的尺寸变化。

示例：　. -- vol. ; 26-29cm

10.5.4.3　如果连续性资源的尺寸或形状非常规，例如高度与宽度相等或宽度大于高度，可以在高度后同时著录其他尺寸。

示例1：　; 21x30cm　（宽度大于高度，著录为高度×宽度）

示例2：　; 38cm, 折叠为10cm

10.5.5　附件（选用）

10.5.5.1　附件的著录应参照GB/T 3792 相关部分的规定，例如，连续性录音资料参照

GB/T 3792.4非书资料著录规则的相关规定。

示例1：　　. -- vol. : 图 ; 31cm + 每周价格列表

示例2：　　. -- vol. : 图 ; 28cm + 光盘

示例3：　　. -- 47vol. : 图, 地图 ; 27cm + 114张缩微平片 (11 × 15 cm)

10.5.5.2　关于附件资料的题名和责任说明（例如一个插页）或其他特性可以著录在附注项。

10.5.5.3　附件资料可以独立著录，可以在附注项说明，也可以通过多层次著录的方法来描述（见附录A）。

10.6　丛编项

10.6.1　一种连续性资源所有的期都在（或计划在）同一种丛编或分丛编中出版时，本项著录该丛编或分丛编的信息。一种连续性资源所有的期都同时在（或计划同时在）两种或多种丛编或分丛编中出版时，本项应重复著录两种或多种丛编或分丛编的信息。著录顺序依据本项规定信息源的优先顺序。上述情况以外的其他与丛编或分丛编有关的信息可在附注项说明。

10.6.2　结构形式

. -- (第一丛编) (第二丛编)

. -- (丛编正题名 : 丛编其他题名信息 / 丛编责任说明 ; 丛编编号)

. -- (丛编正题名, ISSN ; 丛编编号)

. -- (分丛编正题名 = 分丛编并列题名, 分丛编ISSN ; 分丛编编号)

. -- (丛编题名. 分丛编题名 ; 分丛编编号)

. -- (丛编题名. 分丛编标识, 分丛编题名)

. -- (丛编题名. 分丛编标识, 分丛编题名, 分丛编ISSN ; 分丛编编号)

. -- (丛编题名. 分丛编题名 / 分丛编责任说明, 分丛编ISSN ; 分丛编编号)

10.6.3　丛编或分丛编正题名

10.6.3.1　丛编或分丛编正题名依据规定信息源著录。

如果一种连续性资源既有主丛编，又有分丛编，应采用如下方法著录：

a）分丛编具有可独立识别的题名时，将其单独著录于丛编项，主丛编题名在附注项说明。

示例：　　. -- (中国报刊经济信息总汇)

　　　　附注：主丛编题名：复印报刊资料

b）分丛编题名不具有独立识别意义时，应与其从属的主丛编一起著录在本项。主丛编题名不在附注项中重复。

示例1：　　. -- (从过去走向未来丛刊. 16, 史学论丛 ; 2)

示例2：　　. -- (中央研究院民族學研究所專刊. 乙種 ; 16)

10.6.3.2　丛编和分丛编正题名的选取与转录，按题名与责任说明项相关条款的规定处理。

10.6.3.3　丛编或分丛编的识别题名与正题名不同时，著录在附注项。

10.6.4　丛编或分丛编并列题名

当丛编或分丛编的正题名以一种以上的语言和/或文字出现时，若有必要，将丛编并列题名或分丛编并列题名著录于本项。

示例：　　. — (М а т е р и а л ы к п о з н а н и ю ф а у н ы и ф л о р ы С С С Р = Contributiones pro fauna et flora URPSS =Contributions à la connaissance de la faune et la flore de l' URSS = Proceedings on the study of the fauna and flora of the USSR)

10.6.5　丛编或分丛编其他题名信息

10.6.5.1　若有必要，丛编或分丛编其他题名信息和并列其他题名信息也可著录于本项。

示例：　　. -- (Collection I.P.N. : les industries, leurs productions, leurs nuisances)

10.6.5.2　与丛编或分丛编有关的版本说明作为丛编其他题名信息处理，按照版本项的有关规定著录。

示例：　　. -- (Sammlung Gö schen : 2. Ausg.)

10.6.6　丛编或分丛编责任说明

当丛编或分丛编正题名为一通用术语时，应著录第一责任说明。在其他情况下，若出现在规定信息源的第一和其余责任说明对识别或对目录使用者重要，也要著录。

示例：　　. -- (Mededeling / Instituut voor Toegepast Biologisch Onderzoek in de Natuur)

10.6.7　丛编或分丛编国际标准连续出版物号（ISSN）

10.6.7.1　已知的丛编或分丛编的国际标准连续出版物号（ISSN）应著录于与其对应的丛编或分丛编题名之后，前置逗号、空格（, ）。不合适著录在本项的ISSN，可在附注项说明。

示例：　　. -- (Actualit é s scientifiques et industrielles, ISSN 0365-6861)

10.6.7.2　分丛编具有可独立识别题名时，主丛编的ISSN与其题名一起著录于附注项。

10.6.7.3　当主丛编与不具有独立识别意义的分丛编一并著录在本项时，主丛编的ISSN不应著录在本项，但是可以在附注项说明。

10.6.8　丛编或分丛编编号

10.6.8.1　丛编或分丛编编号采用阿拉伯数字形式著录于相应的丛编或分丛编著录项之后，前置空格、分号、空格（ ; ）。若连续性资源各期均有丛编或分丛编的同一个编号，该编号应与卷期标识（vol., no.等）一起著录于本项。若既有主丛编编号，又有分丛编编号时，主丛编编号应予省略。

示例：　　. -- (复印报刊资料 ; G53)

10.6.8.2　丛编或分丛编编号在出版过程中如有变化，可在附注项说明。

10.7　附注项

10.7.1　附注使用说明

10.7.1.1　附注限定并补充著录信息，可以处理连续性资源的各个方面，凡是没有在著录项中描述但是又被认为是重要的信息，都可以在此说明；除了关于本部分的著录项目的附注外，还有关于连续性资源的性质、范围等不对应于任何著录项目的附注。

10.7.1.2　附注及其所呈现的方式是可选的，除非说明是必备（如果提供的信息是可用的）；如果编目机构认为合适，两个或更多的附注可以组合成为一个附注；如果适当，在附注中推荐使用GB/T 3792的本部分规定的标识符。

10.7.1.3　可以使用附注将一个连续性资源与其他连续性资源的著录或者一种专著丛编

的著录联系起来，在用附注表示这种关系时，相关的其他连续性资源题名的形式宜优先选用识别题名(如果无识别题名但是有统一题名时,可用统一题名)与ISSN；如果它们无法获知，则选用正题名，在例外的情况下，采用与GB/T 3792的本部分记录制作时所对应的适合的形式（例如，图书馆目录中所出现的连续性资源的标目与题名）；如果连接的是专著丛编，则应著录专著丛编的正题名，如果有责任说明也要同时著录。

10.7.1.4　与其他连续性资源的关系和与其他版本（包括复制品或再次发行）的关系的细节按照10.7.5.4的规定著录。

10.7.1.5　有关某一特定类型的资料（如电子期刊）的附注信息，参照GB/T 3792相关部分的规定（如GB/T 3792.8电子资源著录规则）。

10.7.2　结构形式

附注. -- 附注. -- 附注

或

附注

附注

10.7.3　频率说明

10.7.3.1　如果题名与责任说明项中没有出现资源的出版频率或更新频率，应在附注项说明（必备）。

示例1：　双月刊

示例2：　不定期

示例3：　月刊 (7–8月合刊)

示例4：　连续更新

10.7.3.2　频率已经出现在题名与责任说明项中，在需要表达某些附加信息时，可以在附注项中重复。

示例1：　月刊 (1965, 7–2001为双月刊)

（正题名：史学月刊）

示例2：　月刊 (2002年起为半月刊)

（正题名：文化月刊）

10.7.3.3　频率的变化应著录在附注中。

示例1：　月刊 (2005–)；双月刊 (2001–2004)；季刊 (1991–2000)

示例2：　半月刊 (2004–)；出版频率多次变化 (1950–2003)

10.7.4　题名与责任说明项附注

10.7.4.1　关于正题名的附注

10.7.4.1.1　印刷型连续性资源的正题名取自代题名页时应在附注中说明（必备）；对于非印刷型连续性资源，正题名信息源的说明参照GB/T 3792相关部分的规定。

示例1：　. -- 题名取自封面

示例2：　. -- 题名取自卷端

10.7.4.1.2　与正题名形式不同的变异题名，如：封面题名、书脊题名、逐页题名、附加题名页题名等，若有必要，应予说明。

示例1：　. -- 封面题名：东疆学刊

（正题名：延边大学东疆学刊）

示例2：　　. -- 书脊题名：煙中校刊

（正题名：山東省立煙台中學校刊）

示例3：　　. -- 1986, no. 1-2正题名改题：法制心理研究

（正题名：犯罪心理研究）

示例4：　　. -- 逐页题名：國立中央大學周刊

（正题名：中大周刊）

10.7.4.1.3　题名页的题名有误，应予说明。

10.7.4.1.4　正题名由一组首字母、缩略词或数字组成，或正题名包含一组首字母、缩略词或数字时，取自题名页以外的变异形式或展开形式可以在附注中说明。

示例：　　. -- 展开题名为：中国高等教育文献保障系统简报

（正题名：CALIS简报）

10.7.4.1.5　正题名的变化

10.7.4.1.5.1　对于连续出版物，当正题名发生主要变化需要对新资源另行著录时，其书目沿革变化附注见10.7.5。如果正题名在第一期或所见最早一期之后发生了次要变化，若有必要，可在附注中说明；如果正题名的变化较为频繁，也可以采用“题名多次变化”等一般性附注说明。

示例1：　　. -- Vol. 4, no. 4 (1999)起正题名为：中国临床药理学与治疗学

（正题名：中国临床药理学与治疗学杂志）

示例2：　　. -- 2000年正题名为：戏曲、戏剧研究

（正题名：戏剧、戏曲研究）

示例3：　　. -- 分辑题名多次变化

10.7.4.1.5.2　对于集成性资源，当资源的题名被更新，较早的题名应在附注中一一注明。

示例1：　　题名沿革：Australian industrial safety, health & welfare, 1979-Mar.1996

示例2：　　先前题名：Euroinfo international (viewed on May 10, 1998); Telephone directories international (viewed on Sept 9, 1999)

10.7.4.1.5.3　对于电子连续出版物，没有沿用较早题名的电子连续出版物，可视为集成性资源，较早的题名应在附注中说明。

示例：　　. -- All issues previously published under the title BMMR have been reformatted with the current title

10.7.4.2　出现在题名页上，但是没有被著录在题名与责任说明项的并列题名以及其他题名信息，可以在附注中说明。

示例1：　　. -- 还有藏文并列题名。

（题名与责任说明项中没有著录并列题名）

示例2：　　. -- 还有德、法、俄、日文并列题名。

（题名与责任说明项中只著录了英文并列题名）

10.7.4.3　出现在连续性资源上，但是没有出现在题名页上的并列题名与其他题名信息可以著录在附注项。

示例1：　　. -- 英文目次页题英文并列题名：History of CPC organizations in Beijing

示例2：　　. -- 封面题其他题名信息：青岛大学学报

10.7.4.4　连续出版物的并列题名与其他题名信息在出版过程中发生变化，若有必要，可在附注中说明。对于集成性资源，其先前的并列题名与其他题名信息（包括更新前没有并列题名）若有必要，可在附注项说明。

示例1：　　. -- Vol. 10 (1995)起并列题名改题：Science & technology progress and policy

（原题英文并列题名：Scientific technological progress countermeasure）

示例2：　　. -- No. 9 (1984)起其他题名信息改为：少年文学丛刊

（正题名：未来 : 儿童文学专辑）

10.7.4.5　关于责任说明的附注

10.7.4.5.1　责任说明附注可以包括以下内容：

a）连续性资源以外的责任说明；

b）个人或团体名称的变异形式、展开形式和笔名等；

c）与作品相联系的、但没有在其他著录项目中著录的个人和团体名称；

d）既不对应于任何正题名，也不对应于任何并列题名的责任说明。

示例1：　　. -- 本刊由北京师范大学主办

示例2：　　. -- 原主办者为：辽宁商业专科学校

示例3：　　. -- 该机构的完整名称为：上海社会科学院世界经济研究所

（正题名：世界经济研究所通报）

10.7.4.5.2　没有出现在题名页，但是出现在连续性资源上的与附录和其他补充资料有关的责任说明，可作为责任说明附注。

10.7.4.5.3　题名页之外的其他信息源上的责任说明，可以在责任说明附注中说明信息的来源。

示例：　　. -- 主办机构取自书末出版说明

10.7.4.5.4　出现在题名页上，但是在题名与责任说明项的著录中被省略的责任说明，可在附注中说明。

示例：　　. -- 主办机构还有：广东省高校图工委、广东省中心图书馆委员会等3家

10.7.4.5.5　责任说明的变化

10.7.4.5.5.1　对于连续出版物，若有必要，可在附注中说明第一期或所见最早一期以后的责任说明发生的变化（见10.1.6.6.1）。

示例：　　. -- Vol. 7, no. 3 (1992)起主编机构增加：江西省环境监测中心站，vol. 9, no. 4 (1994)起江西省环境保护科学研究所不再履行主编责任。

（题名与责任说明项著录为：环境与开发 / 江西省环境学会, 江西省环境保护科学研究所主编）

10.7.4.5.5.2　对于集成性资源，若有必要，可以在附注项说明先前曾出现过的责任说明或与当前更新后形式不同的责任说明。如果变化较多，可以用一般性附注作概括性说明。

示例：　　. -- 编辑者多次变化

10.7.5　版本项与连续性资源书目沿革附注

10.7.5.1　附注内容

此项附注包括版本说明来源或性质的说明、连续性资源定期修订的说明（必备）、取自

连续性资源以外的与版本项有关的责任说明等。

示例：　　. -- 修订版每6个月发布一次

10.7.5.2　版本项的变化

10.7.5.2.1　对于连续出版物，第一期或所见最早一期以后的版本说明的次要变化，若有必要，可以在附注中说明。

示例：　　. -- 2005年起版本说明改题：原创版

（原版本说明为：原创作品版）

10.7.5.2.2　对于集成性资源，若有必要，可以在附注项说明先前曾出现过的版本说明或与当前更新后形式不同的版本说明。

10.7.5.3　书目沿革

资源的书目沿革细节，可随同与其关联的其他资源的编号一起著录。

示例：　　. -- 是如下资源的修订版：Mental capacity : medical and legal aspects of the aging. 1977

10.7.5.4　与其他连续性资源的关系

10.7.5.4.1　翻译

已知所著录的连续性资源译自先前出版的一种连续性资源，应使用附注（必备）说明原版题名。同时以不同语言出版的连续性资源的不同版本见10.7.5.4.3。

示例1：　　. -- 译自：International social science journal = ISSN 0020-8701

示例2：　　. -- 译自：Prospects (Paris) = ISSN 0033-1538

示例3：　　. -- 译自：World health forum = ISSN 0251-2432

10.7.5.4.2　复制品

当一种连续性资源完全是另外一种连续性资源的复制品，例如，印刷资源的摹真复制品或其他照相（或缩微）复制品、唱片的盒式录音带复制品、电影的录像带复制品和数字化版本。应使用附注（必备）说明该资源为复制品，并注明原版的出版地和出版者名称，也可说明原资源的频率，如果复制品的题名与原题名不同，还应注明原资源的题名。

示例1：

中國邊疆民族學雜誌 / 邊政公論社主辦. -- ［影印版］. -- 創刊號 (民國30年8月10日［1941, 8, 10］) = vol. 1, no. 1 (民國30年8月10日［1941, 8, 10］) ; vol. 1, no. 2 (民國30年9月10日［1941, 9, 10］)-vol. 7, no. 4 (民國37年12月［1948, 12］). -- 臺北 : 大通書局, 民國73年［1984］

影印自：邊政公論. -- 巴縣［四川］: 邊政公論社［發行者］, 民國三十-三十七年［1941-1948］. -- 季刊(1947-1948) ; 半年刊 (1946) ; 月刊 (1941-1945)

示例2：

新流月報. -- 影印本. -- No. 1 (1929, 3)-no. 4 (1929, 12). -- 上海 : 上海文藝出版社, 1959

4册 ; 19cm

影印自：上海 : 現代書局［發行者］. -- 月刊

10.7.5.4.3　不同版本

当所著录的连续性资源同时存在与其部分内容和/或语言不同的版本时，应著录其他版本的名称，如果其他版本的名称难以获取，或者有多种不同的版本，难以一一列出，可采用一般性附注。

示例1：　　. -- 1997年起同时出版网络版

示例2：　　. -- 有多种语言版本

示例3：　　. -- 本刊为以下刊物的中文版：Reader’s digest (U.S. edition) = ISSN 0034-0375

示例4：　　. -- 还有早期版、二星版和三星版

（所著录的题名是最新版）

10.7.5.4.4 继承

10.7.5.4.4.1 当所著录的连续性资源继承了一种先前出版的连续性资源，应使用附注（必备）说明先前资源的题名。导语为：“继承:”。

示例：　　现代免疫学

附注：继承：上海免疫学杂志 = ISSN 1001-2478

10.7.5.4.4.2 当所著录的连续性资源被后续出版的另外一种连续性资源继承，应使用附注（必备）说明后续资源的题名。导语为：“改为：”。

示例1：　　女子文学

附注：改为：女子文摘 = ISSN 1672-5875

示例2：　　中等职业技术教育

附注：改为：职业技术教育（北京）

10.7.5.4.5 合并

10.7.5.4.5.1 由……与……合并而成

当所著录的连续性资源是由两种或两种以上先前出版的连续性资源合并而成，应使用附注（必备）来说明先前资源的题名，导语为：“由：……；与：…… 合并而成”。

示例1：　　中国农业大学学报

附注：由：北京农业大学学报 = ISSN 0479-8007；与：北京农业工程大学学报 = ISSN 1000-1514 合并而成

示例2：　　福建党史月刊

附注：由: 福建党史通讯; 与: 革命人物 合并而成

10.7.5.4.5.2 与……合并而成……

当所著录的连续性资源与一种或多种先前出版的连续性资源合并成为一种新的连续性资源，应使用附注（必备）说明与之合并的连续性资源和合并后形成的新的连续性资源的题名，导语为：“与：……合并；成为：”。

示例1：　　北京农业大学学报

附注：1996年起与：北京农业工程大学学报 = ISSN 1000-1514 合并；成为：中国农业大学学报 = ISSN 1007-4333

示例2：　　革命人物

附注：1988年起与：福建党史通讯 合并；成为：福建党史月刊

10.7.5.4.6 分成与分出

10.7.5.4.6.1 部分继承

当所著录的连续性资源是由一种连续性资源分为两种或多种连续性资源后形成的新资源，应使用附注（必备）说明被分解的先前连续性资源的题名。导语为：“部分继承：”。

示例：　中国科学. A辑, 数学 物理学 天文学

附注：部分继承：中国科学. A辑. 数学物理学天文学技术科学 = ISSN 1000-3126

10.7.5.4.6.2　分成……和……

当所著录的连续性资源分成两种或多种连续性资源时，应使用附注（必备）说明后续的连续性资源的题名。导语为："分成：……；和：……"。

示例：　中国科学. A辑, 数学 物理学 天文学 技术科学

附注：1996年起分成：中国科学. A辑. 数学物理学天文学 = ISSN 1006-9232；和：中国科学. E辑. 技术科学 = ISSN 1006-9275

10.7.5.4.6.3　分自

当所著录的连续性资源是从另外一种连续性资源中分出时，应使用附注（必备）说明分出前的连续性资源的题名。导语为："分自："。

示例：　民国档案

附注：分自：历史档案 = ISSN 1001-7755

10.7.5.4.7　吸收与并入

10.7.5.4.7.1　吸收

当所著录的连续性资源吸收了其他连续性资源，并且没有改变题名，应使用附注（必备）说明被吸收的连续性资源的题名。若有必要，吸收的日期也可以在附注中说明，导语为："吸收："。

示例1：　山东大学学报. 社会科学版

附注：吸收：山东医科大学学报. 社会科学版 = ISSN 1000-5595

示例2：　水利学报

附注：1960年起吸收：泥沙研究

10.7.5.4.7.2　并入

当所著录的连续性资源并入到另外一种连续性资源，应使用附注（必备）说明并入它的连续性资源的题名。若有必要，并入的日期也可以在附注中说明，导语为："并入："。

示例1：　山东医科大学学报. 社会科学版

附注：并入：山东大学学报. 社会科学版, ISSN 1001-9839

示例2：　泥沙研究

附注：1960年起并入：水利学报 = ISSN 0559-9350

10.7.5.4.8　有补编（副刊、增刊）、插页的连续性资源

当所著录的连续性资源有补编（副刊、增刊）和/或插页时，可以使用附注说明补编（副刊、增刊）和/或插页的题名。在补编（副刊、增刊）很多的情况下，可以用一般性附注说明。

示例1：　编译参考

附注：副刊：国外思潮

附注：副刊：国外作品选译

示例2：　附注：增刊较多

10.7.5.4.9　补编（副刊、增刊）或插页

当所著录的连续性资源是另一连续性资源的补编（副刊、增刊）或插页时，应使用附注

（必备）说明主要连续性资源的题名。

示例：　　国外思潮

　　　　　附注：正刊：编译参考 = ISSN 1008-0325

10.7.5.4.10　有分丛编的丛编

如果所著录的连续出版物是丛编，并且该丛编包含可独立识别题名的分丛编，可以用附注说明丛编内各分丛编的题名；在分丛编很多的情况下，可以用一般性附注说明。

示例：　　复印报刊资料

　　　　　附注：分丛编：中国报刊经济信息总汇

10.7.5.4.11　分丛编

如果所著录的连续出版物是分丛编，主丛编说明应著录在丛编项（见10.6）。

10.7.5.5　其他关系

如果所著录的连续性资源与其他连续性资源有关系，并且这种关系的性质可以确定，可以用附注说明与之相关联的连续性资源的题名。例如，有两种或多种连续性资源合在一起出版，在采用分别著录的方式时，在每一个著录中可以用附注说明与该资源一起出版的其他资源。

示例1：　　对联

　　　　　附注：本刊与：民间对联故事 合订

示例2：　　民间对联故事

　　　　　附注：本刊与：对联 合订

10.7.6　编号项附注

10.7.6.1　用于说明未被著录于编号项的编号细节或被省略的原因，该附注也包括那些未被著录在编号项的复杂的、无规律的编号或对目录使用者重要的编号。

示例1：　　. -- 1960年8-9月休刊；vol. 17, no. 12 (1966, 6)后再度休刊；于vol. 18, no. 1 (1973, 7)复刊

　　　　　编号项：Vol. 1, no. 1 (1950, 5)-vol. 3, no. 10 (1952, 10) ; 1953, no. 1-1965, no. 12 ; vol. 17, no. 1 (1966, 1)-

示例2：　　. -- 1980年1-2月有试刊2期

　　　　　编号项：Vol. 1, no. 1 (1980, 3)- = 总1-

示例3：　　. -- 1992, no. 1 (总7)起有总期标识。

　　　　　编号项：1991, no. 1- = ［总1］-

示例4：　　. -- 1959, no. 1 (总9)-1961, no. 1 (总54)有总期标识。

　　　　　编号项：1958, no. 1-1966, no. 9

示例5：　　. -- 每年从第1期开始编号

示例6：　　. -- 1995-1997年以春、夏、秋、冬四季作为期号标识，第1期为春季号

示例7：　　. -- 第1-3卷每卷12期，各卷期号连续编排，期号实际为总期号。

　　　　　编号项：No. 1 (1924, 9, 1) ; vol.1, no. 1 (民國14年9月16日［1925, 9, 16］) -vol. 3, no. 36 (民國16年12月15日［1927, 12, 15］)

10.7.6.2　如果著录所依据的是连续出版物中间的期时，可在编号项著录推算的大致编号，关于最早一期的编号信息可在附注中说明，如果连续出版物已经停止出版，但是著录时无法获得最后一期的信息，可在附注中说明已经停刊的情况（见10.3.1.15）。

示例1：　. -- 创刊与停刊编号信息不详，见存最早一期为vol. 4, no. 1 (1932, 5)；最后一期为vol. 4, no. 7 (1932, 12)

示例2：　. -- 已经停刊，停刊编号信息不详，见存最后一期为1985, no. 2 (总7)

10.7.6.3　所著录的是一种从属于主要连续出版物的补编（副刊、增刊）或插页，可以用附注说明主要连续出版物的编号信息。

示例：　正题名：癌症. 化学治疗专辑

附注：副刊no. 1 (1989, 4, 15)为正刊的vol. 8, no. 2 (1989, 4, 15)，副刊no. 20 (1998, 12, 15)为正刊的vol. 18, no.6 (1998, 12, 15)

编号项：No. 1 (1989, 4, 15)-no. 20 (1998, 12, 15)

10.7.7　出版发行项附注

10.7.7.1　附注内容

本项附注包括连续性资源的其他出版发行者的细节、关于不同的出版发行等信息、不规律出版和附加日期等内容。

示例1：　. -- 出版地还有：贵阳、成都和重庆；出版者还有：贵州人民出版社、四川人民出版社和重庆出版社

示例2：　. -- 第4卷出版于1939年，第5卷出版于1946年

10.7.7.2　出版发行项的变化

10.7.7.2.1　对于连续出版物，第一期或所见最早一期之后出现的出版地、出版者名称的变化，若有必要，可随同相应的卷期编号在附注中说明；如果变化很多，可用一般性附注说明。

示例1：　. -- Vol. 4, no. 1 (1984)起出版者改为：科学出版社，出版地改为：北京（原出版者为：甘肃人民出版社，出版地为：兰州）

示例2：　. -- 出版者多次变化

示例3：　. -- 出版发行者多次变化，2007年起出版者为《科学》杂志编辑部。

10.7.7.2.2　对于集成性资源，若有必要，可以在附注项说明先前曾出现过的出版地、出版者名称或与当前更新后形式不同的出版地、出版者名称。

示例：　. -- Published: New York : McGraw-Hill, 1974-1975; South Hackensack (N.J.) : F.B. Rothman, 1976-1978

10.7.8　载体形态项附注

本项附注用于对载体形态项著录内容的补充和对特定载体特征的说明，例如无规律出版的附件、印刷型连续性资源尺寸的变化等；对于集成性资源，若有必要，其较早的载体形态细节应使用附注说明。

示例1：　. -- 尺寸在20-30cm之间变化

示例2：　. -- 1998年起不定期出版光盘

示例3：　. -- 每卷中各期页码连续编号

示例4：　. -- 1999年起为双向倒转印刷形式

10.7.9　丛编项附注

10.7.9.1　所著录的连续性资源的所有期同时在两种或多种丛编或分丛编中出版，可在丛编项著录这些丛编或分丛编的题名，否则用一般性附注说明有多种丛编或分丛编的情况。

10.7.9.2　如果主丛编题名或ISSN未包含在丛编项中，则可在附注项说明（见10.6.3.1）。

示例：　　. -- (中国报刊经济信息总汇)

　　　　　附注：主丛编题名：复印报刊资料

10.7.9.3　可用附注说明主丛编编号和/或主丛编编号和分丛编编号之间的关系，也可以用附注说明丛编或分丛编编号变化的情况。

示例：　　附注：丛编中每一期编号为10，20，30等

10.7.9.4　如果主丛编与分丛编的识别题名与其正题名不同，应使用附注（必备）著录识别题名（见10.6.3.3）。

10.7.10　内容附注

内容附注包括内容的罗列及其他内容，如索引、插页、书目和组成连续出版物各期的各个物理单位。组成连续性资源各期或更新的各个物理单位的多层次著录见附录A。

示例1：　　. -- 每年最后一期附该卷分类索引

示例2：　　. -- 每期包含有经济学参考书目

示例3：　　. -- 每期为一个专题

示例4：　　. -- 哲学；经济学；文学；语言学；历史学；社会学；法学；民族学；国际问题

10.7.11　标准编号与获得方式附注

本附注包括有限的印数或有限的发行；如果错误的标准编号出现在连续性资源上，应将其记录在附注项（必备）。

10.7.12　文献性质、范围附注

关于连续性资源的性质、范围、文学艺术或物理形式，可以用附注说明。

10.7.13　著录依据附注

10.7.13.1　对于连续出版物，当著录所依据的不是第一期时，该附注必备。

10.7.13.1.1　附注要说明著录所依据的卷期的编号和日期，著录的形式要与编号项中著录的形式相同。

示例1：　　. -- 据vol. 3, no. 3 (1975, 5/6)著录

示例2：　　. -- 据1992, no. 1 (1992, 2)著录

示例3：　　. -- 据no. 8 (1980, 4)著录

10.7.13.1.2　在有以下情况时可以对所参考的最后一期作附注：

a）已知连续出版物已经停止出版，著录时最后一期不在手头，并且关于最后一期的信息也不能从其他信息源获得；

b）在著录时无法确定比手头这一期更晚的期是否已经出版；

c）著录信息做了相应的修正，以反映参考的最后一期的信息；

d）希望表明著录信息现在还适用。

示例1：　　. -- 参考的最后一期为：no. 43 (2000, 3)

示例2：　　. -- 据vol. 4, no. 1 (1988, 3)著录，参考的最后一期为：vol. 15,no. 5 (1999, 10)

10.7.13.2　对于无编号的专著丛编，如果是对丛编本身进行著录，则应使用附注说明所参考的最早的分析单元的出版发行等日期，如果也参考了其他的分析单元，并且能够识别最后的分析单元，还应给出最后的分析单元及其出版日期。

示例1：　　. -- 著录依据：探险与世界 / 于有彬编著. -- 成都 : 四川人民出版社, 1983.

示例2：　. -- 参考的最后一卷：科学家在社会中的角色 / (以色列) 本-戴维 (Ben-David,J.) 著 ；赵佳

苓译. -- 成都: 四川人民出版社, 1988

10.7.13.3　对于集成性资源，如果著录所依据的不是第一次的更新，应使用附注说明著录时所参考的最后一次更新。

示例：　. -- 著录依据1994年版第10次更新

10.7.13.4　对于远程访问的电子资源，使用附注说明著录时该资源被浏览的日期。

示例：　. -- 著录依据2005年4月22日的浏览，最后一次更新的浏览日期为2008年8月15日

10.7.14　其他附注

没有著录在其他著录项的任何信息，若有必要，都可以采用其他附注。

10.8　标准编号与获得方式项

10.8.1　结构形式

. -- ISSN = 识别题名

. -- 价格

. -- ISSN = 识别题名 : 价格

. -- ISSN (限定) = 识别题名 : 获得方式 : 价格 (限定)

. -- ISSN = 识别题名 : 价格 (限定)

. -- ISBN (限定)

. -- ISBN : 获得方式 : 价格

. -- ISBN (限定) : 价格

10.8.2　ISSN或其他标准编号

10.8.2.1　已知连续性资源被分配有国际标准连续出版物号（ISSN）或国际标准书号（ISBN），应予以著录；如果连续出版物每期都有不同的ISBN号，则不予著录。

10.8.2.2　标准编号的转录按照有关标准（见GB/T 9999中国标准连续出版物号）。

示例1：　. -- ISSN 0075-2363

示例2：　. -- ISBN 978-7-86325-016-5

10.8.2.3　连续性资源上的标准编号出现印刷错误时，应将可以获取的正确的标准编号著录在本项，其后的圆括号中加注术语“纠正的”或等同的其他语种的术语，错误的标准编号应在附注项中说明。

示例：　. -- ISSN 0257-0173　（纠正的）

附注：ISSN 0275-0173　（错误的）

10.8.2.4　资源的期或更新中发现的标准编号以外的其他编号也可著录在本项。

示例：　. -- 统一刊号：CN 21-1075

10.8.3　识别题名

由ISSN网络中心分配的识别题名，即使与资源的正题名相同也必须与相应的ISSN一并著录在本项。

示例1：　. -- ISSN 1008-9063 = 中国烟草（北京）

示例2：　. -- ISSN 1000-7881 = 中国人口科学

10.8.4　获得方式和/或价格（选用）

10.8.4.1 获得方式可以用一个术语说明。如果一种资源的各期或更新的价格是固定不变的，可以著录价格；价格以阿拉伯数字著录，前置官方标准货币符号（见GB/T 12406表示货币和资金的代码）。

示例1： ：非卖品

示例2： ：出租

示例3： ：每期价格：CNY10.00；每年价格：CNY60.00

10.8.4.2 特殊价格可以在正常价格后的括号内说明。

10.8.5 限定说明（选用）

必要时，可在标准编号或价格后的圆括号内附加补充信息；对于不断更新的资源，要附加限定词（活页）或等同的其他语种的术语。

示例： . -- ISBN 0-86325-016-5 (活页)

附录A
（资料性附注）
多层次著录

多层次著录是针对资源各部分的书目著录所选用的一种方法。单层次记录仅仅作为著录的多种选择之一，可以在记录中通过如下方式表现整体和部分之间的关系：

a）在编记录以各部分的共同题名作为正题名，各部分的题名著录在内容附注中；

b）在编记录以各部分的题名作为正题名，各部分的共同题名著录于丛编项；

c）在编记录的正题名由各部分的共同题名和每一个部分的题名组合而成；

d）在编记录含有对组成部分的分析（见国际图联ISBD在组成部分著录中的应用指南（the IFLA Guidelines for the Application of the ISBDs to the Description of Component Parts）。

多层次著录是将著录信息分成两个或更多的层次。第一层次著录整个资源或主要资源的共同信息，第二层次及其余各层次分别著录与单一的可独立的卷或其他单元有关的信息。为完全著录资源及其组成部分，需要多少层次，就可以著录多少层次。

每一层次中，各著录单元的著录顺序和标识符均与资源作为整体著录时相同。有些单元可能会被多个层次著录。当作为资源一部分的一卷、一个分部或一个分丛编的题名前冠有单元标识或分部/分丛编标识时，二者之间用冒号、空格（: ）分隔。

在连续性资源中，多层次著录的应用有：

a）多卷集（多部分）连续性资源物理上独立的单元的著录；

b）作为另一种资源补编（副刊、增刊）或附件的物理上独立的单元的著录；

c）由共同题名和从属题名组成正题名的连续出版物的著录；

d）具有年代顺序序列的连续出版物的著录。

示例：

编译参考 / 外文出版局研究室编辑组编辑. -- 1978, no. 1-2003, no. 12 = 总1-312. -- 北京 : ［《编译参考》编辑部］, 1978-2003 . -- 312no. ; 26cm. -- 有副刊: 国外思潮和国外作品选译

副刊一：国外思潮 / 外文出版局研究室. -- No. 1 (1978, 12)-no. 4 (1980, 6). -- 北京 : 外文出版局, 1978-1980. -- 4no. ; 19cm

副刊二：国外作品选译 / 外文出版局研究室. -- 1978, no. 1 (1978, 10)-1978, no. 2 (1978, 12) ; no. 3 (1979, 3)-no. 12 (1979, 12). -- 北京 : 外文出版局, 1978-1979. -- 12no. ; 19cm

附录B
（资料性附录）
实例

B.1 印刷型

示例1：

心理月刊 = Psychologies. -- 2006, no. 1 (2006, 8)- = 总1- . -- 北京 : 北京桦榭广告有限公司, 2006-

- vol. ; 28cm

标头题：中国体育报业总社主办. -- 2007年起出版者改为：中国体育报业总社

ISSN 1673-6796. -- CN 11-5488

示例2：

中国农业大学学报 / 中国农业大学主办 = Journal of China Agricultural University / China Agricultural University. -- Vol. 1, no. 1 (1996, 1)- . -- 北京 : 《中国农业大学学报》编辑部, 1996-

- vol. ; 26cm

双月刊. -- 题名取自书末出版说明. -- 有英文目次与文摘. -- 每卷最后一期附该卷索引

本刊由：北京农业大学学报 = ISSN 0479-8007；与：北京农业工程大学学报 = ISSN 1000-1514 合并而成

据vol. 2, no. 1 (1997, 1)著录

ISSN 1007-4333 = 中国农业大学学报. -- CN 11-3837

示例 3：

北京农业大学学报. -- Vol. 1, no. 1 (1955, 10)-vol. 21, no. 4 (1995, 10). -- 北京 : 北京农业大学, 1955-1995

21vol. ; 26cm

季刊 (1980-1995) ; 半年刊 (1955-1959). -- 题名取自封面

Vol. 2, no. 2 (1956)起目次页题英文并列题名: Science reports of Peking Agricultural University; vol.16(1990)起封面题拉丁文并列题名: Acta Agriculturae Universitatis Pekinensis

Vol. 16 (1990)起题: 北京农业大学主办

本刊1959, 7-1979, 12休刊

Vol.2, no. 2 (1956)起有英文目次页和主要文章英文文摘；还曾有过俄文目次和俄文文摘. -- Vol. 16 (1990)起每卷最后一期附该卷中英文总目录

1996年起与：北京农业工程大学学报 = ISSN 1000-1514 合并；成为：中国农业大学学报 = ISSN 1007-4333

ISSN 0479-8007 = 北京农业大学学报. -- CN11-2443. -- CODEN BNDXEM

示例 4 :

北京农业工程大学学报 = Journal of Beijing Agricultural Engineering University / 主办北京农业工程大学. -- 1986, no. 1 (1986, 2)-1986, no. 4 (1986, 12) ; vol. 7, no. 1 (1987, 3)-vol. 15, no. 4 (1995, 12). -- 北京 ; 北京农业工程大学学报编辑部, 1985-1995

10vol. ; 26cm

季刊

继承：北京农业机械化学院学报. -- 1996年起与：北京农业大学学报 = ISSN 0479-8007 合并，成为：中国农业大学学报 = ISSN 1007-4333

据vol. 14, no. 1 (1994)著录

ISSN 1000-1514 = 北京农业工程大学学报. -- CN 11-1891

示例5：

中国科学 = Scientia Sinica. A辑，数学 物理学 天文学 技术科学 / 中国科学院. -- 1982, no. 1-1992, no. 12 ; vol.23, no. 1 (1993, 1)-vol. 25, no. 12 (1995, 12). -- 北京 : 科学出版社, 1982-1995

14vol. ; 26cm

月刊. -- 1993起改题英文并列题名：Science in China. -- 每年最后一期附当年总目录

部分继承：中国科学(1950-1981). -- 1996年起分成：中国科学. A辑，数学物理学天文学 = ISSN 1006-9232；和：中国科学. E辑，技术科学 = ISSN 1006-9275

ISSN 1000-3126. -- CN 11-1786

示例6：

中国科学. A辑 = Science in China. Series A, 数学 物理学 天文学 / 中国科学院主办. -- Vol. 26, no. 1 (1996, 1)-vol. 32, no. 12 (2002). -- 北京 : 中国科学杂志社, 1996-2002

7vol. ; 26cm

月刊. -- 题名取自书末出版说明. -- 有年度总目录

部分继承：中国科学. A辑，数学物理学天文学技术科学 = ISSN 1000-3126. -- 2003年起分成：中国科学. A辑，数学, ISSN 1006-9232；和：中国科学. G辑，物理学 天文学, ISSN 1672-1780

ISSN 1006-9232 = 中国科学. A辑，数学物理学天文学. -- CN 11-1786

示例7：

中国科学. E辑 = Science in China. Series E, 技术科学 / 中国科学院. -- Vol. 26, no. 1 (1996, 2)-vol. 34, no. 3 (2004, 3). -- 北京 : 中国科学杂志社, 1996-2004

9vol. ; 26cm

月刊(2003-2004) ; 双月刊(1996-2002) . -- 题名取自封面. -- Vol. 34(2004)起有英文并列分辑题名：Technological sciences. -- 每卷最后一期附该卷总目录

部分继承：中国科学. A辑，数学物理学天文学技术科学 = ISSN 1000-3126. -- 改为：中国科学. E辑，ISSN 1006-9275

ISSN 1006-9275 = 中国科学. E辑，技术科学. -- CN 11-3757

示例8：

实验生物学报 = Acta experimentali biologica sinica = Succeeding the Chinese journal of experimental biology. -- Vol. 4, no. 1 (1954, 12)-vol. 38, no. 6 (2005, 12). -- 北京 : 科学出版社，1954-2005

35vol. ; 26-29cm

双月刊 (2003-2005) ; 出版频率多次变化 (1954-2002). -- 题名取自封面. -- Vol. 5, no. 4 (1957)起拉丁文并列题名改为：Acta biologiae experimentalis sinica. -- 1978年起取消英文并列题名

本刊原由中国细胞生物学会编辑，vol. 21, no. 2 (1988)起编辑者增加：中国科学院上海细胞生物学研究所. -- Vol. 21, no. 2 (1988)起封面题：中国细胞生物学学会主办

本刊出至vol. 10, no. 4 (1965, 12)后休刊；于vol. 11, no. 1 (1978, 8)复刊

Vol. 11 (1978)起出版者改为：上海科学技术出版社；出版地改为：上海

第4-8卷每4期为一卷，跨年出版；第9卷起改为每年1卷，每卷4期；第11卷只出版了2期

Vol. 34 (2001)起尺寸为29cm

有英文目次页及英文文摘. -- Vol. 4-6、8-10每卷附有活页中英文目录及著者索引; vol. 13, no. 4 (1980)附vol. 11-13中英文总目录；vol. 14 (1981)起每卷最后一期附当年总目录

继承：中國實驗生物學雜誌 (外文版). -- 改为：分子细胞生物学报，ISSN 1673-520X

ISSN 0001-5334 = 实验生物学报. -- CN 31-1269

示例9：

外交评论 : 外交学院学报 / 主办外交学院 ; 协办中国国际关系学会 ; 编辑外交学院学报编辑部 = Foreign affairs review : Journal of China Foreign Affairs University / Sponsored by China Foreign Affairs University ; Cooperated by China National Association of Interational Studies ; Editer by Journal of CFAAU Editorial Board. -- 2005, no. 3 (2005, 6, 25)- = 总82- . -- 北京 : 外交学院学报编辑部，2005-

-vol. ; 29cm

双月刊. -- 2005, no. 4起其他题名信息增加：中国国际关系学会会刊，同时增加并列题名信息：Journal of China National Association of Interational Studies. -- 2005, no. 4起中国国际关系学会的责任方式改为主办。

每年最后一期附当年总目录

继承：外交学院学报 = ISSN 1003-3386

据书末出版说明著录

ISSN 1003-3386. -- CN 11-5370

示例10：

短篇小说. -- 原创作品版. -- 2000, no. 9- . -- 吉林 : 《短篇小说》杂志社，2000-

- vol. ; 26cm

月刊. -- 标头题：吉林市文联主办. -- 2005起版本说明改题：原创版. -- 本刊还有与短篇小说

（选刊版）交替的总期

部分继承：短篇小说 = ISSN 1003-1561

ISSN 1003-1561. -- CN 22-1031

示例11：

世界卫生论坛 / 世界卫生组织编. -- Vol. 1, no. 1 (1980)-vol. 19, no. 4 (1998). -- 北京 ：人民卫生出版社, 1984-1998

19vol. ; 26cm

季刊 (平均每年出4期). -- 译自：World health forum = ISSN 0251-2432. -- 本刊为国际卫生发展杂志

示例12：

邊政公論 = Frontier affairs / 中國邊政學會編印. -- 創刊號 (民國30年8月10日［1941, 8, 10］) = vol. 1, no. 1 (民國30年8月10日［1941, 8, 10］) ; vol. 1, no. 2 (民國30年9月10日［1941, 9, 10］)-vol. 7, no. 4 (民國37年12月［1948, 12］). -- 巴縣［四川］：邊政公論社［發行者］, 民國三十-三十七年［1941-1948］

7vol. ; 26cm

季刊 (1947-1948) ; 半年刊 (1946) ; 月刊 (1941-1945). -- 1946年1-6月休刊. -- 第5卷起出版地改為南京

民國73年［1984］由臺北大通書局出版影印本，題名為：中國邊疆民族學雜誌. -- 本刊还有缩微品. -- 據vol. 1, no. 11/12 (1942, 7, 10)封面著錄

示例13：

中國邊疆民族學雜誌 / 邊政公論社主辦. -- ［影印版］. -- 創刊號 (民國30年8月10日［1941, 8, 10］) = vol. 1, no. 1 (民國30年8月10日［1941, 8, 10］) ; vol. 1, no. 2 (民國30年9月10日［1941, 9, 10］)-vol. 7, no. 4 (民國37年12月［1948, 12］). -- 臺北 ：大通書局, 民國73年［1984］

7册 ; 21cm. -- (影印中國期刊五十種 ; 第23種)

出版頻率不確定

影印自：邊政公論. -- 巴縣［四川］：邊政公論社［發行者］, 民國三十-三十七年［1941-1948］. -- 季刊 (1947-1948) ; 半年刊 (1946) ; 月刊 (1941-1945)

示例14：

邊政公論［缩微品］见B.3 示例1

示例15：

山东师大学报. 哲学社会科学版. -- 1981, no. 5-2000, no. 6 = 总58-173 ; vol. 46, no. 1 (2001, 1)- = 2001, no. 1- = 总174-. -- 济南 ：《山东师大学报》编委会, 1981-

-vol. ; 26-29cm

双月刊. -- 1986-2000分辑题名改题：社会科学版；2001年起又改题：人文社会科学版；2002年起共同题名中团体名称改为全称，正题名为：山东师范大学学报. 人文社会科学版

1996-1997封面题英文并列题名：Journal of social science of Shandong Teachers' University；书末出版说明题为：Journal of Shandong Teachers' University；2001年起题英文并列分辑题名：Social science edition；2002年起英文并列题名改题：Humanities and social sciences

1988年起题：山东师范大学主办. -- 1986年出版者改题《山东师大学报》编辑部. -- 2000,no.2起尺寸改为29cm. -- 1986年起有英文目次页；2000年有英文文摘. -- 1986年起每卷最后一期附该卷总目录

继承：山东师院学报. 社会科学版

ISSN 1001-5973. -- CN 37-1066

示例16：

敦煌研究 = Dunhuang research / 敦煌文物研究所编辑. -- 试刊，no. 1 (1982，6)-试刊，no. 2 (1983，2)；创刊号 (1983，12) = 总3；no. 4 (1985，2)-no. 5 (1985，12) = 总4-5；1986，no. 1- = 总6- . -- 兰州：甘肃人民出版社，1982-

- vol.；26-28cm

双月刊 (2003-)；季刊 (1986-2002)；不定期 (1982-1985)

1999年目次页题其他题名信息：敦煌学专业学报

No. 4-5 (1985)改为敦煌研究院编辑；1986年起改由敦煌研究编辑部编辑. -- 1986年起题：敦煌研究院主办. -- 1990起出版者改为：敦煌研究编辑部

2000年起尺寸改为28cm. -- 1990年起有主要文章英文文摘. -- 1986年起每年最后一期附当年总目录

2001年起还提供电子版，检索方式：World Wide Web. URL：http://wanfang.calis.edu.cn /~kjqk/dhyj/index,html

ISSN 1000-4106 = 敦煌研究. -- CN 62-1007 (1999，no. 2前，2000起). -- CN 62-1006 (1999，no. 2-6)

示例17：

搏：体育杂志 = L'evenement sportif. -- 1994，no. 1- = ［总1］- . -- 北京：中国新体育杂志社；法国：阿歇特出版社，1994-

- vol.：图；29cm

月刊 (1999-)；双月刊 (1997-1998)；季刊 (1994-1996). -- 题名取自封面. -- 1996，no. 2起法国的出版者改为：桦榭菲力柏契出版社. -- 据1996，no. 1 (总7) (1996，1)著录

ISSN 1005-9024 = 搏. -- CN 11-3531

示例18：

國學圖書館 ... 年刊. -- 民國18年7月［1929，7］-民國25年7月［1936，7］. -- 南京：［國學圖書館］，民國18-25年［1929-1936］

8vol.；26cm

1931年書末出版說明題名為：江蘇省立國學圖書館...年刊. -- 書末出版說明題編輯者為：國學圖書館

继承：中央大學國學圖書館 ... 年刊

示例19：

古泉學：中國古泉學會會刊 / 編輯中國古泉學會. -- No. 1 (民國25年6月1日［1936，6］)- no. 3

(民國25年12月1日 ［1936, 12, 1］)；vol. 1, no. 4 (民國26年3月 ［1937, 3］)–vol. 1, no. 5 (民國26年6月［1937, 6］). -- 上海 : 中國古泉學會［發行者］, 民國二十五–二十六年［1936–1937］

5no. ; 23cm

季刊. -- 影印本：上海: 上海書店, 1988. -- 还有缩微品

示例20：

古泉學. -- ［影印版］. -- No. 1 (民國25年6月1日 ［1936, 6, 1］)–no. 3 (民國25年12月1日［1936, 12, 1］)；vol. 1, no. 4 (民國26年3月 ［1937, 3］)–vol. 1, no. 5 ［民國26年6月 (1937, 6)］. -- 上海 : 上海書店, 1988

5册 ; 20cm

出版频率不确定. -- 影印自：上海 : 中國古泉學會 ［發行者］, 民國二十五–二十六年［1936–1937］. -- 季刊

示例21：

古泉學［缩微品］见B.3 示例2

示例22：

数学科学文化理念传播丛书. -- 01(2008)– . -- 大连 (辽宁) : 大连理工大学出版社, 2008–

– no. : 图 ; 21cm

题名取自封面

主要内容: 01 数学的本性 = Memorabilia mathematica / (美) 莫里兹编著 ; 朱剑英编译 ; 02 无穷的玩艺 : 数学的探索与旅行 = Playing with infinity : mathematical explorations and excursions / (匈) 路沙・彼得著 ; 朱梧槚, 袁相碗, 郑毓信译 ; 03 康托的无穷的数学和哲学 = Georg Cantor : his mathematics and philosophy of the infinite / (美) 周道本著 ; 郑毓信, 刘晓力编译……

示例23：

中国教育报 = China education dail. -- No. 1 (1983, 7, 7)– . -- 北京 : 中国教育报社, 1983–

– no. ; 56cm

日报 (1993–)；每周三期 (1987–1992)；每周二期 (1983–1986). -- 1983,3,3–1983,6,2出版了14期试刊

示例24：

江蘇文獻. -- 創刊號 = vol. 1, no. 1/2 ; vol. 1, no. 3/4–vol. 2. no. 3/4 ; 續编, vol. 1, no. 1/2–續编, vol. 1, no. 9/10. -- 蘇州［江蘇］ : 江蘇省國學社, 民國三十一–三十四年［1942–1945］

3vol. ; 19cm

月刊. -- 第2卷起出版者改為：江蘇省文獻史料館；續编, vol. 1 (1944)起又改為：江蘇文獻館. -- 本刊均為兩期合刊出版

示例25：

中国控制会议论文集 / 秦化淑主编. -- 1994–［1999］ ; no. ［20］– . -- 北京 : 中国 科学技术出

版社, 1994-

– vol. ; 26cm

年刊. -- 英文并列题名为：Chinese control conference. -- 由中国自动化学会控制理论专业委员会主办. -- 1997年起出版者多次变化. -- 有书目和索引. -- 会议名称原为：全国控制理论及其应用学术会议

B.2 通讯

示例1：

29th奥林匹克运动会官方会刊 = Beijing 2008 Olympic Games official newspaper / 主编李健. -- No. 1 (2008, 7, 15)–no. 32 (2008, 8, 25). -- 北京 ：北京日报报业集团, 2008

32no. ; 55cm

日报. -- 展开题名为: 第二十九届奥林匹克运动会官方会刊. -- 本报由第29届奥林匹克运动会组织委员会授权

示例2：

中國國民黨第二次全國代表大會日刊 / 編輯中國國民黨第二次全國代表大會秘書處. -- No. 1 (民國14年12月30日 ［1925, 12, 30］)–no. 19 (1926, 1, 20). -- 廣州 ：［中國國民黨第二次全國代表大會秘書處］, 民國十四–十五年 ［1925–1926］

19no. ; 26cm

日刊. -- 逐頁題名：大會日刊. -- 復印本：廣州 ：廣州古籍書店, 1960

B.3 缩微

示例1：

邊政公論［缩微品］ / 中國邊政學會邊政公論社. -- 2代. -- 創刊號 (民國30年8月10日［1941, 8, 10］) = vol. 1, no. 1 (民國30年8月10日 ［1941, 8, 10］) ; vol. 1, no. 2 (民國30年9月10日［1941, 9, 10］)–vol. 7, no. 4 (民國37年12月 ［1948, 12］). -- 北京 ：全国图书馆文献缩微中心, 1991 (南京 ：南京图书馆, 1991)

2盘缩微卷片 ：负像, 1:19,1B ; 16mm

原出版物信息: 邊政公論 = Frontier affairs / 中國邊政學會編. -- 巴縣 ［四川］ ：邊政公論社, 民國三十–三十七年 ［1941–1948］. -- 7vol. ; 26cm. -- 1946年1–6月休刊. -- Vol. 5 (1946, 7)起出版發行地改為南京。

示例2：

古泉學 ［缩微品］ ：中國古泉學會會刊 / 中國古泉學會. -- 2代. -- No. 1 (民國25年6月1日［1936, 6］)–no. 3 (民國25年12月1日 ［1936, 12, 1］) ; vol. 1, no. 4 (民國26年3月 ［1937, 3］)–vol. 1, no. 5 (民國26年6月 ［1937, 6］). -- 北京 ：全国图书馆文献缩微中心, 1994 (太原 ：山西省图书馆, 1994)

1盘缩微卷片 ：负像, 1:19, 1B ; 16mm

原出版物信息：古泉學 ：中國古泉學會會刊 / 編輯中國古泉學會. -- 上海 ：中國古泉學會, 民國二十五–二十六年 ［1936–1937］. -- 5no. ; 23cm

B.4 集成性资源

搜狐sohu.com［电子资源］. -- ［北京 : 搜狐公司］, 1998-

连续更新. -- 题名取自主页. -- 检索方式：World Wide Web. URL：http:// www.sohu.com. -- 据2008,9,3更新著录

B.5 电子资源

示例1：

浪漫年華［电子资源］ = The Colorful years. -- 计算机数据. -- 旧金山 (美國) : The Colorful years editorial board, 1995-

月刊. -- 正题名取自题名屏. -- 责任者汉译形式为：浪漫年华编辑部. -- 有繁体字版和简化字版，分别用大五码和国标码

据介绍该杂志于1995年10月首次以电子讨论组形式出版，后改为万维网形式出版. -- 访问方式: World Wide Web. URL:http:// www.sfusd.edu/programs/chinese/clflyr.htm. -- 文本. -- 据该杂志网站网页vol.2,no.1(1996)著录

示例2：

中国优秀博硕士学位论文全文数据库. 理工A辑［电子资源］ = Chinese doctoral dissertations & master’s theses full-text database. Series A Science & Engineering / 清华大学主办 ; 中国学术期刊 (光盘版) 电子杂志社编辑. -- 计算机数据. -- 北京 : 中国学术期刊 (光盘版) 电子杂志社, 2003- (北京 : 光盘国家工程研究中心)

- 光盘 (CD-ROM) ; 12cm. -- (CNKI知识信息资源系列产品之一)

季刊. -- 题名取自题名屏. -- 支撑软件的硬件标准配置为486DX66，四倍速光驱. -- 文本

ISSN 1671-6779

B.6 有限的集成性资源

MARC 21 format for bibliographic data : including guidelines for content designation / prepared by Network Development and MARC Standards Office, Library of Congress, in cooperation with Standards and Support, National Library of Canada. -- 1999 ed.. -- Washington［D.C.］: Library of Congress, Cataloging Distribution Service, 1999-

2 vols. (loose-leaf) ; 28 cm.

Updated annually. -- Rev. ed. of: USMARC format for bibliographic data. 1994 ed. 1994; and, Canadian MARC communication format for bibliographic data. 1994.

ISBN 0-8444-0989-8 (v. 1). -- ISBN 0-660-17771-4 (v. 2)

B.7 地图

Canada plotting chart［Cartographic material］: AIR 1615 / produced by Surveys and Mapping Branch, Department of Energy, Mines and Resources. -- Scale 1:3 000 000 at 45° N ; polar stereographic proj. (W 140° - W 46° /N 78° - N 41°). -- 1st ed. (1976)- . -- Ottawa : Surveys and Mapping Branch, 1976- . --

maps ：col. ；101 × 149 cm.

Annual. -- Continues: Winnipeg navigation plotting chart. -- Absorbed in 1979: Canada plotting chart ：AIR 1614.

B.8 手稿

示例1：

The Historical Society bugle. -- Vol. 1, no. 1 (Oct. 17, 1922)–vol. 2, no. 7 (May 7, 1925)

2vol. ；28 cm.

Frequency varies. -- Typescript (in part carbon copies). -- Prepared by staff members of the Minnesota Historical Society. -- Continued by: The bugle.

示例2：

The bugle. -- Vol. 2, no. 8 (June 1925) ；new ser., vol. 3, no. 1 (Apr. 1932) ；［new ser., no. 1 (Jan.? 1944)］–new ser., no. 2 (Feb. 25, 1944)

3 vol. ；28 cm.

Typescript (in part carbon copies). -- Prepared by staff members of the Minnesota Historical Society. -- Continues: The Historical Society bugle.

B.9 音乐

The Penguin scores. -- Miniature score. -- 1– . -- Harmondsworth (Middlesex) ：Penguin Books, 1949– . -- miniature scores ；13 × 20 cm.

Contents: 1. Symphony no. 40 in G minor / Mozart ；2. Brandenburg concerto no. 3 in G / J.S. Bach ；3. Symphony no. 101 in D / Joseph Haydn ；4. Overtures, A midsummer night's dream & Fingal cave / Mendelssohn ；5. Symphony no. 8 in B minor（"Unfinished"）/ Schubert

B.10 录音带

The American Arts Project［Sound recording］. -- Vol. 1, no. 1– . -- New York (NY) ：American Arts Project, 1983– . -- sound tape cassettes ：mono.

"The monthly magasette" - Container.

ISSN 0748–2604

B.11 录像带

American art today［Videorecording］：a view from the Whitney ... Biennial Exhibition, Whitney Museum of American Art. -- 1985– . -- ［New York］：Whitney Museum of American Art ；［Chicago (Ill.)］：Home Vision［distributor］, cop. 1985– . -- videocassettes ；sd., col. ；1/2 in.

Biennial. -- VHS format. -- Summary: Presents an overview of the most important current work in American art. Includes commentary by artists, critics, and curators.

参考文献

[1] ISBD(CR)：International Standard Bibliographic Description for Serials and Other Continuing Resources (2002 Revision)

[2] 顾犇. 国际标准书目著录（统一版）. 北京：北京图书馆出版社，2008

[3] 中国国家标准《连续出版物著录规则》(GB 3792.3—85)

[4] 中国文献编目规则编撰小组. 中国文献编目规则. 广州：广东人民出版社，1996

[5] 国家图书馆《中国文献编目规则》修订组. 中国文献编目规则. 2版. 北京：北京图书馆出版社，2005

[6] 陈源蒸，富平. 中文连续出版物机读目录著录细则. 北京：华艺出版社，2001

[7] 吴龙涛，叶奋生. 连续出版物工作. 上海：上海科学技术文献出版社，1990

[8] 国家图书馆. 新版中国机读目录格式使用手册. 北京：北京图书馆出版社，2004

[9] 吴龙涛等. 最新详解《英美编目规则，第二版，2002修订本》.北京：北京图书馆出版社，2006

[10] CALIS联机合作编目中心. CALIS联合目录中文期刊MARC记录编制细则，2005

[11] CALIS联机合作编目中心. CALIS联合目录印刷型中文连续出版物MARC记录编制细则，2009

[12] 顾犇.西文文献著录条例（修订扩大版）. 北京：科学技术文献出版社，2003

[13] CALIS联机合作编目中心. CALIS西文图书编目业务培训教材，2009